comparative studies

比较

**图书在版编目（CIP）数据**

比较．第 44 辑／吴敬琏主编．—北京：中信出版社，2009.10
ISBN 978-7-5086-1720-6

I. 比…　II. 吴…　III. 比较经济学　IV. F064.2

中国版本图书馆 CIP 数据核字（2009）第 182127 号

**比较 · 第四十四辑**

**主　　编**：吴敬琏
**策划推广**：中信出版社（China CITIC Press）＋《比较》编辑室
**出版发行**：中信出版集团股份有限公司（北京市朝阳区和平街十三区 35 号煤炭大厦　邮编　100013）
（CITIC Publishing Group）
**承 印 者**：中国农业出版社印刷厂
**开　　本**：787mm × 1092mm　1/16　　**印　　张**：8.75　　**字　　数**：200 千字
**版　　次**：2009 年 10 月第 1 版　　**印　　次**：2009 年 10 月第 1 次印刷
**书　　号**：ISBN 978-7-5086-1720-6/F · 1769
**定　　价**：28.00 元



服务热线：010–84264000
服务传真：010–84264033
http://www.publish.citic.com
E–mail: sales@citicpub.com
author@citicpub.com

讨论会论文集,1995.
[115] 段继伟,龚晓南,等. 水泥搅拌桩的荷载传递规律[J]. 岩土工程学报,1994,16(4):1-7.
[116] 中华人民共和国行业标准. JGJ 79—2002 建筑地基处理技术规范[S]. 北京:中国建筑工业出版社,2002.
[117] 中华人民共和国国家标准. GB 50007—2002 建筑地基基础设计规范[S]. 北京:中国建筑工业出版社,2002.
[118] 龚晓南. 地基处理新技术[M]. 西安:陕西科学技术出版社, 1997.
[119] 龚晓南,陈明中. 关于复合地基沉降计算的一点看法[J]. 地基处理,1998.
[120] 龚晓南. 有关复合地基几个问题[J]. 地基处理. 2000,3.
[121] 汪双杰,张留俊,刘松玉,等. 高速公路不良地基处理理论与方法[M]. 北京:人民交通出版社, 2000.
[122] 段继伟,龚晓南,等. 水泥搅拌桩的荷载传递规律. 岩土工程学报[J]. 1994,16(4):1-7.
[123] 龚晓南. 复合地基理论及工程应用[M]. 北京:中国建筑工业出版社, 2002.
[124] 胡同安,杨晓刚,刘毅. 水泥-磷石膏固化剂的试验研究[C]. 中国土木工程学会第七届土力学及基础工程学术会议论文集,1994.
[125] 陈观胜. 水泥搅拌法加固泥炭土地基工程实践[C]. 第四届全国地基处理学术讨论会论文集,1995.
[126] 周慧明. 深层搅拌法加固软土地基[J]. 特种结构,1997,14(4):38-41.
[127] 河海大学,等. 交通土建软土地基工程手册[M]. 北京: 人民交通出版社,2001.
[128] 王晓谋,袁怀宇. 高等级公路软土地基路堤设计与施工技术[M]. 北京:人民交通出版社,2001.
[129] 马时冬. 水泥搅拌桩复合地基桩土应力比测试研究[J]. 土木工程学报. 2002,35(2):48-51.
[130] 杨少华,徐立新,张继. 粉体喷射水泥搅拌桩在高速公路桥头软土地基处理中的应用研究[J]. 公路,2003,(2):57-65.
[131] 刘吉福. 路堤下复合地基桩、土应力比分析[J]. 岩石力学与工程学报,2003,22(4):674-677.
[132] 陈善雄. 柔性桩荷载传递与有效桩长分析[J]. 岩土工程师,1995,4(3).
[133] 张土乔. 水泥土的应力应变关系及搅拌桩破坏特性研究[D]. 杭州:浙江大学,1992.
[134] 龚晓南. 复合地基设计和施工指南[M]. 北京:人民交通出版社,2003.
[135] 叶观宝. 地基加固新技术. 机械工业出版社[M]. 2 版. 北京:机械工业出版社,2002.
[136] 吕明康,宫必宁,等. 水泥深层搅拌桩化学分析、热分析质量检测方法[J]. 公路,1998,8:31-37.
[137] 何开胜,陈宝勤. 超长水泥土搅拌桩的试验研究和工程应用[J]. 土木工程学报,2000,(2).
[138] 朱永清. 超深层水泥搅拌桩施工工艺的优化试验研究[J]. 施工技术,2001,(9).
[139] 龚晓南. 复合地基引论[J]. 地基处理,1991,2(4).
[140] 广东省航盛工程有限公司. 西部沿海高速公路珠海试验段总结报告, 2004.
[141] 广东省航盛工程有限公司. 京珠高速公路广珠北段试验段总结报告, 2005.

comparative studies 比较

# 卷首语

2009年的诺贝尔经济学奖授予了“新制度经济学”的命名者奥利弗·威廉姆森，和公共选择学派创始人之一的埃利诺·奥斯特罗姆，这既是对过分技术化和细分化的主流经济学的反思，更是对长期以来被主流经济学边缘化的“制度经济学”一个极大鼓舞及再次肯定。在这一轮全球经济学危机情势之下，“制度”的重要性赫然摆在所有探究者的面前。国际经济学会主席青木昌彦在其自传中说他希望创造一个平台，“使经济学、社会学、政治学、进化论、心理学、法学、地域研究等各个领域中的第一线学者，能够通过互联网跨越时间和空间来进行交流。交流的课题是市场、组织、国家与社会规范等各种制度之间的关系，以及这些制度与个人认知结构之间的相关性”。《比较》正是这样，跟踪搜寻相关文献，希望为读者提供一个关于新制度经济学、比较制度分析的学术性平台，探讨中国经济发展背后的制度和政策设计。本辑《比较》就是要讨论现阶段大家比较关注的一些问题及其背后的制度逻辑和政策设计。

开篇朱玲的文章着眼于数亿农民工的生计，从缴费安排的角度探讨了现行迁移工人养老保险政策。她认为，现行制度安排有诸多问题，其属地化特征，忽视了农村迁移工人和城镇户籍工人社会经济状况的差异，导致了不公平的结果，使得迁移工人的保险利益受到侵害，承担了较城镇居民更高的实际缴费率，造成现实收入较少，而养老待遇偏低，且很可能陷入老年贫困，以及男女工巨大的养老收入差距。因此，需要在制定全国性的迁移工人养老保险政策时，考虑促进就业、减少老年贫困和养老收入分配中的性别不平等因素。

魏尚进的文章探讨了中国经济增长方式转变中的一个重要变量，即中国居民的高储蓄率。他认为，除了传统的生命周期理论、预防性支出理论和文化因素外，性别比率失衡也是中国居民高储蓄的一个重要因素，1990 年到 2007 年大约有一半的储蓄增加都可以用这个因素来解释，因此扩大内需、转变经济增长方式的政策和制度设计必须考虑这一因素。

面对 2008 年全球金融危机，经济学界的反省也一直不断。“前沿”栏目就是上届诺奖得主克鲁格曼对经济学和经济学家的批评之作。他批评宏观经济学家奉有效市场假说为至高至上，批评金融学家的过分骄傲自大。当然，他在尖刻的批评之后，说道：“要想让金融学和宏观经济学的新的更加面对现实的研究方法得出与新古典研究框架同样清晰、完整和优美的分析结果，肯定需要相当长时间的奋斗。”“只有这个领域的从业者重新认识到其理论基础并非那么明确无误，新的图景才会出现。那样的图景肯定不会很简单很优美，但我们至少能够希望它可以做到部分正确。”

2008 年的金融危机不仅对经济学，也对政策实践提出了挑战，尤其是关于货币政策和金融稳定之间的关系一时成为理论界和政策界讨论的重点。本辑《比较》提供了两篇文章，来讨论货币政策和金融稳定。英格兰银行副行长保罗·塔克探讨了金融体系面临压力时，中央银行如何在保持货币政策目标的情况下，发挥最后贷款人、最后做市商和最后资本的角色，维护金融体系的稳定。普林斯顿大学的艾伦·布林德教授强调了信息沟通在帮助中央银行维护金融市场的稳定和发展、提高货币政策决策的可预测性乃至实现政策目标中的重要作用。

为了祝贺《比较》一直关注的新制度经济学家奥利弗·威廉姆森获奖，我们特意再次登载他的文章《法、经济学和组织学解析》，这是五年前经编委钱颖一教授居中联系获得教授本人同意而发表的，却并未引起国内学术界的重视。在这篇未定稿中，威廉姆森试图为法、经济学和组织学之间建立起一种理论和逻辑联系，把对企业的研究从原先的生产函数拓展为治理结构，以期更全面地了解企业、制定更好的公共政策。

在“改革论坛”中，朱恒鹏探讨了医疗体制改革中的基本药物供应问题。作者尖锐地指出，廉价的基本药物供应不足，根源不是药品生产和购销本身，而在于政府管制和治理措施失当导致的国内医疗医药体制的一系列制度性弊端，这些弊端严重扭曲了药企、医院和医生的激励体制。单纯着眼于“统购统销”，根本无助于解决基本药物不可得的问题。

“比较之窗”是关于城市问题的文章，也许对我们思考城市化和城市建设有所裨益。布鲁金斯学会的本杰明·奥尔和艾丽斯·里夫林讨论了以收取道路使用费的方式来解决美国华盛顿地区交通拥堵问题的可行性，这一讨论对于解决国内诸多大中城市的交通拥堵提供了有益的借鉴。

自 1990 年开始的东欧社会主义国家经济转型，已近 20 年，这个转型过程究竟给这些国家及其人民带来什么样的利益，人民对转型过程究竟持有什么样的看法，他们对现状是否满意？俄罗斯经济学新秀古里耶夫和祖拉夫斯卡娅的《转型中的幸福感或不幸福感》一文或许可以给持有这些疑问的读者一个回答。

comparative studies
比较

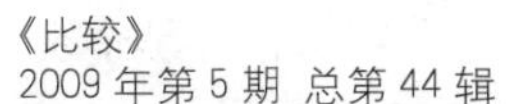

# 城镇职工养老保险制度
## 对农村迁移工人生计的影响

Impact of Urban Old-age Insurance System on Livelihood of Rural Migrant Workers

朱　玲

## 一、导言

早在20世纪50年代，中国的国有企业和城市集体企业工人就已在劳动保险制度下享有养老保障[1]。到经济改革开始的时候，这一制度实质上已演变成企业劳动保险。在经济市场化的进程中，难以为继的企业养老制度为城市职工社会养老保险所替代。然而在大多数农村地区，除了"五保户"，农业人口从未被社会养老保障制度所覆盖。与此背景相关，截至2008年底，尽管全国农民工总量已达22 542万人，其中外出从业者达14 041万人（女性约占36%），但参加基本养老保险的人数只有2 416万人[2]。如果以外出从业者为基数，农民工的养老保险覆盖率大约为17.3%，医疗保险覆盖率将近30.4%（4 266万人），工伤保险覆盖率为35.2%（4 942万人），失业保险覆盖率为11%（1 549万人）。如果以全国农民工总量为基数，这些表达保险覆盖程度的数值大致都会降低1/3左右。

可见，农民工虽然已被纳入工业化进程，但是还没有获得足够的与工业社会相适应的社会保护措施，以应对他们在城市生活和工作所面临的风险。如果把20世纪90年代初的"农民工"视作第一代农村迁移劳动者[3]的话，当年30岁以上的人

* 作者为中国社会科学院经济研究所研究员。本课题组2009年的实地调查在人力资源和社会保障部下属社会保险事业管理中心（简称社保中心）的协调和支持下进行，澳大利亚开发署给予资助。在调研中，课题组还使用了中国社会科学院国情调研项目和"全球化与中国"项目的资金。调研城市的社保中心都曾给予大力协助，调研企业和受访迁移劳动者予以热情合作。本报告直接得益于课题组的讨论，蒋中一、杨春学、韩朝华、林刚和路爱国提出了建设性的评论，金成武和邓曲恒承担了数据处理和制图工作，谨在此一并致谢。——编者注

1 中国社会科学院、中央档案馆编：《1949~1952年中华人民共和国经济档案资料选编·劳动工资和职工保险福利卷》，北京：中国社会科学出版社，1994年，第631~727页。

2 参见人力资源和社会保障部及国家统计局："2008年度人力资源和社会保障事业发展统计公报"，2009年5月19日，news.xinhuanet.com/politics/2009-05/19/content_11400984.htm，2009年7月10日下载。

3 "农民工"这种称呼目前已不能准确表达农村迁移劳动者的社会经济特征：第一，多数从农村进城就业的劳动者不再"亦工亦农"，彻底实现了劳动力的行业转移。第二，改革开放后出生的"农民工"，原本就不曾务农，走出校门即进入城市就业。他们与那些生长在城市的劳动者相比，最显著的身份区别只在于户籍而非其他。笔者尽可能采用"农村迁移劳动者"和"农村迁移工人"这两个词汇来替代"农民工"的称谓，一方面是为了表明，这一群体的社会经济特征与城市户籍的迁移劳动者不同；另一方面，也是为了将他们与迁入地的农村户籍人口区别开来。

已经达到或接近工业企业的退休年龄。他们在城市从事的工作，往往环境差、工资低、强度大、劳动时间长，职业病和工伤事故多[4]，绝大多数人都早于法定退休年龄退出了城市劳动力市场。与此同时，农村土地随着城市化进程而减少，农业人口早已不能仅仅依靠土地来满足对生活必需品的需求。计划生育政策的贯彻，也对依赖子女养老的方式形成挑战。因此，上亿农村迁移工人未享有社会养老保险的现状，既说明现行城市化政策和社会养老保险制度缺少社会包容性，又暴露出今后老年贫困有可能加剧的隐患。

事实上，2003 年以来，中央政府针对农村迁移工人的社会保障问题制定了一系列政策。据此，迁移劳动者的养老保险项目逐渐在各地推开。但由于养老基金归属于项目所在城市，当缴费者跨地区流动时，其养老权益不可携带。这既有损于养老计划的可持续性，又不利于劳动力流动[5]。人力资源和社会保障部按照低费率、广覆盖、可转移、并能与现行养老保险制度相衔接的原则，制定了《农民工参加基本养老保险办法》（以下简称《办法》），于 2009 年 2 月向社会公开征求意见[6]。《办法》的基本思想，是将农村迁移工人纳入城市基本养老保险体系。然而，迁移工人收入低、缴费能力差、流动性强、而且未来去向不稳定的特点，使得《办法》的实施不仅在管理上难度大，而且在金融危机形势下，还面临着企业参与意愿不强的问题。

进一步讲，《办法》明确规定，它适用于“在城镇就业并与用人单位建立劳动关系的农民工”。这意味着，《办法》中的条款主要针对的是正规就业者。在正规就业的迁移工人当中，女工的薪酬更低、工作期间更短。她们极有可能因为生育或其他家庭责任中断正规就业，并随之转向非正规就业。况且，在现行退休制度下，女性一般退出劳动力市场较早但余命较长，因此依靠养老保险的时间也比男性长。这些因素，都会导致女性的养老金受益水平低于男性。根据国际劳工组织的定义，经济中的非正规部门，由那些主要以参与者的就业和收入为目的的经营单位构成，经营规模极小。这些单位里的就业形式以自我雇用、兼职工作和临时工作为主，劳动关系缺少充分的法律保障[7]。这与我国通常称之为“灵活就业”的情况大体相近。对应于《办法》的适用范围，本项研究将非正规就业者定义为，在城镇就业但没有与用人单位建立劳动关系的就业者，自雇者也包括在其中。在我国，非正规就业恰恰与较低的社会保险覆盖程度联系在一起。在社会养老保障体系中，如果没有正规部门养老保险与非正规部门养老保障项目的衔接渠道，如果没有基于性别差异的缴费安排和退休收入再分配，女性陷入老

4 参见魏礼群：《正确认识和高度重视解决农民工问题》；国务院研究室课题组：《中国农民工调研报告》，北京：中国言实出版社，2006 年，第 2 页。

5 参见中澳管理项目，2009 年，“农民工社会保障项目基线调查报告”，第二部分－主题三（1 月 8 日，未发表）。

6 参见人力资源和社会保障部：“关于《农民工参加基本养老保险办法》和《城镇企业职工基本养老保险关系转移接续暂行办法》面向社会公开征求意见的公告”，2009 年 2 月 5 日，http://www.mohrss.gov.cn/mohrss/Desktop.aspx?path=mohrss/mohrss/InfoView&gid=7575d82c-0764-4b78-b459-c65d64e032b1&tid=Cms_Info，2009 年 5 月 1 日。

7 参见 Employment Sector, International Labor Office, 2002, Women and Men in the Informal Economy: A Statistical Picture，第 7~13 页， http://www.ilo.org/public/libdoc/ilo/2002/102B09_139_engl.pdf，2009 年 6 月 4 日。

年贫困的可能性更大[8]。

本报告试图通过考察现行迁移工人养老保险项目的制度安排，及其对农村迁移工人当前和未来生计的影响[9]，着重回答如下问题：迁移工人特别是其中的女性能否从参保中受益？限制他们受益的关键因素有哪些？他们采取哪些行动来回应这些限制？《办法》有助于他们排除哪些障碍？还有哪些障碍尚未触及？如何从减少贫困和促进性别平等的角度来解决遗留的制度性问题？鉴于绝大多数参保迁移工人还没有达到领取养老金的年龄，这里的制度分析将主要聚焦于缴费安排。

为了回答上述问题而采用的信息，主要来自中国社会科学院经济研究所课题组的田野工作。2006~2008 年期间，课题组曾做过农村迁移工人医疗保险研究，积累了上海、武汉、重庆、深圳和大连五个城市共 2 398 名迁移工人的抽样调查数据（其中女性占 52%）[10]。此外，还有 2006 年国家统计局城乡住户调查的子样本数据集作为补充[11]。2009 年 3~4 月，课题组选择如下 7 个已经实施迁移劳动者养老保险项目的城市做调研：位于珠三角的广州、东莞和深圳，长三角的上海和苏州，辽东半岛的大连，以及西南工业重镇重庆。主要调研对象如下：① 地方社保中心负责办理迁移工人养老保险业务的人员；②企业人力资源经理；③正规就业、非正规就业以及正在求职的农村迁移劳动者。除了对上述人员做个别访谈之外，课题组还设计了迁移工人问卷，在苏州、大连和深圳三个城市做抽样调查。抽样程序是：从每个城市先选取 4~5 家规模不等、女性居多的制造业和服务业企业；然后，从每个企业选择 40~50 名来自该市行政辖区之外但在本市就业的农村户籍劳动者。实际发放问卷共 780 份，回收有效问卷 702 份。在样本中，女性占 67.4%。

以下首先展示迁移工人养老保险项目的特点，及其与城市化政策的关系。其次，说明现有缴费安排下的企业用工行为，及其对迁移劳动者就业的影响。再次，考察在当前的就业和保险制度下，养老保险支出对迁移工人当前可支配收入的影响，以及不同性别和工资水平的参保者能够得到的养老待遇。然后，扼要讨论非正规就业者的养老保障问题。最后，归纳研究中的发现和政策建议。

## 二、迁移劳动者养老保险项目与城市化政策

以法律法规形式颁布的社会养老保险制度，决定了制度相关者的权利和义务。目前，各个城市实施的迁移劳动者养老保险项目，依据的是地方政府颁布的政策文件。这些地方性的政策，构成了当地企业和迁移劳动者面临的养老保险制度环境。以下仅选择 5 个在迁移劳动者养老保险政策上各具特色的城市，并将相关的政策信息和社会经济指标数值综合在一起纳入同一表格，以便在扼要刻画不同政策环境的同时，对照说明影响政策形成的因素。

8 参见：James, E., A.C. Edwards and R. Wong, 2003, “The Gender Impact of Pension Reform”, Policy Research Working Paper 3074, The World Bank, Poverty Reduction and Economic Management Network, Gender Division.

9 本课题组还有 4 篇报告分别说明农民工中的正规就业者养老保险、非正规就业者的养老问题、农民工的工资趋势以及退休余命对养老待遇的影响。

10 参见朱玲，2009，“农村迁移工人的劳动时间和职业健康”，《中国社会科学》，第 1 期，第 133~149 页。

11 对这一数据集的详细介绍，参见朱玲、金成武，2009，“中国居民收入分配格局与金融危机应对”，载于《管理世界》，第 3 期，第 63~71 页。

表1显示，迄今覆盖迁移劳动者的养老保险项目可分为两大类：一是单设项目，二是将这一群体纳入城镇职工基本养老保险体系。此外，不同城市的养老保险缴费比例和待遇也不相同。之所以各地政策不一，首先是因为，大规模的农村劳动力转移是经济改革中出现的新事物，针对这一群体的社会保险制度，是在地方政府的探索和创新过程中逐渐发展起来的。其次，这些差异的产生，也与各地的社会经济发展状况、政府的政治意愿和社会管理能力等多方面的差别密切相关。上海市和重庆市两个直辖市都具有城市规模大和人口密度高的特点，为了减轻人口压力，都曾制定较高的门槛，阻止科技精英以外的迁移劳动者获得本市户籍。二者推行的都

**表1　调研城市概况和外来劳动力养老保险政策**

| | 上海市 | 重庆市 | 大连市 | 苏州市 | 深圳市 |
|---|---|---|---|---|---|
| 常住人口（千人） | 18 885 | 23 890 | 6 130 | （6 298） | 8 768 |
| 其中：外来人口（千人）（居住半年以上） | 5 174 | 600 | 293 | 4 000 | 6 488 |
| 地方财政收入（百万元） | 238 234 | 57 724 | 33 910 | 66 891 | 80 036 |
| 2008年城镇在岗职工平均工资（元/月） | 3 292 | 2 249 | 2 859 | 2 986 | 3 621 |
| 养老保险覆盖方式 | 单设外来从业人员综合保险（工伤、医疗和养老） | 单设农民工养老保险 | 开发区：参加城镇职工基本养老保险 | 参加苏州市的城镇职工基本养老保险 | 参加深圳市的城镇职工基本养老保险 |
| 养老保险缴费比率（保费/工资） | 企业缴纳7%，（综合险共计12.5%）。 | 雇员缴纳5%，企业缴纳10%。14%进入个人账户，1%作为互济基金。 | 雇员缴纳8%，进入个人账户；企业缴纳20%，作为统筹（互济）基金。 | | 雇员缴纳8%，进入个人账户；企业缴纳10%，作为互济基金。 |
| 退休待遇 | 连续缴费满一年的，可获得一份老年补贴凭证，其额度为每一缴费月份的上年度全市职工月平均工资的60%的7%之和。 | 个人账户累计储存额÷计发月数（比照同期城镇企业职工基本养老金计发月数执行） | 基础养老金和个人账户养老金<br>基础养老金=（当地上年度在岗职工月平均工资+本人指数化月平均缴费工资）÷2×缴费年限×1%。<br>参保人平均缴费指数（α）为其各缴费年度当年缴费工资（X）除以当年全市在岗职工平均工资（C）的算术平均值。计算公式为：$\alpha=(X_1/C_1+X_2/C_2+\cdots+X_n/C_n)/N$（缴费年限）。 | | |
| 养老金领取年龄 | 男60，女50 | 男60，女55 | 男60，女50（管理岗位55） | | |
| 最低缴费年限 | 15年 | | | | |

注：1. 如无特别说明，表内有关人口和地方财政收入的数据，来自各调研城市的“2008年国民经济和社会发展统计公报”。中国统计信息网，2009年5月，上海市：www.tjcn.org/shanghai/9549_6.html；重庆市：www.tjcn.org/chongqing/10166_3.html；苏州市：http://www.tjcn.org/suzhou/tjgb/9468_4.html；深圳市：www.tjcn.org/shenzhen/9912_4.html；大连市数据载于国家统计局网页：www.stats.dl.gov.cn/gongbao.asp?STYLETYPE=6&ID=17277，2009年6月2日下载。

2. 重庆市户籍人口32 353千人，外来常住人口数据仅包括市区内的迁移人口。苏州市一栏括号内的人口总数为2007年的本地户籍人口数。

3. 有关外来劳动力（包括农村迁移劳动者）养老保险政策和在岗职工平均工资的信息，来自笔者对各地社会保险机构的访谈，以及这些机构公布的文件。上海市：news.xinhuanet.com/employment/2005-04/05/content_2786907.htm）；重庆市：www.cqldbz.gov.cn/common/content.jsp?id=0000000000396490&flag=2；大连市：www.ln.lss.gov.cn/infopub25/PubTemplet/%7B538116AD-AF2A-4978-B786-5A2A1621E91C%7D.asp?infoid=10802&Style={538116AD-AF2A-4978-B786-5A2A1621E91C}；苏州市：www.js.lss.gov.cn/zcfg/ldzjfg/200810/t20081021_21008.htm；深圳市：www.szsi.gov.cn//sbjxxgk/zcfggfxwj/zctw/200810/t20081009_755.htm，2009年6月10日下载。

是为外来从业人员单设的养老保险项目，选择了低于城镇职工保险费率的缴费标准。这在政策实施过程中，有助于减轻来自企业和迁移工人的阻力。不过，也排除了养老收入在不同户籍的就业群体之间实行再分配的可能性。

迁移工人的社会保险项目几乎都是从制造业开始的。大连市的新兴制造业集中在开发区，企业多为外商投资，经营状况一般优于区外企业。与此相对应，也只有开发区内的迁移劳动者被纳入城镇职工养老保险。苏州市和深圳市都是以制造业发达著称的城市，经济实力均在大连市之上。二者在全市范围内，对正规就业的迁移劳动者采取了与本市户籍职工相同的养老保险政策。这样做，一是有助于避免制度碎片化；二是有助于减少对农村迁移人口的身份歧视；三是能够取得管理上的规模效益。

此外，苏州市和深圳市的养老制度模式选择也与其人口结构相关。在深圳市，本地户籍人口仅占常住人口的26%。在苏州市，这个比率为62.5%。两个城市的迁移人口比重均高于上海市、重庆市和大连市。绝大多数迁移工人都是年轻人，缴费多年后才有资格领取养老金。当前在他们的名义下积累的资金，对于苏州市这样的老城市，既可以填补国有企业养老制度改革留下的基金缺口，又能够缓解户籍人口老龄化带来的资金积累困难。对于深圳市这样的新城市，大批迁移工人参保，既有助于降低企业的费率，又为本地户籍退休人员享受较高的养老待遇提供了可能性。2008年，深圳市户籍退休者的平均养老金为每月3 504元，相当于本地社会平均工资的96.8%。

还值得注意的是，同样的制度，对于户籍身份不同的劳动者会造成不同的结果。直到目前，户籍制度还没有实质性的改革。在城市公共服务和福利供给方面，对农村迁移人口的社会排斥依然存在。城市户籍劳动者如果找不到就业岗位或者失业，还能获得本市政府的就业援助。农村迁移劳动者则只能凭借其流动性在市场上碰运气。他们能否在某一城市落脚以及居住多久，在很大程度上取决于城市劳动力市场的需求[12]。据2007年的一项企业用工调查，将近60%的岗位要求雇员年龄在18~25岁之间，将近30%的岗位的年龄要求在26~35岁之间。而且，大多数岗位需要至少受过初级职业训练的人。在性别要求方面，对女性劳动力的需求一直高于男性[13]。这意味着，在农村劳动力整体受教育程度较低的情况下，受过基础教育的年轻力壮者，才最有可能在城市正规部门就业。或者说，当前城市企业需要的，只是农村优质劳动力的生命周期中劳动效率最高的阶段。度过了这一阶段，他们就有可能失去城市正规就业岗位，从而也就失去与此相联系的养老保险待遇。

根据我们对国家统计局2006年城乡住户家计调查样本中的子样本数据统计，在城市正规劳动力市场上，30岁以下的男性和女性迁移工人，分别占其性别组的62.3%和78.4%。这与上述企业的用工年龄需求恰好大致相似。在40岁以上的年龄段上，男性和女性迁移工人分别占其性别组的12.1%和4.3%；城镇户籍的男

12　潘毅、黎婉薇编，《失语者的呼声：中国打工妹口述》，2006年，北京：生活·读书·新知三联书店。

13　参见劳动与社会保障部："关于当前劳动力市场供求状况的分析报告"，2007年6月13日，www.molss.gov.cn/gb/news/2007-06/13/content_182044.htm，2009年7月27日下载。

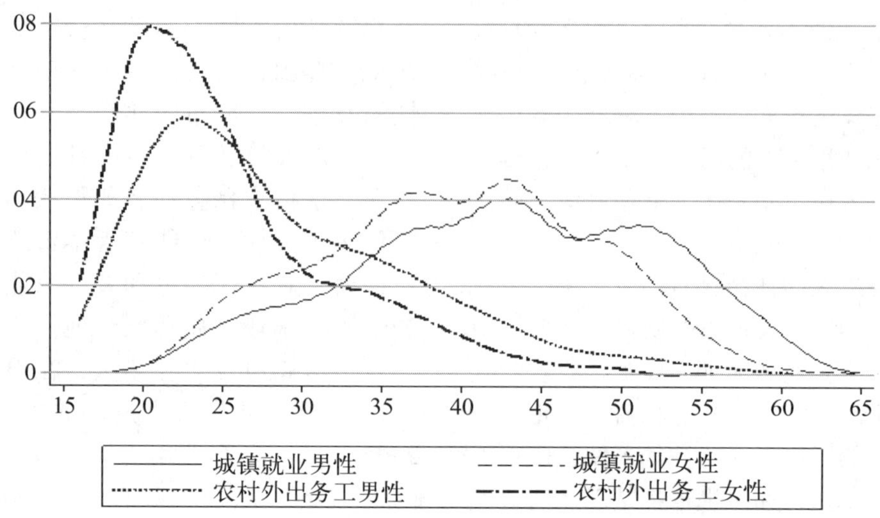


**图 1 2006 年 16~65 岁正规就业者在城市劳动力市场上的年龄分布按性别与户籍身份分组（样本核密度图）**

注：数据来源于国家统计局 2006 年城乡住户家计调查样本中的子样本。总样本量为 18 071 户、65 281 人；其中：农村 10 751 户、43 776 人；城镇 7 320 户、21 505 人。样本中的农村外出就业人数为 7 971 人，城镇就业人数为 10 918 人。其中，“与雇主签订了劳动合同”的农村样本被定义为正规就业者，样本量为 1 842（人）；城镇样本中的非自雇者被视为正规就业者，样本量为 10 469（人）。

女雇员分别占其性别组的 63.7% 和 51.1%（参见图 1）。按规定，参保者工作和缴费的期限越长，其养老保险的待遇也就越高。很明显，在同一制度下，即使不考虑工资差异，仅仅是工作期限这个因素，就使得大多数农村迁移工人难以与城市户籍工人分享同等的养老待遇，女性难以与男性分享同等的待遇[14]。在城市户籍的正规就业者当中，女性的工作年份一般低于男性，那是法定退休年龄所致。对于农村女性迁移工人而言，影响她们工作期限的因素则主要在于，城市里普遍缺少适合低收入群体的幼儿照料服务；在有些城市，迁移工人还未被纳入生育保险。这就迫使年轻女工在生育和哺乳时期不得不退出城市正规劳动力市场。因此，她们较之男性迁移工人更容易失去养老待遇。

可以说，缺少与城市户籍人口分享同等福利的机会，是迁移劳动者在城乡之间和在不同城市之间频繁挪动的原因之一。可是根据这些城市的现行政策（上海市除外），养老保险资格不能随迁移劳动者跨地区转移，但允许他们退保。而且，退保者只能得到个人缴纳的基金，企业为其代缴的部分却全部被留在原地，成为对当地社保基金的净贡献。这种做法无异于侵占迁移工人和企业的利益，损害社会养老保险的可持续性。由此也可以看出，如果养老保险制度设计既没有顾及迁移劳动者的就业特点，也未包含性别视角，那么这一群体尤其是其中的女性就未见得必然会从参保中受益。

我们从访谈中还得知，“第一代”农村迁移工人尚有农业生产的技能，加之城市生活费用高于农村，故而在退出城市劳动力市场后多半会返回家乡养老。他们的后代即“第二代”迁移劳动者，特别是其

14 参见姚宇，2009 年，“人口学特征对农民工养老保险制度的影响”，中国社会科学院经济研究所课题组未发表的研究报告。

中受过中等技术教育和高等教育的人，则早已习惯了城市生活，因此意欲永久留居城市，或至少定居小城镇。这就需要城市养老保险制度设计，为迁移劳动者留出未来的选择空间。在迁移劳动者养老保险项目中，只有“上海市模式”部分回应了这种需求。参保者到达退休年龄时，可以在指定保险公司设在任何一个地方的分支机构，一次性兑现其养老补贴凭证。可是由于补贴数额过低，实际上排除了参保人留在城市养老的可能性（参见表5和表6）。

对于上述问题，人力资源和社会保障部制定的《办法》都做出了具有针对性的回应。第一，迁移工人参加城镇职工基本养老保险。第二，赋予个人养老保险关系以便携性。迁移工人一旦参加城市基本养老保险，随后不仅可以在跨统筹地区变换工作岗位时办理转移接续手续，从而保证养老保险权益累计计算，而且还可以在脱离正规就业状态和中断缴费的情况下，暂时封存权益记录和个人账户。第三，在他们退休之前就回乡定居的情况下，还可以将其原有的城镇职工养老保险权益记录，转入未来的农村居民基本养老保险体系。此外，这一制度安排也为他们留下了转入未来的城市居民养老保险系统的可能性。第四，在迁移工人跨养老保险系统和跨地区转移时，携带的基金包括个人账户和企业为其积累的部分。更重要的是，这些规定必将有助于全国性城市养老保险制度的形成，从而为建立公平的市场竞争环境提供一个必要条件。

## 三、企业的工资附加成本与就业创造

在全球金融危机和经济下滑的冲击下，调研城市的企业自2008年第三季度起出现经营困难。不少制造行业的企业今年根本没有拿到订单。有的企业为了防止机器锈坏和技术工人流失，不得不在没有盈利的情况下开工。有家内衣制造公司原有3个工厂，共有900多工人，女工占2/3强；如今已合并成2个工厂，工人只剩下400人。据大连市一家劳务派遣公司的部门经理介绍，2007年，公司的签约企业共计600多家。截至2009年3月底，减至300多家。我们调查组原计划要访问的一家苏州市的劳务派遣公司，2008年上半年还管理着上万名迁移工人。2009年第一季度，由于工人大量失业，公司的业务量迅速萎缩，恰恰在我们到达苏州市前停业。我们在调查中还注意到，中小企业至今仍得不到大企业那样有力的信贷支持，但还要和大企业一样，承担沉重的税费支出。2009年初，各地政府纷纷采取措施，降低除养老保险以外的社会保险费率。可是，企业目前缴纳的社会保险总费率依然高于发达国家，以至于严重影响其复苏能力和就业岗位的创造。笔者听到频率最多的反映，是企业的社会保险负担过重。

企业在计算社会保险支出时，通常把雇员的缴费也考虑在内，视为工资附加成本，或者说作为劳动成本的一部分。依据企业行为理论，劳动成本过高，会促使企业通过提高资本密集度来替代用工量，从而最终导致全社会就业机会减少。可就业，无论是对工人的家计还是对社会的稳定，重要性都是第一位的。因此，针对迁移工人的养老保险设计必须包含如下政策权衡：对雇员缴费率的确定，既要保证基金的积累能够满足他们在退休年月的基本生存需要，又不至于迫使其削减目前的必

表 2 苏州市区社会保险费率[1]（2009 年 1 月 ~2010 年 12 月）

| 险种 | | 单位缴费（%） | 雇员缴费（%） | 合计费率（%） |
|---|---|---|---|---|
| 基本养老保险[2] | | 20 | 8 | 28 |
| 医疗保险 | 基本医疗保险 | 8 | 2 | 11 |
| | 地方补充医疗保险[3] | 1 | 0 | |
| 失业保险 | | 2 | 1 | 3 |
| 工伤保险 | | 0.5 | 0 | 0.5 |
| 生育保险 | | 1 | 0 | 1 |
| 合计 | | 32.5 | 11 | 43.5 |

注：1. 最低缴费基数为上年度全省社会平均工资的 60%，最高缴费基数为社会平均工资的 300%。工资水平处于上下限之间者，其实际工资额即为缴费基数。2008~2010 年，江苏省城镇职工社会保险的最低缴费基数，为每月 1 369 元 / 人。

2. 个体工商户养老保险缴费率为 20%，其中雇员缴纳 8%，雇主缴纳 12%。持有本市户籍的灵活就业者的养老保险缴费率为 20%，全部由个人缴纳。

3. 按规定享受公务员医疗补助的人员，不参加地方补充医疗保险。

资料来源：苏州市社会保险基金管理中心综合科，有关表中各项险种的具体规定，参见该中心网页：www.szsbzx.net.cn:9900/web/html/bszn/bsznAction.do?src=/web/html/bszn/bszn_frame.jsp

要生活消费支出。对企业缴费率的确定，则要在顾及企业承负的总体税收和社会保险负担的同时，既满足基本养老保险预算的需要，又不至于削弱企业的发展能力并影响就业岗位的创造。

据苏州市一家大型建筑企业的人力资源主管介绍，2008 年，各项社会保险费率合计，相当于企业工资总额的 45%。按照缴费基数下限算，企业为一名员工每月至少缴纳 465 元，员工个人每月至少缴纳 150 元。2009 年，市政府出于应对金融危机的考虑，将企业对医疗和工伤保险的缴费率分别下调了 1 个百分点和 0.5 个百分点（参见表 2）。尽管如此，下调后的社会保险总费率依然高于严重老龄化的欧洲发达国家。

例如，1970 年，联邦德国的雇主和雇员共同缴纳的各项社会保险费，合计起来相当于工资总额的 26.5%。到 2004 年，这个比率增加到 41.9%。高费率和高福利使得劳动力市场趋于僵化，部分劳动者宁愿失业，也不愿寻找或接受低收入的工作；企业则难以根据市场需求来调整员工人数。结果是失业率居高不下，以至于德国不得不推行劳动力市场改革[15]，通过降低失业保险水平和推行更加严格的社会救济监督制度来促进就业。自 2006 年始，社会保险总费率降至 40% 以下，同年，德国的人均 GDP 已达 26 500 欧元（约 34 347 美元），相当于 2008 年苏州市人均 GDP 的 3.4 倍。当前，我国大部分城市的经济发展水平还不及苏州市，但城镇职工社会保险总费率却不相上下。对照德国的经济总量和社会保险费率之间的关系可以判断，中国城市的社会保险费率偏高。这些城市之所以没有陷入劳动力市场僵化和社会福利基金难以为继的境地，在很大程度上，是由于具有高度流动性的农村劳动力的供给，以及农村迁移工人因年轻和健康而对城市的养老和医疗保险作出了净贡献。

进一步讲，我国大部分城市的养老保险总费率达 28%（企业费率 20%，职工费率 8%）。与此相对照，1970 年，联邦德国

15 资料来源：Federal Ministry of Economics and Technology，2007，Annual Economic Report 2007，p.50，Berlin。

雇主和雇员共同缴纳的养老保险费相当于工资总额的 17%（二者承担的费率分别为 8.5%）；到 2007 年，费率提高到 19.9%。中国企业的缴费率如此之高，主要是因为，它包含着填补国企改制遗留的养老基金缺口的成分。可无论是基于社会公平，还是基于经济效率和就业创造的考虑，动用大型国企上缴的利润和财政资金来弥补养老基金的缺口才更为妥当。仅仅是出于促进就业的目的，对企业，尤其是对那些近 30 年来才建立起来的劳动密集型中小企业，就应当避免实行高费率政策。

《农民工参加基本养老保险办法》将用工单位的缴费率定为 12%，（雇员缴费率定为 4%~8%），自然受到那些缴费率高于这一标准的企业的由衷拥护。不过可以设想，一旦《办法》付诸实施，就会导致企业在同等技能的劳动者当中偏好雇用农村迁移工人，从而将不利于城镇户籍劳动者就业，并会产生新的社会矛盾。与其如此，倒不如选择这一缴费水平作为最高限，将企业为城市户籍员工承担的缴费率降下来，以便创造公平的就业竞争环境。由于建议的费率下降幅度较大，会对统筹基金规模产生实质性影响，因而有可能影响目前退休人员的养老金支付。另外，还可能会在社会上引起削减社会福利的误解。为此，需要采取与降费率相匹配的政策措施：

第一，借鉴智利政府推行社会养老保险改革的一项有益经验，建立公共养老基金。将包括大型国企上缴利润在内的财政资金作为基金来源，一方面用于逐步填补国企改制留下的基金缺口；另一方面，用作最低养老金保障，救助养老金低于贫困线的退休人员。这样做，在当前有利于为降费率措施争取广泛的社会支持；在今后，有助于缩小养老收入分配的不均等程度。

第二，针对劳动密集型中小企业，建立税收优惠与迁移工人就业和参加养老保险指标挂钩的制度。在现有的用工单位当中，劳动密集型中小企业盈利能力较弱，但吸纳农村迁移工人就业的能力较强。目前在一些城市（例如大连市区），多数企业尚未将农村迁移工人纳入养老保险体系。企业经理们要求，待经济形势好转再推行《办法》。即便如此，这些中小企业的社会保险支出也会因之大幅度增加。因此，可以借助减税措施予以支持。根据著名的英国国际财务公司 Ernst & Young 发布的全球 140 多个国家和地区的企业可比税率统计，中国属于高税率国家。以韩国为例，2007~2008 年，应税额在 1 亿韩元（约 8 3752 美元）以上的企业，税率为 25%；应税额在一亿韩元及以下的企业，税率为 13%。同期，中国企业的可比税率一般为 25%；小企业和盈利状况较差的企业的税率为 20%[16]。鉴于此，对劳动密集型中小企业减税，一方面有助于改善这些企业的国际竞争力；另一方面，有助于激励这些企业为迁移工人缴纳养老保险，从而增强他们的社会保障程度，促进社会稳定与和谐。

## 四、缴费安排对迁移工人可支配收入的影响

近 20 年来，农村迁移劳动力已经发生了显著的分化。首先，这一群体原本就有正规和非正规就业之分。其次，在受教育程度、职业特征和收入水平等方面，

16　这里的可比税率指的是边际税率，即税收在边际收益或者边际成本中所占的比重。数据来源：Ernst & Young, 2008，The 2008 Worldwide Cooperate Tax Guide，第 156 和 502 页。

**表 3 样本迁移工人的社会经济特征**

| 年份 | 2006 年 | | | 2009 年 | | |
|---|---|---|---|---|---|---|
| 性别 | 男性和女性 | 男性 | 女性 | 男性和女性 | 男性 | 女性 |
| 观测值（人）[1] | 1 247 | 561 | 686 | 702 | 233 | 469 |
| 其中[2]：16~30 岁（%） | 67.31 | 61.18 | 72.3 | 85.84 | 83.55 | 86.85 |
| 高中和中专（%） | 26.08 | 26.74 | 25.55 | 45.49 | 40.63 | 47.61 |
| 大专及以上（%） | 2.97 | 2.85 | 3.07 | 18.46 | 26.34 | 14.78 |
| 管理人员（%） | 17.36 | 17.53 | 17.15 | 15.13 | 20.36 | 12.44 |
| 一线员工（%） | 58.39 | 56.55 | 60.65 | 69.44 | 69.68 | 69.35 |
| 管理人员月均工资（元） | 1 271 | 1 385 | 1 179 | 1549 | 1814 | 1296 |
| 一线员工月均工资（元） | 954 | 1 077 | 846 | 1 057 | 1 186 | 986 |
| 全部样本月均工资（元） | 975 | 1 076 | 893 | 1 146 | 1 338 | 1 044 |
| 愿意参加养老保险者（%） | –[3] | – | – | 89.98 | 91.28 | 89.39 |
| 实际参加养老保险者（%） | 21.29 | 15.16 | 26.23 | 56.84 | 57.27 | 56.50 |

注：1. 2009 年的抽样调查地点为深圳市、大连市和苏州市。出于近似对照的考虑，表中 2006 年的样本只保留了深圳市、大连市和上海市的观测值。

2. 组别人数 / 观测值 x 100%。

3. “–”表示没有可供使用的数据。

群体内部的差距都在拉大[17]。不过，即使是进入管理层的迁移劳动者，其平均工资水平也低于所在城市的社会平均工资（参见表 3 和表 4）。这一点，对于迁移工人参加养老保险的实际需求，或者说有支付能力的需要，具有决定性的影响。本报告关注的重点人群，是迁移劳动者当中的低收入群体，特别是其中的女性。以下主要讨论的问题在于：第一，城镇职工养老保险制度中的个人缴费安排，对参保迁移工人当前的可支配收入有怎样的影响；第二，依据现有的缴费安排，参保迁移工人有可能得到怎样的养老金待遇。

正规就业的迁移劳动者是否参加养老保险，在很大程度上取决于其就业城市的制度设计和企业的决策。按规定，雇员应缴的保险费，由企业从个人工资中扣除代缴，雇员的选择余地事实上十分狭窄[18]。从表 3 可见，在受访的迁移工人当中，有 90% 左右的人愿意参加养老保险，但实际参保率却远低于这一水平。在 2006 年和 2009 年的样本总体中，参保率分别为 22% 和 57%。数字背后的事实首先在于，在调查时段，某些抽样城市尚未强力推行迁移工人养老保险项目。例如，大连市的项目仅限于开发区。其次，在高费率政策下，用工单位尽可能采取避费行为。例如，通过在非项目区注册的劳务派遣公司，把雇员的正规就业状态变为非正规。第三，保险项目的制度设计不适合迁移工人的就业特点和支付能力。对此，迁移工人的回应只能是退保。例如，2007 年，深圳市有将近 440 万迁移工人参加养老保险，但退保人数高达 83 万人[19]；2008 年，退保人数大

17 参见邓曲恒，2009，“农民工的特征描述与养老保险参保情况”，中国社会科学院经济研究所课题组未发表的研究报告。

18 在现有的研究特别是针对女性参加保险的研究中，都有相同的发现。参见：刘澄，2008，“流动女性社会保险困境分析”，《苏州科技学院学报》（社会科学版），2008 年，第 11 期，第 43~47 页。

19 新华网消息：“深圳农民工退保引发的沉重思考”，2008 年 2 月 28 日，http://news.xinhuanet.com/world/2008-02/28/content_7682948.htm，2009 年 6 月 22 日。

表4 2008年度3个调研城市的迁移工人养老保险缴费基数下限 *（元/月/人）

| 调研城市 | 2007年<br>在岗职工平均工资 | 2008年<br>缴费基数下限 | 男性迁移工人[1]<br>平均工资 | 女性迁移工人<br>平均工资 |
|---|---|---|---|---|
| 苏州市 | 2 617 | 1 369 | 1 253 | 1 137 |
| 大连市 | 2 353 | 1 412 | 1 050 | 891 |
| 深圳市 | 3 233 | 特区内：1 000元<br>特区外：900元 | 1 553 | 1 125 |

注：* 2009年3~4月，调研城市社保机构仍在执行其2008年公布的保险费用征缴规定，缴费基数下限一般为2007年本省或本市职工平均工资的60%。

1 迁移工人平均工资根据本课题组2009年的抽样调查数据统计。苏州市样本量310：男29.2%，女70.8%；大连市样本量194，男21.9%，女79.1%；深圳市样本量198：男48.5%，女51.5%。

约为87.7万人；2009年春节前后，深圳市又出现一个退保高潮[20]。笔者在苏州市和大连市也了解到类似的情况。

更值得注意的是，即使解决了养老保险权益的可携带问题，高于迁移工人支付能力的缴费规定，还会产生强制低收入者过度储蓄的后果。如果没有针对低收入群体的缴费和待遇安排，非但难以保证他们在未来受益，反而会减少其自身及家庭当前的消费，甚至影响他们的生存，或者说危及正常的劳动力再生产。在这种情况下，参保率除了说明养老保险制度的覆盖程度以外，没有任何意义。在我们的调研城市当中，苏州市、大连市和深圳市都是把迁移工人纳入城镇职工养老保险的城市。其中，只有深圳市针对迁移工人平均工资低于缴费下限的情况，制定了特殊规定（参见表4）。在苏州市和大连市开发区，个人缴费率为工资的8%。那么，按照表4列出的缴费基数下限计算，每人每月至少要支付的缴费额在苏州市为109.52元；在大连市为112.97元。据此观察迁移工人的实际费率，在苏州市，男女迁移工人的平均费率分别为8.7%和9.6%；在大连市开发区，男女迁移工人的平均费率分别为10.8%和12.7%。

可见，低收入者的实际缴费率高于规定的费率。由于女性的平均工资比男性的更低，其实际缴费率还高于男性。尽管这些征缴的基金将用作迁移工人老年时的生计，可正因为他们的工资微薄，其储蓄能力也就极为有限。若对这一群体实行与城市职工同等的费率，必将导致这一群体当前的可支配收入的减少。换句话说，这样做的结果必然是挤压低收入群体的生存和发展空间。由此看来，《农民工参加基本养老保险办法》将雇员的缴费比率定为4%~8%，无异于扩展了低收入者的选择空间。

问题是，大多数迁移工人处于城市劳动力市场的低端，只能凭借年轻和体壮获得工作岗位。对于这些岗位当前的劳动强度而言，男性年过40而女性刚过30岁，就失去了年龄和体力的优势，以至于不得不退出正规就业市场（参见图1）。由于他们的实际工作年限和缴费年限低于法定退休年龄，即便是以社会平均工资的60%作为缴费基数，并按照8%的比率缴费，其最终按月领取的养老金对社会平均工资的替代率，也远低于按照法定退休年龄领取养老金的城市户籍员工。这一点，在表5和表6模拟的情境中即展示出来。两个

20 吴红缨等，“深圳出现大量外省农民工退保现象引发关注”，2009年3月30日，www.ahsp.org.cn/2006nwkx/html/200903/%7BAFBEDF69-18F2-4D4F-BF21-A0ABC2E9486A%7D.上海tml，2009年6月22日。

**表 5　依据地方迁移工人养老保险规定估算的养老金对社会平均工资的替代率**

| 缴费工资与社会平均工资之比 | 雇员性别 | 上海市（%） | 重庆市（%） | 苏州市和大连市（%） |
|---|---|---|---|---|
| 60% | 男性 | 10.05 | 15.09 | 45.08 |
| 60% | 女性 | 5.94 | 15.09 | 32.39 |
| 100% | 男性 | 16.74 | 25.16 | 61.14 |
| 100% | 女性 | 9.90 | 25.16 | 43.31 |
| 300% | 男性 | 50.23 | 75.47 | 141.41 |
| 300% | 女性 | 29.70 | 75.47 | 97.94 |

注：表中关于养老金对社会平均工资替代率的估算公式，依据的是调研城市的迁移工人养老保险制度设计。其中，苏州市和大连市参保人员的养老金，包括来自个人账户的基金积累和来自统筹账户的基础养老金两个部分。估算中假设：第一，个人账户的资金收益率（参考银行存款年利率）为 3%，社会平均工资的年增长率为 5%。第二，典型的农村男性和女性劳动者均于 18 岁进城做工并参加养老保险，男性连续缴费至 60 岁（重庆市 55 岁）退出城市正规劳动力市场；女性则连续缴费至 50 岁（重庆市 55 岁）退出。

表格列出的数据，是依据几个调研城市有关迁移工人参加养老保险的规定（参见表 1），对处于三种不同缴费工资水平的参保人的养老待遇，加以粗略估计的结果[21]。

表 5 模拟的是不同性别的参保人按照法定退休年龄领取月度养老金的情境：第一，在缴费率相同的条件下，高收入组与低收入组在社会平均工资替代率上的差别，映射出二者之间在工资水平上的差距。第二，根据苏州市和大连市的制度，迁移工人参加城镇职工基本养老保险。鉴于目前只有城市户籍职工按法定年龄退休，表中对苏州市和大连市的参保人养老待遇的估算，事实上模拟的只是当地城市户籍职工的情境。第三，在缴费率和工资水平相同的条件下，若女性的退休年龄低于男性，工作和缴费年限因之较短，其养老金对社会平均工资的替代率便远低于男性。例如，在苏州市和大连市模式中，女性的养老金水平仅相当于男性的 70% 左右。

就迁移工人当前的年龄分布而言，表 6 的情境模拟更接近于实际情况。表中的结果显示：第一，在上海市和重庆市的迁移工人养老制度下，按照缴费基数下限即社会平均工资的 60% 缴费的参保人，能够获得的养老待遇过低。他们的月度养老金对社会平均工资的替代率最高还不足 9%。第二，由于男女之间在缴费期限上的差别比现有制度规定的还要大，以至于养老收入的性别差距更为明显。在苏州市和大连市模式中，女性的养老金水平仅相当于男性的 55%~57%。

事实上，多数生产和服务一线的女工还达不到 15 年的最低缴费年限，就因婚姻和育儿需求最终转向非正规就业。这就意味着，她们将因此而失去按月领取养老金的资格。可见，仅仅是为了保障女性迁移工人的基本养老权益，就需要在社会养老体系中，设计城镇职工养老保险项目与未来的农村居民或城市居民养老保险项目的衔接点，以便为参保人提供在不同项目之间转移的可能性。进一步讲，养老收入

21　基本养老金的社会平均工资替代率 = 基础养老金的社会平均工资替代率 + 个人账户养老金的社会平均工资替代率。其中，基础养老金的社会平均工资替代率 =（退休前一年度的社会平均工资 +0.6× 退休前一年度社会平均工资）× 缴费年限 % /（2* 退休前一年度社会平均工资）= 0.8× 缴费年限 %。假设：一个“"典型的”迁移工人只在同一个城市工作，该市政策长期不变；a：参加工作年龄；R：参加工作并缴费时上一年度的社会平均工资；r：个人账户投资年收益率（常数）；g：社会平均工资年增长率（常数）；c：个人账户计入比例；M：计发月数；N：退出正规就业岗位年龄；T：缴费年限，则个人账户养老金替代率的计算公式为：$\frac{12\times 60\%\times C}{M(r-g)}\left(\frac{1+r}{1+g}\right)^{N-a}\left(1-\left(\frac{1+g}{1+r}\right)^{T}\right)$。

表 6 依据迁移劳动者的工作年限估算的养老金对社会平均工资的替代率

| 缴费工资与社会平均工资之比 | 雇员性别 | 上海市（%） | 重庆市（%） | 苏州市和大连市（%） |
|---|---|---|---|---|
| 60% | 男性 | 4.99 | 8.98 | 25.70 |
| 60% | 女性 | 2.25 | 4.68 | 14.57 |
| 100% | 男性 | 8.32 | 14.97 | 34.51 |
| 100% | 女性 | 3.75 | 7.80 | 19.28 |
| 300% | 男性 | 24.95 | 44.92 | 78.52 |
| 300% | 女性 | 11.24 | 23.41 | 42.84 |

注：除了以下假定以外，其他估算条件均与表 5 相同：一个典型的农村男性劳动者 18 岁进城做工并参加养老保险，连续缴费 25 年，43 岁退出城市正规劳动力市场；一个典型的农村女性则 16 岁进城做工并参加养老保险，连续缴费 15 年，31 岁退出。

上的巨大性别差距，与女性在劳动力市场上的不利地位相联系。法定的生育保险，能够部分改善女性的就业条件。这一险种意味着，全社会对女性生育和哺乳期的收入损失给予补偿，因为她们在生育和哺乳上花费的时间，实质上是对社会人力资源的再生产作出的贡献。除此而外，根据智利的经验，实行最低养老金保障，便能收到明显缩小养老收入性别差距的效果。原因在于，女性在低收入者当中占多数，而且人均预期寿命高于男性，因而必定成为这一制度的最大受益者。

## 五、非正规就业者的养老保障问题

从就业经历来看，农村迁移劳动力中的非正规就业者可分为两类：一是正规劳动力市场的退出者；二是进城伊始即从事非正规就业的人。从他们常见的就业身份来看，一是自雇者，二是微型企业或城市住户的雇员。在非正规就业者当中，女性迁移劳动者大多从事服务劳动[22]，例如售货、侍应、导游、家政服务、医院护理、保洁、理发和缝纫，等等。只要市场有需求而正规部门不能及时予以满足，就会有非正规就业者以其灵活的劳动供给弥补缺口。虽然，就业的灵活性正是他们应对失业的措施，但也导致其收入水平一般还不及正规就业的一线迁移工人，而且收入也极不稳定。在他们当中，有相当一部分人正是城市里的“工作着的穷人”。多数非正规就业者没有任何保险，他们在访谈中表示，最需要的社会保险类别，是工伤和医疗保险。虽然有些受访者参加过农村合作医疗保险，可是考虑到回乡报销医疗费用所必须支付的路费和时间成本，又从这一制度中退出。可见，这部分劳动者需要适合于他们就业特点的社会保护措施，来应对其面临的工业社会风险。

就现有的社会养老保险制度而言，首先，它的“门槛”式的诸多规定，例如具有连续性的定期缴费、企业和个人缴费合计达 15%~28% 的费率，等等，就把大多数非正规就业者排除在外。其次，针对自雇者和灵活就业者的地方性养老保险制度设计，仅针对城市户籍人口（参见表 2 的注释）。在调研城市当中，只有上海市为迁移劳动力中的自雇者留下了参加综合保险的可能性，但至今并无自雇者参加。原因主要在于，这些自雇者难以承受 12.5% 的费率和欠缴情况下 2‰的滞纳金负担。此

22 参见：叶文振，“流动妇女职业发展的性别思考”2006 年 3 月 3 日，www.china-gad.org/HR_NewsDetail.asp?strDetailId=8737，2009 年 7 月 10 日下载。

外，社保机构如果大规模地为个人办理手续，管理成本必将非常高昂，因而也就缺少吸纳这部分劳动者参保的激励。这些机构之所以对持有本市户籍者另当别论，那是因为城市政府的行政强制使然。

低收入的非正规就业者参加养老保险，是个世界性的难题[23]。但是只要以预防和减少老年贫困为目标，就有可能另辟蹊径，找到替代昂贵的正规部门保险模式的办法：第一，通过社会救济保证这一群体“老有所养”。在城乡最低生活保障制度中设立养老救助条款，援助没有养老收入来源的贫困老龄人口。第二，在未来的农村和城市居民养老保险项目中，为非正规就业者提供参保的可能性。

当前具有可行性的政策措施在于，循序渐进，将非正规就业者纳入他们最需要的社会保险项目。对于通过劳务派遣公司、家政服务公司和建筑工程队等企业形式就业的群体，首先推行工伤、医疗和生育保险。其次，随着他们工资水平的提高，为其设计“量体裁衣”的养老保险项目。至于那些连松散的劳动组织都没有的就业者，则只能由城市政府采取行动，借助社区管理网络，将社会援助和保险服务延伸到他们的住地。

## 六、结论

将农村迁移劳动者纳入城镇职工基本养老保险，是一个历史的进步。但是在迁移工人与城市户籍工人社会经济状况差异巨大的情况下，对二者做无差别的制度安排，便使得基于社会公平理念的制度，结出不公平的果实：

第一，在欠缺包容性的城市化政策下，迁移工人只能在城市就业而很难永久居留。当前城市企业需要的，只是农村优质劳动力的生命周期中劳动效率最高的阶段。度过了这一阶段，他们就可能失去城市正规就业岗位，从而也就失去与之相联系的养老保险待遇。此间，随着劳动力市场需求的变化，他们还不得不在地区之间流动以应对失业风险。依据现有的地方性农村迁移工人养老保险政策，养老保险权益不可转移，这就不仅妨碍劳动力流动，而且还损害缴费企业和参保工人的利益。

第二，企业承担的职工养老保险费率，高于欧洲一些以福利国家著称的发达国家，而且税收负担也高于国际平均水平。以至于企业增加工作岗位的积极性减弱，躲避保险义务的动机增强。结果既损害工人的福利，又不利于为全社会创造就业机会。

第三，一些城市政府设定的缴费基数下限高于迁移工人平均工资，导致迁移工人的实际缴费率高于规定的水平。这在事实上相当于强制低收入者过度储蓄，必然会减少其自身及家庭当前的消费，或者说影响正常的劳动力再生产。女工由于工资更低而实际缴费率更高，其当前的可支配收入受到的影响更大。

可见，由于现有的城市社会养老保险项目与迁移工人的就业特点不适应，“参保”并不意味着迁移工人必然受益。对上述问题，人力资源和社会保障部制定的《农民工参加基本养老保险办法》都作出了建设性的回应：一方面降低了企业和个人缴费率；另一方面，赋予个人养老保险权益以便携性。其中特别强调，在迁移工人跨城

23 Hu, Y. and F. Stewart, 2009, "Pension Coverage and Informal Sector Workers: International Experiences", OECD Working Papers on Insurance and Private Pensions, No. 31, OECD publishing.

乡养老保险系统和跨统筹地区转移时，携带的基金包括个人账户和企业为其积累的部分。这些原则，必将有助于保护迁移工人的利益和促进他们融入城市社会。

不过，缴费率降低则低收入者积累的养老基金将更少。如果没有进一步的政策干预，这一群体可能会通过《办法》的实施减轻当前（年轻时）的贫穷，却又将遭遇未来（老龄时）的贫穷。进一步讲，个人的就业年限越长、工资水平越高，本人和企业在其名义下的缴费总额越大，个人的养老待遇则越高。在同一制度条件下，就业年限和工资水平这两个因素，便使得大多数农村迁移工人难以与城市户籍工人分享同等的养老待遇，女性难以与男性分享同等的待遇。在迁移工人当中，女性由于生育和儿童照料，退出正规劳动力市场的时间比男性更早。基于这种情况所作的模拟计算表明，在同样的缴费工资水平上，由于就业期限不同，女性迁移工人的养老金水平仅相当于男性的55%~57%。

为了促进就业、减少老年贫困和养老收入分配中的性别不平等，还需要中央政府制定如下与《办法》相匹配的政策：

首先，动用财政资源建立公共养老基金，设置与价格指数挂钩的最低养老保障线，保证低收入者领取的养老金不低于贫困线。

其次，颁布将迁移工人纳入生育保险的规定，同时要求城市地方政府，资助面向低收入群体的幼儿照料服务设施。

再次，在当前，退出正规劳动力市场的迁移劳动者和非正规就业者的养老问题，只能更多地依赖社会援助而非社会保险来解决。未来农村居民和城市居民社会养老保险制度的建立，将有助于排除这一群体参加养老保险的障碍。

最后，对于为迁移工人缴纳养老保险的中小企业，给予降低税率的政策性优惠。

鉴于全球性金融危机和经济下滑对中国企业特别是中小企业造成强烈冲击，并因而导致大量迁移工人失业，推出全国性迁移工人养老保险计划的最佳时机，当为经济稳固恢复正常之时。

# 中国的高储蓄率和经济增长方式转变
# 性别比率的视角

## Sex Ratio and Saving Rate
## Evidence from China

魏尚进

以广义储蓄来衡量，今天中国的储蓄在GDP中所占比例已经高达50%，引起了国内外的高度关注。由于高投资率促进增长，因而高储蓄率间接导致了增长。此外，高储蓄率还可能同外汇储备的增加相关。

中国的高储蓄率至少有三层意思：(1) 远远高于大多数国家，包括以高储蓄率闻名的东亚国家；(2) 高于中国过去的储蓄率，国内总储蓄占GDP的比例自1990年以来上升了15%；(3) 储蓄率甚至超过了中国原本已经很高的投资占GDP的比例。还值得注意的是，在中国的国民储蓄中，居民储蓄约占一半，2007年居民储蓄占居民可支配收入的30%。

### 对中国高储蓄率的传统解释

关于中国的高储蓄率，以前的解释是，我们的社会保障制度不够健全、金融体系不够发达，现在老百姓的收入不确定性和工作不确定性增加，所谓的预防性储蓄较高；还有中国传统文化的影响，比如，我们从来都教育孩子不能乱花钱，特别是不能花还没赚到的钱。经济学里解释高储蓄率还有一个理论是所谓的生命周期理论。该理论认为，一般来说，如果是工作年龄阶层占总人口比重比较高的话，储蓄就会比较高。这些解释看上去都很有道理，是我在一年半前的理解，也是现在文献的理解程度。但是我发现这些解释并不全面，原因在于，在过去十几年里面，中国社会的很多方面，比如社会保障制度，虽然没有像北欧那样高的发展程度，但是比五年前、十年前要好，按道理说，储蓄率应该下降，但实际上是在上升；我们的金融水平也在改善；而文化应该是不变的，文化只能解释25年前为什么储蓄率比别的国家高，但不能解释25年后为什么储蓄率还在上升。生命周期理论也不能解释，各个国家的经验表明，哪个国家工作年龄的人

* 本文根据《比较》编辑室与作者的访谈，并结合作者的论文“The Competitive Saving Motive:Evidence from Rising Sex Ratios and Savings Rates in China”整理而成。未经作者审阅。——编者注

越多储蓄率会越高这个现象并不完全成立。所以，我想一定还有别的原因。

有人说中国储蓄中有一大部分是企业储蓄，或者是政府储蓄。2005 年，雷曼公司开始持这种观点，而且被广为接受。这个讲法既对又错，对的方面是中国的国民储蓄（率）中大概有一半左右是企业储蓄（率），而且这个比重五年前没有一半，现在是一半；但这个讲法也有重大的缺陷，其实世界各国在过去十几年里企业储蓄率都在明显上升。比如美国的居民储蓄率很低，但企业储蓄率比较高。所以要是进行跨国比较的话，中国企业储蓄率只比别的国家稍高一点，大概两个百分点。所以企业储蓄率虽然在中国国民储蓄率中的比重不低，但是进行跨国比较就会发现，企业储蓄率高并不是中国国民储蓄率比其他国家高的主要原因。说到政府储蓄率，它是有区别的，有些国家的政府是赤字，有些国家政府是黑字，显然黑字国家比赤字国家的储蓄率要高，中国政府今年有赤字，明年可能也有赤字，所以政府储蓄也不能很好地解释中国的高储蓄率，最后还是要回到居民储蓄。

## 中国居民储蓄率居高不下的原因：性别比例失衡

那么，为什么中国的居民储蓄率比别国的居民储蓄率高，而且高很多呢？前面几个理由看起来不太健全，因此我考虑到了一年半以后和合作者张晓波博士发现的一个因素，中国男女比例失衡在不断加速，导致了居民的高储蓄率。我们的这个观点在《华尔街日报》中文版一登出，就有很多人提出反对意见，《纽约时报》英文版在 6 月 22 日和 6 月 30 日两次刊登我们的观点，也有很多人反对。这其中的原因很简单。一是《华尔街日报》和《纽约时报》的报道篇幅都很短，并不能完全准确地反映我们的观点。其次，我们这个观点多半人从来没听到过，再加上他也没有机会读我们的论文，也没看到过证据，所以很多人都会质疑我们的论点。而且有些人说已经有上述一些理由来解释中国的高储蓄率，因此对新的理由持怀疑态度。因此，第一，我们需要解释一下男女比例失衡会造成储蓄率高的逻辑是什么；第二，我们需要说明别人提出批评意见的原因，并给出我们对这些意见的看法；第三，我们需要找到证据，来证明我们的论点；第四，如果我们的这个观点是对的，那么男女比例失衡对中国的高储蓄率、高经常账户顺差究竟有多大影响；第五，假定我们的观点成立，它对我们的政策又有什么借鉴意义。

### 从害怕光棍到竞争性储蓄

首先看一看中国男女比例失衡到底有多严重。假设完全听其自然的话，世界各国的经验表明，在男女婴出生时对应于每 100 个女婴大约有 106 个男婴。男婴多一点是因为 0~2 岁男婴的死亡率会略高一点，到结婚年龄男孩、女孩就基本平衡了。中国在 30 年前男女婴出生比例基本均衡。在过去的 30 年里男女比例就逐渐上升，也即男婴与女婴的比例逐渐上升。到今天为止，大概对应于每 100 个女婴有 122 个男婴。这是很严重的失衡：对应于每 4 个女婴就有 5 个男婴，换句话说，每 5 个男婴到应婚年龄时基本上有一个会成为光棍，我说基本上，因为这不是绝对的，比如说有些男婴到应婚年龄时会不结婚，有些男性会出国或者同其他国家的女性结婚，或者和更年轻的女性结婚，也就是说，有各种各样的方式来对付严重的男女比例失衡。但是，这些方式不能从根本上解决问题。为什么？如果把0岁、1岁、2岁一直到25岁的剩余男性加总大概达3 000多万人，这是一个很大的数字，比如说整个意大利的人口才5 000多万，而全部男性，从婴儿到老头，加在一起还不到3 000万。因此，这是很严重的失衡，不是通过刚才讲的几个途径可以解决的。

男女比例失衡一定会造成婚姻市场上男性的竞争加剧。那么，这和储蓄又有什么关系呢？假设多半的男性想要结婚，即使这个假设不成立的话，在中国，有男孩的父母多半不希望儿子成为光棍，这个假设应该是成立的。对于婚姻市场上越来越恶化的男女比例失衡，有男孩的父母就会设法提高儿子结婚的概率，尽可能使他不落入3 000万光棍的行列。而延迟消费提高家庭储蓄就是有男孩的家庭可以采取的一个手段。他可以让孩子接受更好的教育，给孩子提供更好的营养，而一个更直接更有效的途径是提高财富的水平改善家境。他们中的很多人会想，我不需要把自己变成亿万富翁，但是我需要比至少3 000万男孩的家庭储蓄高一点。这样，我就会排在他们前面，孩子就可以找到媳妇。当然，即便所有家庭都这样想，也不会改变中国10年以后有3 000万男性不能结婚的事实。但是，如果每个家庭都认为只要我比别人储蓄多一点，儿子成为光棍的概率会降低，就会刺激家庭增加储蓄。需要指出的是，这并不是说性别比率失衡是影响储蓄行为的唯一变量。相反，有男孩的父母为了提高儿子的结婚概率，会采取所有可能的手段，包括给儿子提供更好的教育，让他们获取更好的营养，敦促他们更努力地工作，等等。

性别比率对家庭储蓄率的影响，并不需要以父母知道当地的性别比率为前提条件。这也正是《华尔街日报》和《纽约时报》的读者认为我们的解释是错误的原因之一。如果你到街上随便问一个人，他多半不知道男女比例是多少，如果你问他为什么储蓄，他多半会说给孩子买房，给孩子提供更好的教育，不会想到性别比率的问题。说实话，一年半前我也不知道。实际上，性别比例失衡到居民的高储蓄率之

表1 1990~2007年性别比率上升对储蓄率的强行影响

| | | 中国 | 农村 | 城市 |
|---|---|---|---|---|
| 1990 | | | | |
| 储蓄率 | (1) | 16.2% | 14.8% | 14.6% |
| 7~12岁性别比率 | (2) | 1.045 | 1.048 | 1.037 |
| 2007 | | | | |
| 储蓄率 | (3) | 30.2% | 27.3% | 32.4% |
| 7~12岁性别比率 | (4) | 1.136 | 1.141 | 1.113 |
| 1990~2007年的上升 | | | | |
| 7~12岁性别比率 | (5) = (4) − (2) | 0.091 | 0.093 | 0.076 |
| 储蓄率对性别比率上升的反应弹性估计 | (6) | 0.74 | 0.71 | 0.61 |
| 对储蓄率上升的影响（估计值） | (7) = (6) − (5) | 0.067 | 0.066 | 0.046 |
| 储蓄率的实际上升 | (8) = (3) − (1) | 0.140 | 0.125 | 0.178 |
| 被解释的储蓄率上升的比例 | (9) = (7) / (8) | 48.1% | 52.8% | 26.0% |

资料来源：来自作者的另外一篇文章“The Competitive Saving Motive:Evidence from Rising Sex Ratios and Savings Rates in China”。

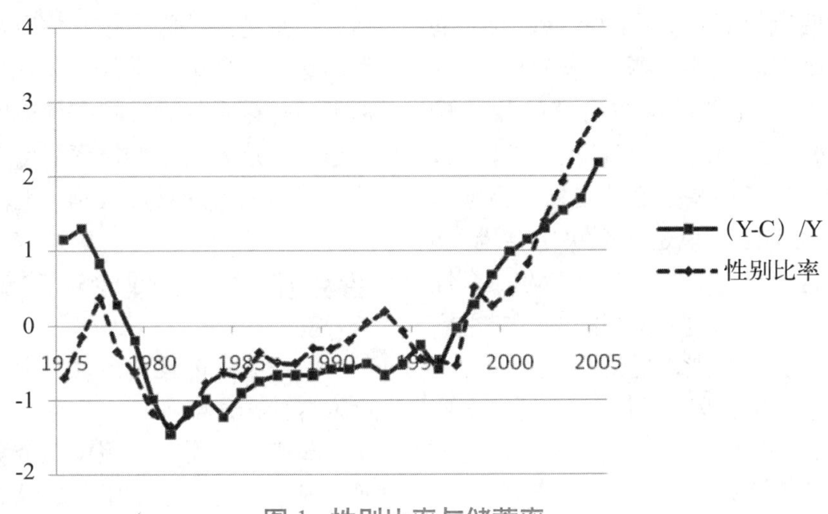


**图 1 性别比率与储蓄率**

注：性别比率变量用的是 20 年前出生的性别比。
数据来源：参见表 1。储蓄率是指（GDP－私人和政府消费）占总 GDP 的百分比，数据来自《中国统计年鉴 2007》。两个变量数据者进行了简化处理。

间，有一只“看不见的手”在起作用。我们可以考虑这样一个例子：内蒙的包头和广东的某个中型城市，这个城市的收入和生活水平与包头差不多，但性别比率不同，广东的城市要高一些，而包头则要低一些，然后再找个家境差不多的有男孩的家庭，比如说广东的马大嫂和内蒙的王大嫂。广东的马大嫂需要的储蓄比内蒙的王大嫂要多。为什么呢？因为她所居住的城市，房价贵，可能其他东西也会贵。而贵的一个根本原因是当地的男女比例失衡严重，婚姻市场竞争激烈，造成大家要买好房子，买大房子。但马大嫂并不知道是这个原因，她只知道她储蓄是为了买房子。包头的王大嫂储蓄比较低，但她也不知道储蓄低的原因是因为男女比例失衡不太严重，而只知道她想买房子就需要储蓄。

## 性别比率影响储蓄率的证据

我们可以从多个角度来证明性别比率会影响储蓄率。中国的男女比例失衡虽然全国平均是每 100 个女婴对应着 120 个男婴，但各地是很不一样的。严重的省份有河南、广东、贵州等，这些省大概是对应于每 3 个女婴有 4 个男婴。另外一些省的失衡程度比全国平均要低一点。有很多因素可以影响储蓄率，比如收入水平、产业结构、当地人口的年龄结构都会影响储蓄率。把这些因素控制住以后，你可以问这样一个问题：如果哪个地方男女比例失衡比较严重的话，是不是当地储蓄率会高一点，而统计数据表明，在性别失衡越严重的地方，储蓄率的确越高。而这个高储蓄率可能就是通过上述看不见的手来调节的，但是读者不一定能做这样的联系。这是一个证据。

第二个证据是更微观的家庭数据。家庭数据很容易核实，一般来说，在同一个地方有男孩的家庭会比有女孩的家庭储蓄高一点。但我并不把它作为支持我们理论最最重要的证据。在我看来，对鉴别我们理论真伪更有说服力的证据是有男孩家庭的储蓄。假设只看有男孩的家庭，我们的理论有一个很明确的预测：同样是有男孩的三口之家，如果把这些家庭的收入情况、教育水平、工作情况等都控制住以后，就会发现，除了这些家庭特征外，当地婚姻市场的性别比率也是一个决定性因素。而数据非常明显地表明：如果是在一个性别失衡比较严重的地方，同样的三口之家的储蓄率会更高一点，但是从有女孩的家庭来看，它们的储蓄率和当地的男女比例失衡没有系统性的关系。我认为，这是更有说服力的微观数据。

第三是房价。我们在前面说到，有男孩的家庭在婚姻市场上的竞争会刺激家庭增加储蓄，这只是故事的一半，故事的另一半是说，没有男孩的家庭也会因性别比率失衡而提高储蓄，这是性别比率失衡的一种溢出效应，产生这种溢出效应的机制是房价。中国跨省、跨市或跨县的土地数据表明，如果看平均房价，越富的地方房价会越高，人口密度越密集的地方房价越高。但是把这些因素控制住以后，你会发现，除了这些因素之外，哪些地方如果性别失衡越严重的话，这些地方的家庭储蓄率越高。这就是性别比率为什么会影响所有家庭的储蓄的具体机制。

## 性别比率失衡理论对政策的含义

假设我们的理论成立，那么对中国的政策有什么影响呢？

我们先来看看，假设这个竞争性储蓄理论成立，它对理解中国的储蓄率不断增加，到底有多大的作用。我们的统计研究表明，在过去的十几年里（从 1990 年到 2007 年），中国居民储蓄率大概从 16% 增加到 31%，大约有一半的储蓄增加可以用性别比率失衡这个因素来解释。这有两个含义：一方面性别比率失衡是很重要的因素；另一方面是说性别比率失衡并不是唯一的因素，前面讲的各种因素，如社会保障制度不够健全，文化等也会影响储蓄。

**表 2：性别比率和房价**

| | 县 | | | | 市 | | | |
|---|---|---|---|---|---|---|---|---|
| | 房子大小 | 房子大小 | 房子价值 | 房子价值 | 房子大小 | 房子大小 | 房子价值 | 房子价值 |
| 10~19 岁年龄组的性别比率 | 0.22**<br>(0.09) | -0.02<br>(0.08) | 0.54**<br>(0.16) | 0.37**<br>(0.13) | 0.70**<br>(0.16) | 0.37**<br>(0.14) | 1.46**<br>(0.32) | 0.74**<br>(0.23) |
| 1999 年人均 GDP（log） | -0.06<br>(0.15) | -0.04<br>(0.13) | -1.32**<br>(0.22) | -0.65**<br>(0.21) | -0.35<br>(0.24) | -0.30<br>(0.22) | -3.24**<br>(0.46) | -1.78**<br>(0.37) |
| 1999 年人均 GDP（log）平方 | 0.01<br>(0.01) | 0.01<br>(0.01) | 0.11**<br>(0.01) | 0.06**<br>(0.01) | 0.03*<br>(0.01) | 0.02<br>(0.01) | 0.21**<br>(0.03) | 0.11**<br>(0.02) |
| 房子大小（log） | -0.43**<br>(0.07) | -0.44**<br>(0.07) | 0.70**<br>(0.16) | 1.00**<br>(0.21) | 1.50**<br>(0.12) | 1.50**<br>(0.12) | 0.77**<br>(0.19) | 0.28*<br>(0.16) |
| 0~19 岁占总人口的比例 | -4.35**<br>(0.32) | -2.57**<br>(0.29) | -4.01**<br>(0.68) | -4.11**<br>(0.70) | -3.66**<br>(0.33) | -3.66**<br>(0.33) | -1.85**<br>(0.65) | -0.30<br>(0.57) |
| 20~59 岁占总人口的比例 | -2.93**<br>(0.30) | -1.32**<br>(0.28) | -.030**<br>(0.54) | -2.52**<br>(0.57) | -2.89**<br>(0.37) | -2.89**<br>(0.37) | -2.28**<br>(0.68) | -0.28<br>(0.56) |
| 各省固定效应 | | yes | | yes | | yes | | yes |
| 调整后的 $R^2$ | 0.41 | 0.64 | 0.33 | 0.57 | 0.39 | 0.69 | 0.43 | 0.70 |
| AIC | 31.73 | -958.00 | 2584.46 | 1704.71 | -325.82 | -718.74 | 404.35 | 48.26 |
| N | 2088 | 2088 | 2088 | 2088 | 671 | 671 | 671 | 671 |

注：人均居住面积和住房价值数据来自 2000 年人口普查，人均 GDP 来自各年中国县经济和社会发展公报。10~19 岁组性别比率来自 1990 年中国人口普查（当时年龄组 0~9 岁）。0~19 岁和 25~29 岁年龄组占人口比例数据来自 2000 年人口普查。

现在来看看竞争性储蓄理论对政策有什么含义。男女比例失衡是竞争性储蓄行为的结构性因素之一。既然是一个结构性因素，就意味着单纯改变其他因素，例如汇率放开，社会保障制度改善等，虽然会起作用，但是不能起到全部作用，性别比率失衡这个因素也必须考虑在内，而这个因素很难在短期内发生改变。而且我们从数据中可以知道，应婚青年的性别比率对储蓄率影响最大。但是，由于现在0~10岁孩子的性别比率失衡程度要比17~25岁应婚男女青年的比率失衡更加严重。所以，即使从今天开始新生婴儿男女比例平衡了，10年以后应婚年龄的性别失衡程度一定比今天更严重。从这个角度来看，中国的高储蓄率居高不下的概率很高。其他改革可以部分抵消高储蓄率，但是光有这些改革，而不考虑性别失衡问题，储蓄率居高不下的状况就不可能得到根本的改观。储蓄率居高不下，如果投资也没跟上来，储蓄减掉投资就是资本账户顺差，所以资本账户顺差居高不下的概率也不低。

那么到底是什么原因造成了男女比例失衡。最直接的因素是中国父母中，有大量的父母有选择性堕胎，有女婴的堕掉，有男婴的留着。而造成有选择性堕胎的原因主要有三：第一是重男轻女，有相当多的父母重男轻女，或者因祖父母辈的压力造成他们重男轻女的行为；第二是父母生孩子的数量有限。以前也有重男轻女的想法，但是以前没有造成男女比例失衡的一个重要原因是，如果想要儿子的话，可以一直生到有男孩为止，而现在只能生一个或两个，怎么办呢？只能保证我生的一个或两个孩子里面有一个是男孩；第三个因素有比较便宜就能判断性别的技术，如B超。这三个因素加起来就造成了有选择性的堕胎，使大量的女婴没有出生。要改变这个现象，就要考虑这些因素。中国已经有政策，不允许医生告诉父母胎儿的性别，但是有各种办法可以绕过。中国计划生育政策在三四十年前提出的时候是考虑到中国人口太多，假设把人口增长控制住以后，在同样产出的情况下，人均产出就会增加，这种想法其实也是过分简单的想法。而且30年来改革开放的成功，对于人口的问题也可以放松一点，人口政策的稍微放松，未必会影响经济增长。重男轻女的想法，有很多的城市父母已经开始改变了，只是改变的速度不够快，使得统计数字还是反映出男女比例失衡的问题在加剧。

为什么正确认识高储蓄率背后的原因很重要呢？就像医生要对症下药一样，中国政府一直在强调改变增长模式，降低对外需的依赖，增加内需的作用。目前内需的上升主要是由政府拉动的。政府行为短期内可能有用，但是长期老是靠政府的需求作为内需的动力，也有很多缺陷，这并不是我们主张的主要做法，最后还是要回到降低居民储蓄，提高居民的消费上去。而要达到这样的政策目的，就要对症下药：居民储蓄高、消费低的因素是多重的，其中重要的因素之一是男女比例失衡，而我们又不把它考虑在内的话，药就不全，病也就难以根治。因此，改变增长模式也需要把性别失衡这个因素考虑在内。

# 经济学家们怎么会错得这样离谱?

## How Did Economists Get It So Wrong

保罗 · 克鲁格曼

### 一、误以美为真

如今的人们很难相信，就在不久之前，经济学家们还在为自己研究领域的成就得意洋洋。他们自以为所取得的这些成就涉及理论与实践两个方面，给经济学家的职业开辟了一个黄金时代。在理论方面，他们认为内部的纷争已经解决，于是在2008年发表的一篇名为《宏观经济学的状况》(The State of Macro，所谈的话题是研究类似衰退等大问题的宏观经济学）的论文中，当时在MIT任教、如今已担任国际货币基金组织首席经济学家的奥利弗·布兰查德（Olivier Blanchard）宣称，“宏观经济学的状况很好”。他指出，过去的争论已经结束，出现了“广泛的观点融合”。在现实世界中，经济学家们则相信事情已尽在掌握：芝加哥大学的罗伯特·卢卡斯在2003年美国经济学会的主席致辞中宣称，“防止经济衰退的核心课题已经攻克”。2004年，当时在普林斯顿任教、如今担任美联储主席的本·伯南克提出，过去20年间经济波动的“大缓和”值得庆贺，他本人也从改进经济政策制定的角度为此作出了贡献。

然而到了2008年，这一切都烟消云散了。

只有极少数经济学家预见到了这场危机的降临，不过预测的失败对这个研究领域而言却是最次要的问题，更深刻的缺陷在于这个行当里的人们对于市场经济发生灾难的可能性全都视而不见。在过去的黄金时代中，金融学家们越来越相信市场具有内在的稳定性——也就是说，股票和其他资产的定价总是正确的。在流行的研究模型中，根本没有2008年发生的那种经济崩溃出现的可能性。与此同时，宏观经济学家们内部的看法虽然还不统一，但主要的分歧却存在于如下两派之间，一派坚持认为自由市场经济从来不会偏离正道，而另一派尽管相信经济有可能时不时会出

* 该文发表于2009年9月2日，《纽约时报杂志》(*The New York Times Magazine*)。本文的翻译出版获得了《纽约日报杂志》的授权。——编者注

现偏差，但也以为在全能的美联储的干预下，任何与繁荣之路的重大偏离都能够并且将会很快得到纠正。这两派都不准备接受一个在美联储的最理想的干预下仍然可能误入歧途的经济体。

危机爆发之后，经济学家们的路线之争变得空前激烈起来。卢卡斯说，奥巴马政府的经济刺激计划是“次品经济学”（schlock economics）的产物，他在芝加哥大学的同事约翰·科克莱恩（John Cochrane）也说，这些计划的理论基础都是些虚幻的“童话”。而加州大学伯克利分校的德龙（Brad DeLong）作出的回应则是指出了芝加哥学派在学术上的崩溃。我本人也曾在文章里提出，芝加哥的经济学家们的评论乃是宏观经济学的“黑暗时代”的产物，在那个时代，许多来之不易的古老的真知灼见被人们所遗忘了。

经济学家这个行当里到底发生了怎样的事情？未来又将走向何方？

在我看来，经济学家这个行当之所以误入歧途，原因在于经济学家们总体来说错误地用漂亮的数学模型所装饰的美代替了对真的追求。在20世纪的大萧条到来之前，绝大多数经济学家都把资本主义视为完美或接近完美的经济体系，这样的观念在大规模失业现象面前难以为继。可是随着大萧条的记忆逐渐淡去，经济学家们又重新坠入古老的理想化的经济观的情网，在那种理想化的经济体中，理性的个人在完美的市场中相互作用，只不过这次多了些神奇的方程式作粉饰。可以确信，与理想化的市场经济破镜重圆，部分原因来自政治风向的调整，部分原因来自经济利益的刺激。当然，尽管胡佛研究所资助的学术假期和华尔街提供的工作机会都不可小视，但经济学研究遭遇失败的核心原因还是在于，这个领域过于强调无所不包的、追求精美的方法，过于希望给学者们提供炫耀自己数学天赋的机会。

不幸的是，这种高度浪漫和提纯的经济观导致绝大多数经济学家忽视了所有可能出现偏差的问题。对于经常带来泡沫和崩溃的人类理性的局限，对于失控的制度性缺失，对于可能给经济运行系统带来突然的、不可预测的冲击的市场（特别是金融市场）的缺陷，对于监管者自己缺乏监管的信心时会产生的危险，他们全都闭上了双眼。

要判断经济学家这个行当将走向何方，则是个远为困难的课题。但几乎可以确定的是，经济学家们将必须努力适应混乱不堪的局面，也就是说，他们将不得不承认非理性的、经常属于不可预测的行为的重要性，不得不直面市场中经常出现的特定的不完美，不得不接受精巧的“大统一”经济学还在天边的现实。在处理实际问题的时候，这将意味着对于经济政策的建议需要更加谨慎——并且克制出于市场自身会解决一切问题的信念而取消各种安全机制的愿望。

## 二、从亚当·斯密到凯恩斯，再回潮

经济学作为一门学科的创立通常要归功于亚当·斯密在1776年所发表的《国富论》。在接下来的160年间，经济学理论体系蓬勃发展起来，其核心思想是：相信市场。经济学家们固然也承认存在市场失灵的情形，其中最重要的例子莫过于“外部性”，其含义是指某些人的行为给其他人造成了负担，却并不需要为此付钱，例如交通阻塞或者环境污染等。然而，“新古典经济学”（neoclassical economics，这个术语来自19世纪后期那些把“古典”经济学家的思想提升为精炼的理论的学者）的基本假设还是说，我们应该对市场体制充满信心。

不过，这样的信心却被大萧条给粉碎了。当然，即便是面对全盘崩溃的局势，仍然有某些经济学家坚持认为市场经济中发生的一切都是绝对正确的，例如，约瑟夫·熊彼特在1934年（那是什么年代！）还宣称，“萧条不能被简单地当成坏事”，而是“某些必须要做的事情的表现形式”。但当时的许多（最后是大多数的）经济学家却接受了约翰·梅纳德·凯恩斯的看法，去寻求对当时现实的解释和未来衰退的解决办法。

可能与你听说的不同，凯恩斯并不希望由政府来负责经济的运营。对自己在1936年发表的杰作《就业、利息和货币通论》中所做的分析，他认为“带有较为保守的指导意义”。凯恩斯是希望修补资本主义制度，而非取代之。不过他的确挑战了自由市场经济可以在没有看护人的情况下正常运转的观念，尤其是对金融市场表达了蔑视，他认为这个市场被短线的投机所操控，很少顾及基本面。于是他呼吁用积极的政府干预——印刷更多的钞票，以及在必要情况下大量投资于公共工程——来应对衰退期的失业问题。

很重要的一点是，我们应该认识到凯恩斯的贡献绝不仅限于提出大胆的主张，他的《通论》是本带有深刻见解的著作，其中的分析折服了当时那些最杰出的年轻经济学家。然而，过去半个世纪以来的经济学发展，在很大程度上却是在讲述一个从凯恩斯主义的立场撤退，回归新古典经济学的故事。新古典的复苏最开始源于芝加哥大学的米尔顿·弗里德曼，早在1953年，他就断言新古典经济学对于实际经济运行状况的描述“既能结出极其丰硕的成果，又值得完全的信任”。只是关于经济萧条的问题呢？

弗里德曼对凯恩斯的反击始自所谓的货币学派理论。货币学派在原则上并不否认市场经济需要有意识的调节，例如弗里德曼就曾说过，“我们如今都是凯恩斯主义者了”（当然他后来声明这句话不能断章取义地理解）。不过这个学派却强调说，要防止经济衰退的发生，采取些非常有限的政府干预形式就足够了，具体来说，就是通过中央银行的操作来使一个国家的货币供应量（流通中的现金和银行存款）保持稳定增长。一个很著名的论点是，弗里德曼和他的合作者安娜·施瓦茨（Anna Schwartz）提出，假如美联储的工作做得足够好，大萧条本来就不可能发生。弗里德曼后来还引人注目地反对政府将失业率压缩到“自然水平”（在目前的美国被认为是4.8%左右）之下的任何有意而为的努力：他预测说，过度的经济扩张政策将导致通货膨胀与高失业率同时降临——这一预测被1970年代的滞涨所证实，从而极大地提升了反凯恩斯主义运动的声望。

但最后，反凯恩斯主义运动却远远超出了弗里德曼本人的立场，与其继承人的言论相比，弗里德曼的观点甚至会显得相对很温和。在金融学家们那里，凯恩斯将金融市场视为“赌场”的轻蔑被“有效市场”理论所取代，这一理论声称，金融市场对资产的定价总是真实地反映着既有的信息。同时，许多宏观经济学家在分析经济衰退的时候也完全抛弃了凯恩斯的框架。有的人回到熊彼特及其他大萧条的辩护者的立场，把萧条理解为好事，是经济体为了适应变化所做的调整的一部分。即使是那些不愿意走得过于极端的人也认为，对抗经济衰退的任何尝试所起的作用都会弊大于利。

不是所有的宏观经济学家都愿意走上这条道路：许多人成了自诩的新凯恩斯主义者（New Keynesians），他们仍然相信政府应该发挥积极作用，不过他们也大都接受了投资者和消费者是理性的、市场通常能正常运转的看法。

当然，潮流中还是有另类出现：部分经济学家挑战了理性行为的假设，对金融市场值得信任的观念提出了质疑，并指出金融危机有着漫长的造成严重危害后果的不良记录。只是这些人是在逆流而动，无法扭转当时泛滥成灾、如今看来却十分愚蠢的自满情绪。

## 三、过分骄傲的金融学

在1930年代，出于显然的原因，金融市场的名声并不好。凯恩斯将其类比为“在报纸举办的竞赛中，参赛者需要从一百张照片中挑选出六张最漂亮的脸孔，优胜奖将授予与参赛者总体的平均偏好最接近的选手；于是，每位参赛者应该选择的就不再是他本人以为最漂亮的脸孔，而是他猜想其他参赛者最有可能喜欢的脸孔”。

凯恩斯认为，投机者在金融市场中把时间花在追逐其他人的时髦选择上，因此让这样的市场来决定重要的商业决策会是很糟糕的想法：“当某个国家的资本投资成为赌博活动的副产品之后，这样的工作肯定做不好”。

可是到1970年代前后，有关金融市场的研究却似乎被伏尔泰笔下的潘格罗斯博士（Dr. Pangloss）所支配了，这位博士坚持认为，我们所生活的世界是所有可能的选择中最好的一个。有关投资人的非理性、泡沫、破坏性投机的讨论在学术界完全消失，这个学科被“有效市场假说”所统治，其含义是金融市场上的资产价格完全是公众可以获得的所有信息反映出来的内在价值，其发布者是芝加哥大学的尤金·法玛（Eugene Fama）。例如，给定某公司的盈利水平、商业前景等各种内容的信息，股票价格总能准确反映该公司的价值。到1980年代，以哈佛商学院的迈克尔·詹森（Michael Jensen）为代表的金融学家们又提出，由于金融市场总是能正确地定价，因此，公司领导们所能做的最好的事情（不仅是为了他们自己也是为了整个经济）就应该是使自己公司的股票价格最大化。换句话说，金融学家们相信，我们应该将一个国家的资本运转交到凯恩斯所比喻的“赌场”的手中。

很难说经济学研究出现的这一趋势变化是由某些重大历史事件造成的，的确，对于1929年的记忆在逐渐消退，但牛市依然不断出现，过度投机的传说盛行，然后又是熊市的到来。例如在1973~1974年，股票价格曾下跌了48%。而在1987年的股灾中，道琼斯指数又因为不明所以的缘由在一天之内下挫了近23%，这些事件本来应该使人们对市场的理性产生某些疑虑。

但事实上，这些凯恩斯或许会认为能证明市场的不可靠的重大事件，却丝毫没有弱化一个优美的理论观念产生的巨大力量。金融学家们在每个投资者都会理性地平衡风险与回报的假设基础上建立起了一个理论模型，也就是所谓的资本资产定价模型（Capital Asset Pricing Model,

CAPM)。它非常精美，而且假如你接受其假定，这个模型的用途也会极其广泛。资本资产定价模型不但能告诉你该如何选择投资组合，而且从金融业的角度来看，更重要的一点是它能告诉你该如何对衍生产品（对收益权的权利）定价。这个新理论的优美特征和显著的实用性给其创立者们带来了一系列诺贝尔奖，该理论的许多专家还获得了众多较为世俗的奖励：借助新的模型和强大的数学技巧——资本资产定价模型的更高级应用需要物理学家层级的运算能力——温文尔雅的商学院教授们得以跻身华尔街的高级技术人才之列，也拿到了华尔街层级的薪酬。

公正地说，金融学的理论家们并不仅仅是由于其优美、实用和回报丰厚而接受有效市场假说，他们也提供了大量的统计分析的证据。这些证据初看上去很有说服力，但实际内容却非常有限。金融学家们很少会问那些看上去非常浅显其实却难以回答的问题，例如，某项资产的价格相对于盈利水平等真实经济的基本面数据是否有参考意义。相反，他们只会考虑，相对于其他资产的价格，某项资产的价格是否有参考意义。如今已成为奥巴马政府主要经济顾问的劳伦斯·萨默斯曾经用“调味番茄酱”的寓言来揶揄金融学家，说他们“证明了两夸脱装的调味番茄酱的销售价格恰好是一夸脱装的调味番茄酱的两倍”，并由此得出结论说，调味番茄酱的市场具有完美的效率。

不过，无论是这样的嘲讽还是耶鲁大学的罗伯特·希勒等经济学家所做的更有礼貌的批评，都未能产生足够的影响。金融学的理论家们继续坚信自己的理论在本质上是正确的，许多作实际经济决策的人同样如此，这其中就包括当时担任美联储主席的艾伦·格林斯潘，他在很长时期以来一直是放松金融监管的支持者，他之所以拒绝限制次级贷款和控制不断膨胀的房地产泡沫，在很大程度上正是出自现代金融学对市场的一切尽在掌握的迷信。2005 年发生过一件很能说明问题的事情，在庆贺格林斯潘在美联储任职的研讨会上，某位勇敢的、名为拉古拉迈·拉詹（Raghuram Rajan，令人惊讶的是他也来自芝加哥大学）的来宾提交了一篇带有警告性的文章，说当时的金融体系已接近危险的风险水平，却遭到了几乎所有在场人士的嘲笑。顺便说一下，其中包括萨默斯，他说拉詹的警告都是“误导”。

然而到 2008 年 10 月，格林斯潘却承认他陷入了“难以置信的”震惊之中，因为原有的“整个理论大厦”都已“坍塌”。由于这一理论大厦的坍塌同时伴随着真实市场的崩溃，结果自然是严重的经济衰退，从许多指标上看，我们目前遇到的都是大萧条以来最严重的一场衰退。政策制定者们该如何行动呢？不幸的是，本来应该为应对经济滑坡提供明确指导的宏观经济学自身也陷入了迷惘。

## 四、宏观经济学的麻烦

“我们自己陷入了巨大的混乱之中，在控制一台原理尚未弄清的机器的时候犯下了大错。其结果是，我们走向繁荣的机会可能要因此耽误一段时间——或许是很长的一段时间。”这是凯恩斯在一篇名为《1930 年大滑坡》(The Great Slump of 1930）的文章中的论述，他当时试图对席卷世界的经济灾难进行解释。而世界经济走向繁荣的机会的确也被耽误了很长时间，直到第二次世界大战才彻底结束了大萧条。

为什么凯恩斯对大萧条的“巨大的混乱”的诊断在当初那么具有说服力？又为什么从大约1975年开始，经济学家们就凯恩斯主义的价值问题划分成了不同的阵营？

我打算借用一个真实的同时又有寓言性质的故事来解释凯恩斯主义经济学的核心思想，一个小规模的紊乱却可以影响到整个经济体。这就是国会山保姆合作社的例子（Capitol Hill Baby-Sitting Co-op）。

这个合作社所遇到的问题是一篇1977年发表在《货币、信贷和银行季刊》（Journal of Money，Credit and Banking）上的文章介绍的，它是个包含大约150对年轻夫妇的组织，加入合作社的夫妇都同意，在有人需要晚上外出的时候帮助对方照顾小孩。而为了确保每对夫妇都能公平地分享保姆服务，该合作社引进了一套凭证系统：用硬纸板制作了某种票证，每张票可以让持有人享受半小时的保姆服务。会员们在最初加入的时候会收到20张票证，在退出该组织的时候要返还相同数量的票证。

不幸的是，结果表明该合作社的会员平均来说希望持有超过20张的票证，这或许是因为他们需要预防连续多个晚上外出的情况。其结果导致，只有比较少的人愿意外出并支付票证，而很多人却希望给别人提供保姆服务，并把收到的票证储蓄起来。可是，只有当有人晚上外出的时候，才会出现保姆服务的机会，因此保姆的工作就较为难找，这将进一步导致合作社的会员更加不愿意外出，保姆的工作机会也更加稀缺……

简而言之，该合作社陷入了衰退。

那么，你该怎样理解这个故事呢？不要将其当成愚蠢或不足挂齿的小事，因为自从亚当·斯密从制针工厂中看到了经济进步的源泉以来，经济学家们就一直在借助微小的案例来思考宏大的问题，而且这样做是对的。问题在于，以上那个特殊案例的衰退源自需求不足——没有足够多的对保姆的需求来给所有愿意提供保姆服务的人带来工作机会——这是否反映了现实的经济衰退的本质？

40年前，大多数经济学家都会同意这个解释，但自那之后，宏观经济学便分流成两大派系：一派是咸水派经济学家，主要来自美国东海岸的大学，他们或多或少支持凯恩斯有关经济衰退的解释；另一派是淡水派经济学家，主要来自内陆的大学，他们认为凯恩斯的观点毫无价值。

淡水派经济学家在本质上是纯粹的新古典主义者，他们认为所有有价值的经济分析都源自人们是理性的和市场能发挥作用的前提，而这个前提在保姆合作社的案例中却被破坏了。在他们看来，普遍出现需求不足是不可能发生的，因为价格的变动总会使供需达到均衡。假如人们需要更多的保姆票证，这些票证的价格就会上涨，例如从每张代表半小时提高到每张代表40分钟，或者说，提供一个小时的保姆服务所需的票证数量会从两张减少到1.5张。这样一来，问题就能自然得到解决：流通中的票证的购买力将会提高，人们将会感到没必要储存更多票证，因此也不会有衰退。

只是在经济衰退期间，人们所看到的现象不就是没有足够的需求来使所有愿意工作的人得到就业机会吗？淡水派经济学家们说，表面上看到的现象可能具有欺骗性。在他们眼中，精巧的经济学已证明需求的全面萎缩不可能发生，这也就意味着实际上并没有发生。芝加哥大学的科克莱恩说，凯恩斯主义经济学已经“被证明是错误的”。

然而经济衰退的确是发生了，那又是为什么呢？在1970年代，淡水派宏观经济学家的领头人、诺贝尔奖得主罗伯特·卢卡斯提出，衰退是由于短期的认识上的混乱所致：因为工人和企业都难以分辨自己面临整体价格膨胀或萎缩还是他们所处的特定产业领域的价格变化。卢卡斯还警告说，任何试图抵消经济周期的努力都将适得其反，他认为积极主义的干预政策只会加剧人们的混乱感觉。

不过到1980年代，许多淡水派经济学家甚至把这种非常有限的承认衰退是坏事的观点也给抛弃了。该运动的新的领导者，尤其是当时还在明尼苏达大学的爱德华·普雷斯科特（Edward Prescott，你可以从这些大学的位置猜到淡水派这个称号的由来）提出，价格波动和需求变化其实与商业周期无关，周期所反映的乃是技术进步的速度的波动，它由于工人的理性反应而被放大，当环境较为有利的时候，工人们会自愿地增加工作量，当环境不利的时候则相反。因此，失业是工人们在支配自己时间的时候所作的有意识的决策。

坦率地说，这个理论初看上去实在很愚蠢——难道大萧条真的是大休假？而且我还要实话实说地承认，这个理论实际上也的确如此。可是，普雷斯科特的“真实商业周期”理论的基本前提却嵌入了那些精心构筑的数学模型中，利用复杂的统计技术来模拟真实数据，并且统治了许多大学的宏观经济学课堂。2004年，鉴于这一理论的广泛影响，普雷斯科特与卡耐基梅隆大学的费恩·基德兰德分享了诺贝尔经济学奖。

在此期间，咸水派经济学家们却止步不前。淡水派经济学家属于纯理论派，而咸水派的人则是实用主义者。哈佛大学的格利高里·曼昆、MIT的奥利弗·布兰查德及加州大学伯克利分校的大卫·罗默（David Romer）等人一方面承认，难以将凯恩斯从需求角度提出的对经济衰退的解释同新古典理论调和，另一方面却发现，因需求导致的经济衰退在实际证据方面无法排除，于是他们便打算通过偏离完美市场或完美理性的假设，加入足够多的市场缺陷来或多或少容纳凯恩斯对衰退的观点。于是在咸水派学者们看来，利用积极的政策干预来应付衰退依然是必要的。

只不过自称新凯恩斯主义的经济学家们对于理性个人与完美市场的魅力也缺乏抗拒能力，他们试图将自己对新古典正统的偏离控制在尽可能小的范围内。这意味着在流行的模型中，不能给泡沫和系统性的银行危机等事情留下分析空间。现实世界中这些仍在持续发生的灾难——1997~1998年亚洲广大地区爆发了严重的金融和宏观经济危机，2002年在阿根廷爆发了萧条级别的经济滑坡——在新凯恩主义的主流思考中都没有反映。

即便如此，你或许还是会认为淡水派和咸水派经济学家在世界观上的差异将令他们经常在经济政策上争执不休。但有些令人惊讶的是，在1985~2007年间，淡水派和咸水派经济学家的争论主要却是针对理论，而非实践领域。我相信这其中的原因在于，与原先的凯恩斯主义不同，新凯恩斯主义者并不相信政府的财政政策——政府支出或税收的变化——是应付衰退的必要手段。他们认为，由美联储的技术官员们掌控的货币政策已足以提供经济调节所需的一切药方。在庆祝米尔顿·弗里德曼90岁生日的时候，当时身为美联储董事会成员的本·伯南克是这样评论大萧条的："您是对的，那场萧条是我们造成的，我们对此非常抱歉。但多亏您的帮助，这样的灾难再不会重演了。"他传递了明确无误的信息，只需要一个更明智的美联储，经济衰退即可避免。

只要把宏观经济政策统统交给格林斯潘这样的大师，而不需要凯恩斯主义的财政刺激计划，淡水派经济学家们就没有太多可抱怨的。他们虽然不相信货币政策有什么好的影响，但同时也不相信货币政策会造成什么破坏。

需要一场深刻的危机，我们才会看到这两个派别的理论共同点其实是多么少，以及新凯恩斯主义经济学曾变得多么狂妄自大。

## 五、没有人能够预测……

在近来的悔恨交加的经济学讨论中，出现了一个万能的妙语："没有人能够预测……"可这场灾难本来是能够预测也应该预测到的，而且也有几位经济学家确实预测到了，他们当初的努力所遭遇的都是嘲笑。

例如，就房屋价格的急剧涨跌而言，的确有经济学家（特别是罗伯特·希勒）指出了泡沫的存在，并警告过泡沫破灭可能导致的痛苦后果。然而关键的政策制定者们却没有看到明显的事实。格林斯潘在2004年曾这样打消过有关房地产泡沫的讨论，他宣称，"在全国范围内出现严重的价格扭曲是很难发生的"。而伯南克也在2005年说，"住房价格的上涨在很大程度上是对强劲的经济基本面的反映"。

他们为什么没有看到泡沫？公正地说，当时的利率水平过低了，这可以部分解释房屋价格的上涨。可能的原因是格林斯潘和伯南克还希望表彰美联储将美国经济从2001年的衰退中拉出来的功劳，要是承认这一功劳在很大程度上源自巨大的资产泡沫，可能会给庆贺活动扫兴。

但还有其他影响因素：当时的人们普遍相信泡沫根本没有发生。当我们重新阅读格林斯潘起初的论述的时候，会吃惊地发现它们并不是建筑在证据的基础上，而是源自根本不可能存在房地产泡沫的命题的自我演绎。金融学的理论家们对此问题则表现得更为顽固，在2007年的采访中，有效市场理论之父尤金·法玛就宣称，"'泡沫'这个词让我发疯"，然后继续解释说，我们完全可以相信房地产市场的理性："房地产市场的流动性较差，不过人们在购买房产的时候却都非常仔细，这通常是他们要做的最大的投资项目，因此会认真调查，比对价格。讨价还价的程序非常详细"。

实际上，购买房屋的人通常的确会仔细地比对价格——他们会比对潜在购买对象和其他房屋的价格。但这样的比对并不表示整体的房屋价格是否合理。这又是一个调味番茄酱经济学的例子：鉴于两夸脱装番茄酱的价格正好是一夸脱装番茄酱的两倍，金融学理论家们便宣布说，番茄酱的价格肯定是合理的。

简单地说，对于有效金融市场的迷信让众多经济学家对历史上最大的金融泡沫的膨胀出现了失明。有效市场理论还在最初鼓吹起泡沫的过程中发挥了显著的推波助澜的作用。

如今这场未被有效预诊的泡沫已经破灭，以前认为是安全的资产的真实风险水平也被揭示出来，金融市场的脆弱性暴露无遗。美国有13万亿美元的家庭财富蒸发，失去了超过600万个工作机会，失业率看起来要提升至1940年以来的最高水平。那么，现代经济学对于我们当前的困境能有哪些指导呢？我们是否还应该相信它？

## 六、关于财政刺激的争论

在1985~2007年间，宏观经济学领域出现了一段虚假的和平。在咸水派和淡水派之间并没有任何真正的观点融合，但那段时间是宏观经济大缓和的年代，在相当长的时期内，通货膨胀率较低，经济衰退的规模较为平缓。咸水派经济学家们相信美联储已经掌控了一切，而淡水派经济学家们虽然不认为美联储的行动有什么实际的益处，但也愿意任其自然。

危机终结了这场虚假的和平。突然之间，两派能够接受的狭窄的政策操作空间不够用了，需要采取更为广泛的政策措施，古老的争端由此公开化了，激烈程度前所未有。

为什么原先那些有限的政策操作空间不够用了？答案用一个字来说，就是“零”。

面对通常的经济衰退，美联储的应对办法是从银行那里购入美国国库券——短期的政府债券。这样的操作将使政府债券的收益率降低，让追求更高回报的投资者转向其他资产，从而导致其他资产的利率也相应下降。通常来说，利率的降低最终将促使经济反弹。例如，美联储在应对1990年的衰退时曾将短期利率从9%压低到3%，在应对2001年的衰退时将利率从6.5%压低到1%，在处理当前的危机时则将利率从5.25%降至零。

可是结果表明，零利率依然不足以结束此次危机，而美联储却不能将利率继续压低到零以下，因为在零利率附近的时候，投资者会把现金储蓄起来，而不是将其贷出去。于是到2008年后期，随着利率达到宏观经济学家们所说的“零利率约束”的水平，衰退仍在加深，传统的货币政策已失去了作用。

那接下来该怎么办？这是美国历史上第二次达到零利率约束线，上一次就是大萧条时期。正是由于对当时的零利率约束的观察，让凯恩斯提出了增加政府开支的主张：在货币政策失去作用而私人部门又不愿意增加开支的时候，公共部门就必须发挥支持经济复苏的作用。财政刺激政策就是凯恩斯对于我们目前所处的这类萧条所提出的答案。

凯恩斯的思路正是奥巴马政府经济政策的基础，于是淡水派经济学家们对此非常愤怒。在之前的25年左右的时间里，他们容忍了美联储干预经济的努力，但凯恩斯主义的全面复活则是完全不同的事情。卢卡斯在1980年的时候曾写到，凯恩斯主义经济学是如此滑稽，“在研讨会上，人们已不再严肃地对待凯恩斯的理论，听众们会开始相互谈笑和耳语”。要承认凯恩斯在很大程度上的正确性，对他们毕竟是个耻辱的失败。

于是，芝加哥的科克莱恩对于通过政府支出来缓解最大规模的衰退的说法大为恼火，他宣称，“自1960年代以来就再没有人给研究生上过这种内容的课，凯恩斯主义的观点已经被证明是虚构的童话。在艰难时刻回去温习一下我们在孩童时代听过的童话确有安抚效果，但它们依然是虚构的”。科克莱恩的这段话也反映出咸水派同淡水派的分歧实际上有多大，他自以为“再没有人”给研究生上过的内容，实际上在普林斯顿、MIT和哈佛的教室里一直在传授。

同时，曾经安慰自己说宏观经济学的分歧正在缩小的咸水派经济学家们，却吃惊地发现淡水派经济学家们根本不了解自己的主张。那些猛烈抨击财政刺激计划的淡水派经济学家好像不是仔细读过凯恩斯主义的观点，然后才指出其不妥，而是显得对凯恩斯经济学的内容完全没有概念，他们实际上是在重述1930年之前的谬误，还以为自己在谈什么新鲜而深刻的东西。

而且，被遗忘的还不只是凯恩斯的思想。就像德龙在为芝加哥学派的“学术上的崩溃”的哀悼中所指出的那样，这个学派目前的立场也完全抛弃了弗里德曼自己的思想。弗里德曼相信，可以利用美联储的货币政策而非政府开支的变化来稳定经济，但他从来不曾断言，在任何情况下政府支出的增加都不能促进就业。事实上，重新读一下弗里德曼在1970年对自己思想的总结《货币分析理论框架》(A Theoretical Framework for Monetary Analysis)，你就会惊讶地发现其内容非常接近凯恩斯主义。

此外弗里德曼肯定从未产生过“大规模失业代表着工作努力的自愿减少”，或者说“衰退对经济实际上是好事”之类的想法。可是当前的一代淡水派经济学家们却秉持这两种论调。因此，芝加哥大学的卡西·马里根(Casey Mulligan)才会提出，失业率如此高的原因在于许多工人选择不参加工作：“员工们面临着促使他们不参加工作的经济激励……就业的减少更多地可以通过劳动供给（人们的工作意愿）的减少而非劳动需求（雇主需要雇用的员工人数）来解释”。具体来说就是，马里根认为工人选择不就业的原因在于这能增加他们获得按揭贷款救助款的机会。而科克莱恩则宣称，失业率太高实际上是件好事：“我们应该来一次衰退，那些在内华达州敲钉子的人们需要另外找些事情做”。

我个人认为，这样的论述实在太疯狂。即使想让木匠们离开内华达州，难道需要全国范围的大规模失业？有什么人能够严肃地证明，我们失去了670万个工作机会，只是因为有更多的美国人不想出来工作？当然，淡水派经济学家们将会不可避免地将发现自己走入死胡同：如果你一开始就假定人们是完全理性、市场是完全有效的，那就必然会得出失业都是自愿的、而衰退有益的结论。

危机在将淡水派经济学家们推向荒谬的同时，也让众多咸水派经济学家开始了找回灵魂的旅程。与芝加哥学派的体系不同，他们的理论框架既有非自愿失业存在的空间，也将其视为社会的弊端。可是，当前统治着教学和研究的新凯恩斯主义模型却假定人们是完全理性、金融市场是完全有效的，因此为了将当前的经济衰退纳入分析模型，新凯恩斯主义者目前被迫引入某些类型的经验系数（fudge factor)，以反映由于未确定的原因所导致私人开支的暂时缩减（我自己的研究也做了类似的尝试）。但假如对我们所处现状的分析依赖于这些经验系数，那么关于未来走向的预测，我们又能对那样的模型抱有多大的信心呢？

用一句话来概括，宏观经济学的现状并不好。接下来这个学科将去向何方？

## 七、缺陷和摩擦

经济学这门学科遭遇困境是因为经济

学家们受到了一个完美的、无摩擦的市场体系的美好前景的诱惑。这个行当要想改过自新，就必须要求自己接受一个不那么有吸引力的图景：这样的市场经济体系有许多优点，但也充满了缺陷和摩擦。好的消息是，我们并不需要完全从头开始，即便是在完美市场的经济学理论的全盛时期，也有很多研究针对实际经济运行与理想的理论模式的偏离。如今可能要发生的事情——事实上已经在发生了——就是将带有缺陷和摩擦的经济学分析从边缘的位置转移到中心。

我理想中这种经济学其实已经有了一个发展得不错的案例：行为金融学的研究领域。该领域的实践者们强调了两样事情，首先，现实世界中的许多投资者与有效市场理论的冷酷的计算机非常不同：他们很容易陷入羊群效应、非理性的冲动和无理由的恐慌。其次，即便是那些试图通过冷静的计算来决策的人经常也会发现难以如此操作，信用、可靠度以及担保额度有限等问题会迫使他们同样去随波逐流。

关于第一点，即使在有效市场假说最盛行的时代，很明显现实世界的许多投资人也并非如流行的模型所设想的那么理性。萨默斯曾经在一篇关于金融的文章中提到，“傻瓜总是有的，看看你的身边”。然而，我们要讨论的是何种类型的傻瓜呢——学术论文中常用的术语则是噪音交易者（noise traders）？属于更宽泛的行为经济学运动的组成部分的行为金融学试图回答这一问题，他们把投资人的典型的非理性同人们的认知偏差联系起来，例如，更关心小额损失而非小额收益的倾向，或者利用小样本进行外推归纳的倾向（一个例子是，由于过去几年的住房价格在上涨，便假定房价会继续上涨）。

直到危机爆发之前，像法玛等有效市场理论的支持者都不愿接受行为金融学得到的研究证据，将其视为缺乏重要意义的满足好奇心的项目。但随着巨大泡沫的破灭及世界经济的大幅滑落，他们的立场将更加难以维持，而罗伯特·希勒等行为经济学家则通过与过去的非理性繁荣的类别，成功地诊断出了这次泡沫。

关于第二点：假定确实存在某些傻瓜，那么他们会对市场产生多大的作用？弗里德曼在1953年的一篇颇有影响的论文中说：不会很大，因为聪明的投资人会在傻瓜们卖出的时候买入，在傻瓜们买入的时候卖出，给自己挣钱，同时稳定市场的行情。但行为金融学的第二点发现表明弗里德曼错了，金融市场有时是高度不稳定的，而这个看法在今天似乎尤其难以反驳。

在此话题上最有影响力的文章可能是1997年由哈佛大学的施莱弗（Andrei Shleifer）同芝加哥大学的维什尼（Robert Vishny）所撰写的，其内容是对一句老话的理论总结：“市场可能长期处于非理性，超出你不得不破产的限度”。正如他们所言，那些被认为会低买高卖的套利者需要通过融资来进行操作，如果遭遇资产价格的严重下跌，虽然不会对经济基本面造成影响，却可能导致某些人的资本被耗尽。其结果是，聪明人的钱被淘汰出市场，资产价格可能继续陷入下降的螺旋线。

当前的金融危机的扩散似乎就是金融市场不稳定的实际证明。有关金融不稳定的模型背后的通常思路都被当前的经济政策有效采纳：在雷曼兄弟公司垮台后，对于金融机构资本充足率的关注成为重要的政策指导，而且看起来这些行动的确避免了更大规模的金融崩溃。

与此同时，宏观经济学的状况如何？近来的事件已经明确无误地驳斥了经济衰退是技术进步速度波动的反映的说法，或多或少的凯恩斯主义的观点才是唯一可行的思路。只不过，标准的新凯恩斯主义模型没有给我们正在经历的此类危机留下分析的空间，因为它们通常都接受了金融学的有效市场理论。

还是有某些例外。正是由伯南克和纽约大学的马克·盖特勒（Mark Gertler）所倡导的一个研究领域强调说，缺乏足够的担保可能限制企业获取融资及把握投资机会的能力。而主要由我在普林斯顿的同事清泷信宏（Nobuhiro Kiyotaki）及伦敦经济学院的约翰·摩尔（John Moore）所开创的另外一个相关领域的研究则指出，房地产等资产的价格可能出现自我强化的下跌，这反过来或许会拖累整体经济的表现。但直到目前为止，金融市场紊乱所造成的影响即使在凯恩斯主义经济学那里也未被列入核心问题。这很明显需要加以改变。

## 八、凯恩斯的重新出现

于是我自然认为经济学家们需要在如下方面加以努力。首先，他们应该直面这个令人不快的现实，即金融市场远不是完美的，而是受制于特定的错觉及群体的疯狂。其次，他们必须承认，凯恩斯主义经济学依然是我们在理解衰退和萧条时最好的理论框架，对于那些在涉及凯恩斯主义的话题面前说笑耳语的人而言这可能非常艰难。第三，他们必须尽最大的努力将金融业面临的现实问题纳入宏观经济学的研究模型之中。

许多经济学家会认为这些变革非常令人不快。要想让金融学和宏观经济学的新的更加面对现实的研究方法得出与新古典研究框架同样清晰、完整和优美的分析结果，肯定需要相当长时间的奋斗。对于有的经济学家来说，这成了他们继续坚持新古典主义的理由，哪怕它对于整整三代人以来所遭遇的最大规模的经济危机完全无能为力。不过，目前看来我们正好应该回想一下美国作家门肯（H. L. Mencken）的名言："人类面对的所有问题都总能找到轻松的解决办法——貌似优美、似是而非却是完全错误的办法"。

当面对完全属于人为的衰退和萧条的问题的时候，经济学家们正是需要放弃以前那种貌似优美实际却完全错误，建筑在每个人都是理性、而市场运转完美的假设基础之上的解决办法。只有在这个领域的从业者重新认识到其理论基础可能不那么明确无误之后，新的图景才会出现。那样的图景肯定不会很简单很优美，但我们至少能够希望它可以做到部分的正确。

（余江 译）

# 金融体系行政干预的最终手段

## 最后贷款、最后做市商和最后资本

## The Repertoire of Official Sector Interventions in the Financial System

## Last Resort Lending, Market-making, and Capital

保罗·塔克

与中央银行有关的一切事务（我说的是一切），均源自中央银行作为基础货币供应者所应承担的责任。我们在货币政策和金融稳定中所扮演的角色皆源于此。也因此，中央银行的货币供给方式（包括隔夜、当天以及定期）、日常行为方式以及各种压力环境下的行为方式起着至关重要的作用，哪怕在大部分时间里，中央银行是金融体系这个管道工程中最不透明的死角。

大约5年前，我开始思考英格兰银行的资产负债表管理，主要侧重于货币政策的执行[1]。今天，我想说明的是，在过去的18个月中，为了维护金融稳定，我们如何建成了向银行提供流动性保险的系统，这个系统又如何影响了对银行流动性的审慎监管。我首先讨论最后贷款人（正如巴奇霍特*所认识到的那样）[2]，然后就货币当局解决金融体系困境可资利用的另外两种工具——最后做市商（Market Maker of Last Resort）和最后资本（Capital of Last Resort），谈一谈我的一些还不成熟的看法。

### 压力条件下的货币政策执行

在绝大部分时间里，中央银行的操作围绕着货币政策的执行而展开。就英格兰银行而言，平时的操作就是让隔夜货币市场利率同货币政策委员会的政策利率（银

* Paul Tucker，英格兰银行副行长，负责金融稳定。本文是作者2009年3月27~28日在日本央行举行的“金融体系和货币政策执行”国际研讨会上的发言。——编者注

1 “Managing the central bank's balance sheet: where monetary policy meets financial stability”，纪念Lombard Street Research15周年的演讲，2004年7月，伦敦，英格兰银行季度公报(Quarterly Bulletin)，2004年秋季刊，第359~382页。

** Bagehot（1826~1877），英国经济学家、报纸撰稿人和批评家。《经济学人》杂志的第三任主编。——编者注

2 我是在更传统、更宽泛的含义上使用该词，而不是狭义地指专门的支持性操作。

行利率）相一致。同平时一样，在压力条件下，实现这个基本目标，即利率设定(rate-setting)，也是极为重要的。

自2005年以来，我们明确提出，英格兰银行操作框架中的储备部分，要防备三大类偶发事件：在银行营业日结束的时候，由于技术问题或货币市场的摩擦，某家银行暂时缺少储备；银行业对储备的需求受到广泛冲击；以及各银行集体发现自己需要直接和英格兰银行一道管理储备，而不是通过货币市场来管理储备。为了应对这些不测，首先各银行能够以最优质的抵押品为担保，以25个基点的适度溢价，不受限制地隔夜拆借，此举意在让银行有充分的激励在市场上管理流动性，而不是求助于英格兰银行。其次，通过改变在英格兰银行自愿储备系统中的储备目标，银行可以提高它们持有的预防性余额(precautionary balances）或缓冲资本的规模[3]。第三，当面临"9·11"那样破坏金融基础设施并导致货币市场关闭的重大事件时，英格兰银行能够临时代替市场，免费（相对于银行利率而言）允许银行借款或存款[4]。

## 超越货币政策

所有这些偶发事件都会影响储备需求，或者影响整个银行体系中的储备配置。因此，旨在应对这些事件而采取的措施，就成为英格兰银行在贯彻货币政策的同时管理银行体系日常英镑流动性的必要组成部分。当然，对于维持金融稳定而言，这是有益的，而且的确也是一个必要条件。最为明显的是，此次危机中，银行在2007年8月之后的各个月份里选择将它们在英格兰银行的储备余额目标提高了一倍多，我们还将所需要的货币增量注入货币体系中。让隔夜利率同银行利率大体上保持一致是必要的；保持短期货币市场和银行体系的稳定也是必要的，尽管不是充分的。

但是，正如过去约18个月所证明的，以储备管理为核心的应急预案，并不排除中央银行采取其他市场操作手段和工具，来降低金融体系严重崩溃的经济成本。

尽管这些更广泛的措施并非明确地用来管理日常货币状况，但这些措施必定和货币政策相一致，而且支持货币政策。

### 金融稳定和商业银行

这些措施设计得有多好，部分取决于我们如何看待金融稳定，因此，我应该清楚地说明我所使用的金融稳定的概念。金融稳定这一概念大致上同货币以及银行体系在货币经济中的作用有关。当然，货币政策旨在确保中央银行的货币相对于商品和服务的价值保持稳定。同样，金融稳定在很大程度上就是确保私人货币（居民和企业在银行体系中持有的存款）相对于中央银行货币保持稳定。银行的储户必须确信他们能够将存款以面值换成中央银行的货币，即中央银行的票据；或者确信他们能够顺利地将存款转至他们信赖的其他银行。这两种表述说的几乎是一回事，因为银行之间的资金转移是在中央银行团的账

3 根据英格兰银行的英镑货币框架（Sterling monetary framework)，在货币政策委员会召开会议间隔期内，单个储备银行每月选择一个他们希望大体上能够维持一个月左右的储备水平。通过公开市场操作，英格兰银行提供由此导致的总储备水平。在压力环境下，英格兰银行允许对月度储备维持目标进行修改。详情参见英格兰银行"The Framework for the Bank of England' s Operations in the Sterling Money Markets（the 'Red Book'）"，第74~81段。

4 同上，第166段。

户中，以经济体最终的结算资产，即中央银行的货币，进行结算的[5]。在金融体系这个层面，我们需要在私人货币和中央银行货币之间设定一个“汇率”，其值为1。另外，我们也需要银行的批发资金供应商（wholesale funder）来确保这个“汇率”。缺少这种稳定性和信心，支付系统和信用创造就会遭到严重破坏，并带来巨大的社会成本。

当然，银行并不是经济中的唯一放款者。非银行金融部门——基金、管道（conduits）、结构化投资工具（SIVs）、证券经纪商等，也是这次金融危机的始作俑者。但是，在影子银行体系中，过高的杠杆和期限转换（maturity transformation）通常建立在商业银行体系以过于宽松的条件提供大量信用的基础之上。当然，持续强大的金融资产需求，自然会使价格上升，也创造了流动性。但是，“做市商”和交易商支撑流动性的愿望和条件取决于为存货和头寸提供信用的总体情况。而且，这种信用的私人部门的最终提供者总是商业银行[6]。

因此，商业银行是特殊的。说它们特殊，是因为它们的存款负债为货币。但是，它们也有内在的脆弱性。首先，作为货币机构，它们通过活期存款和承诺的即付信贷额度提供流动性保障（liquidity insurance），因此负债和（实物的和或有的）资产的到期日必然存在巨大的错配（mismatches）。与之相伴而行的将流动储蓄转换成对居民和企业非流动贷款，一方面使社会受益，但也使银行暴露在大的流动性风险之中。由于零售和批发存款的赎回有一个先到先赎回的原则（first come-first served），这就产生了挤兑风险。其次，即便吸收储蓄的银行不在批发市场上融资，它也是杠杆化的，因为零售存款实际上就是负债。因此，资产价格的下降马上就会威胁到银行的资本充足性。就此而言，当前的危机既是“流动性”危机，也是“清偿”危机，两者密不可分。尤其是在一个银行的交易组合按市值计价的世界里，市场流动性枯竭导致资产价格的下跌，进而导致银行净值的损耗。所有这些都恰恰说明为什么我们的前辈如此看重用行政干预来维系银行的安全和稳固[7]。如果有人对此质疑，那就看看这次危机吧，它充分表明，融资流动性、资产市场流动性以及清偿等问题是如何交织在一起的。而且，这样一场系统性危机的各个方面都表明，从理论上说，政府当局必须充当最后贷款人、最后做市商以及最后资本的提供者。

5 在主要的英镑支付系统内的转移是通过英格兰银行的资产负债表按总值实时结算的。例如，对于实时系统的成员行而言，它们中间不会产生信贷敞口。在较小银行之间的转移是通过大型商业银行的资产负债表进行结算的。如果所有银行均加入实时总值结算系统（RTGS），银行业可能就会更有弹性（修复能力）。

6 也可参见 Brunnermeier M K 和 Pedersen L H (2008)，" Market Liquidity and Funding Liquidity"，The Society for Financial Studies，Oxford University Press。

7 银行监管并非源自对消费者的保护，而是维持稳定（并保护中央银行免于通过公开市场操作和贴现窗口便利而遭致的风险）。这一点在 George Blunden (20年前的英格兰银行副行长，10年前巴塞尔委员会的创始主席）的评论中是显而易见的：“监管标准的设置，不仅着眼于保护储户免受单个机构的损害，严格地评判自身的运作，而且还着眼于保护储户免受更广泛的系统性事件导致问题带来的损害。一家银行可能认为，它希望采取的行动是可接受的，正如在有限的限度内可以接受一样。但是，如果其他银行业纷纷效仿同样的行为，则会对整个银行体系造成灾难性的影响。监管者的部分责任在于接受更广泛的系统观，有时候还要阻止即使连谨慎的银行（如果对他们放任不管）也认为安全的业务。”参见，Blunden G, " Supervision and Central Banking"，Band of England Quarterly Bulletin, 1987 年 8 月。

## 中央银行提供流动性保险和最后贷款人

在朗伯德街（Lombard Street）上，流传着巴奇霍特的名言：若要避免恐慌，中央银行应尽早且无限制地以“高利率”向有偿还能力的银行发放用优质抵押品作抵押的贷款。巴奇霍特的一个重要论点是，英格兰银行应该认识到它在阻止恐慌中的作用，并且制定相应的原则：“在这方面，该行从来没有制定任何清晰或良好的政策。”[8]

在过去的大约15年里，包括当前的危机，英格兰银行已采取几个步骤进一步明确原则[9]。最近，我们还解决了与抵押政策的透明度以及如何避免刺激不审慎流动性管理有关的难题。

### 动态一致性问题和抵押政策

在许多中央银行业务中，动态一致性是核心。

动态一致性问题能够扰乱货币政策，这是众所周知的[10]。这就促成了一个制度性的框架，明确授权独立的中央银行抗击通货膨胀。但是，对金融稳定领域所存在的同样严重的动态一致性问题，该框架却鲜有说明。这尤其体现在中央银行的抵押政策上。

鉴于到期日错配的银行资产不可能得到完全的保险，一直以来，中央银行随时准备无限量地对某些资产进行贴现，或者发放以此类资产作抵押的贷款。但是，中央银行也一直担心，如果对银行不加管束，它们就会避免持有质量最优、流动性最高的资产，因为这些资产的收益率较低。

如果中央银行诱导银行持有真正的流动性资产，同时又宣布它提供的贷款必须有优质的抵押品作抵押，那么，银行体系就会知道，在所有的情况下，哪些资产会被转换成货币。但是，如果一家有清偿力的银行陷入困境，而且在将所有优质的资产交给中央银行后，依旧面临流动性问题，当局面临的选择就是，要么让这家银行因缺乏流动性而倒闭，要么允许银行用更多种类的资产作抵押向中央银行贷款。这一选择取决于如何评估以下两种相互替代的情况：一方面是银行顷刻之间倒闭带来的金融不稳定风险，另一方面是中央银行保护该银行使之不必为其错误承担责任而带来的未来的金融不稳定风险[11]。如果在和平时期，一家银行判断，其倒闭有可能引起广泛的系统性危机，它就有可能认为，在非常时期中央银行会放松抵押政策，这就会导致该银行选择持有较少优质合格的资产。更重要的是，正如那家银行所猜测的那样，中央银行也许并不一定会坚持它所宣布的抵押政策。换言之，当危机发生

---

8 Bagehot（1873），“Lombard Street”，Wiley 投资系列书，1999年重印，平装本第206页。

9 例如，参见爱德华·乔治1993年的论文“The Pursuit of financial stability”；默文·金2007年9月致英国财政部特别委员会（Treasury Select Committee）的信，“Turmoil in financial markets：what can central bank do？”；以及最近2008年10月英格兰银行关于流动性保险工具的文件，“The Development of the Bank of England’s Market Operations: A consultative paper by the Bank of England”。Mark Carney，加拿大银行行长也为加拿大银行提供流动性制定了他的原则。

10 广义地说，如果货币当局认为，通过降低利率，它能在一段时间内实现高于“趋势”的产出增速或就业，就有可能会诱使通货膨胀率暂时升至高于货币当局承诺实现的水平。但是，人们会习惯于这一通胀水平，或者在模型中预期到它，因此通货膨胀的提高只是构成其工资和价格设定的一部分，它不会对产出或就业带来任何好处，其代价是一个更高的稳态通货膨胀率。

11 默文·金在2007年9月致英国财政部特别委员会的信中讨论了这一点。

时，中央银行只发放以最优资产作抵押的贷款这一政策有可能是前后不一致的。

这并非象牙塔里的问题，而是一个现实问题。

也正因为这个问题，英格兰银行在2008年宣布，通过公共融资安排（public facilities），在满足恰当的估值折扣（haircuts）和其他条款的条件下，允许银行用更多种类的资产作抵押，向英格兰银行申请贷款。要不然的话，由于确乏可信度，抵押政策就有可能发挥不了作用。这样做，恰好同巴奇霍特的名言相一致，即“中央银行应该接受正常时期任何好的‘银行证券’（banking security）作抵押，向银行提供贷款”[12]。

在专门的流动性保险工具中，英格兰银行已经公布了合格抵押品的初步名单。为了具有前瞻性，我们还计划扩大名单，并发布详尽的合格标准，以反映风险容忍度（risk tolerance）并从管理资产和抵押品中获得经验。在这么做时，英格兰银行认识到，它的决策将对市场走势产生影响。例如，对于证券化资产，英格兰银行计划在某一时候对证券化资产的结构以及标的资产组合的构成设定标准，后者是英格兰银行提供贷款的依据。

## 银行的贴现窗口便利和更广泛的抵押品的公开市场操作：逆向激励和流动性保险的条款

英格兰银行贷款的这些扩张要求我们进一步明确对流动性风险提供保险的条款。

与其他类型的保险一样，如果不关注中央银行的保险条款，流动性保险必然会使银行控制流动性风险的积极性下降，虽然银行可以暂时获得较高的利润，但一旦这些流动性风险变成了现实，就有可能波及整个经济，使之遭受损失。由于大体上类似的原因，我们不得不努力思考如何使英格兰银行（通过合格标准、估值折扣、价格等等）免于承担过高的风险。

在设计2008年10月实施的英格兰银行的信贷工具时，我们基本上遵循了如下原则：

它们应该绝对不同货币政策相抵触，而且应该完全支持货币政策。

❑ 流动性保险使银行有更强的激励承担更大的流动性风险，因此，更重要的是，流动性保险条款必须权衡由此带来的成本和收益。

❑ 如果出现交易对手违约的情况，只要能够对抵押品进行评估和管理，那么，英格兰银行就应该而且随时准备根据合适的估值折扣，扩大抵押品的范围，提供抵押贷款。（在我们的资本市场上，最大的一个问题是，有太多企业忘掉了，只有当交易对手违约时，抵押品和估值折扣才是重要的。）

❑ 扩大抵押品范围后的抵押贷款应该有较长的期限，因为在压力环境下期限很短的贷款会产生展期风险，因而，在阻止恐慌方面也可能起不到应有效应。

❑ 总能得到的流动性保险信贷工具应该以担保贷款（回购或抵押品互换（collateral swaps）的方式而非直接购买的方式发放，因为，在贷款期限里，我们能够调整抵押担保成数（collateral margin）和其他条款，以控制英格兰银行的风险。

❑ 提供双边流动性保险的永久性融资安排，应该只针对商业银行。鉴于商业银行的负债是货币，而且作为货币机构，它们在经济和金融体系中起着至关重要的

12 Bagehot（1873），“Lombard Street”，Wiley投资系列书，重印于1999年，平装本第205页。

作用，无疑需要这样的保险（寻求提供货币存款服务的私营机构也应该像银行那样受到监管[13]）。

这样的公共融资安排不应该只针对那些在英格兰银行看来存在严重清偿问题或生存问题的银行（这未必会使英格兰银行无力对单个银行提供流动性。实际上，通过专门的支持性操作，我们可以无限制地提供流动性[14]）。

同这些设计原则相一致，在当前的危机中，英格兰银行为英镑货币框架增添了两大工具，这两大工具通过提供以非常时期有可能成为非流动性资产的证券为抵押的贷款，旨在缓解金融体系的压力：

❑ 贴现窗口便利（DWF）是商业银行可以获得抵押品互换，在这种互换中，商业银行可以用合格的抵押品作抵押，从英格兰银行那里借入英国政府证券。

❑ 长期回购协议（LTRs），根据这一协议，商业银行可以用某种优质、符合英格兰银行短期回购操作条件的非主权证券作抵押，向英格兰银行借入现金。

对于英格兰银行的短期回购而言，合格的抵押品范围一直没有放宽：它们基本上还是优质的政府债券。其原因在于，每周一次的短期公开市场操作旨在管理英格兰银行的储备净供给，而不是提供较广泛的流动性保险。

### 流动性保险和货币政策

这两个新工具相互之间是有区别的，长期回购协议由英格兰银行决定总盘子，而贴现窗口便利中的贷款金额则由交易对手决定；而且，英格兰银行通过长期回购协议贷出的是现金，而通过贴现窗口便利贷出的是证券。这就影响到它们同货币政策之间的相互作用。在贴现窗口便利的情形中，我们贷出的证券属于公开市场操作中的合格证券，即金边债券，这样，这些债券就可以在市场上或者通过我们的回购操作转换成现金。但是，在通常的操作模式中，贴现窗口便利并不直接影响英格兰银行的储备总供给[15]。它甚至有可能间接降低储备需求，因为它使好的银行除了在英格兰银行持有预防性储备余额之外，还有另一个流动性保险来源。

相形之下，以范围更广的抵押品作抵押的长期回购协议的公开市场操作（LTR OMOs）确实会增加储备。对于某一给定的月度储备目标，这意味着，在其他条件相同的情况下，英格兰银行不得不缩小每周的短期公开市场操作规模，以确保其净储备供给等于目标值；否则，隔夜利率就会低于货币政策委员会设定的政策利率。但是，如果以范围更广的抵押品作抵押的回购协议巨幅增加，正如这次危机期间所发生的那样，将短期回购利率降低至零并不足以实现我们的货币目标。英格兰银行因此引入了以拍卖方式出售期限极短的英格兰银行票据的做法，以便从市场上吸收过多的（即高于目标的）储备。这就使我们能够在不与货币政策相抵触的情况下，择机大幅度（数量级）提高现金流动性保险（还有一个做法是，让英国政府把国债

13 例如，这意味着，资产净值为常数的（constant-NAV）货币市场基金应该转变成银行，或转变成净值可变的（variable-NAV）基金。有争议的是，类似的原则也应该应用于其他非银行的银行（non-bank banks）。参见 Tucker PMWT（2009），"Remarks at the Turner Review Conference by Paul Tucker"，Bank of England。Paul Volker 最近的三十国集团（Group of Thirty）报告也赞成这一点。

14 根据英国的三大主管部门（英国财政部、金融服务局和英格兰银行）之间达成的三方备忘录，这一点是可以执行的。

15 英格兰银行在多种情况下保留了贷出现金的自由裁量权，包括在金边债券回购市场不起作用的时候。

发行收入存入英格兰银行，以此来吸收市场上的储备，这种做法会和赤字融资操作相混淆。在我看来，基于技术和直觉方面的原因，以拍卖方式出售短期票据的做法更为可取）。用经济学术语来说，整个系统的净效应就是通过扩大抵押品的范围，向银行系统注入储备，以达到同货币政策相一致的目标水平，同时辅之以英格兰银行票据的抵押品互换。但是，这些操作所使用的结构也有分配效应（distributional benefits）。

估值折扣

我们提供流动性保险的一个约束条件和货币政策一致。控制英格兰银行的风险是另一个约束条件。对于贷款（回购或掉期）操作，英格兰银行使用估值[16]、估值折扣和每日追加保证金，以控制金融风险。估值折扣可以基于过去的波动以及情景分析或压力分析所得。当市场价格无法观察到的时候，或者根据单个交易对手的具体情况，英格兰银行会对自己发行的证券提高估值折扣。作为中央银行，英格兰银行的目标是分解流动性风险与信用和估值风险。而这就意味着，英格兰银行不会也不能100%地按抵押品的估值发放贷款，这限制了流动性保险的规模。

估值折扣会不断受到评估，而且，英格兰银行保留调整估值折扣的权力，包括对未清偿交易的估值折扣。未来，英格兰银行的目标是考虑金融环境的结构性和周期性变化。例如，在将来，如果二级市场上某一类抵押品的流动性受到损害，或者英格兰银行认为，在信贷周期的上行阶段风险可能被低估，因此，并没有恰当地反映在作为抵押品的金融工具（instruments）的估值中，英格兰银行可能会在“和平时期”提高估值折扣。估值折扣上升本身虽然并不一定足以制止信贷周期，但有助于我们防范风险，而且会给出一个信号。

总之，估值折扣政策非常重要。

定价

但是，英格兰银行并不相信，依靠估值折扣本身会对银行的流动性管理产生恰当的激励。价格也是重要的。巴奇霍特说过，利率应该“定高”。但是，由于他是在金本位制和通常伴随着外部（或资本账户）危机而发生的国内金融危机的背景之下写作的，因此，其“高利率”概念同中央银行收紧货币条件以阻止黄金的外流息息相关。但是，相当明确的是，尽管他事实上并没有提及“惩罚性”利率，但对他而言，高利率是指中央银行制定的利率相对于危机爆发前正常情况时市场上的通行利率而言的。

英格兰银行一直采用并倡导针对其流动性保险工具制定一个收费结构，此收费结构随着银行的借款增加而增加，且/或被用来抵御风险更大、流动性更差的抵押品。这样做旨在使银行有更强的激励从银行系统乃至整体经济的长远利益出发，来谨慎地管理流动性风险。我们已经公布了一个贴现窗口便利的价格表，该表不仅具有上述特点，而且按四大类抵押品来制定收费结构，并根据这些抵押品的流动性/风

16　当英格兰银行宣布要使用特别流动性计划（Special Liquidity Scheme）时，它会公布其抵押品估值的通用方法。方法规定：“本行使用独立的、通常可以公开获得的且可观察到的市场价格对证券进行估值。本行保留自行计算价格并使用此价格的权利，包括在独立的市场价格不可获得的时候。本行自行计算的价格旨在通过考虑证券的约定现金流以及可比证券的收益，而非对资产组合的单笔贷款进行分析，得出估值。考虑到某一计算出来的价格过高地估计了市场价格（若市场存在时），就需要再打一个折扣。英格兰银行对所有证券的估值是有约束力的。”有关估值方法的详细描述，参见2008年4月21日发布的Market Notice for the Special Liquidity Scheme，www.bankofengland.co.uk/markets/sls/index.htm。

险特征制定不同的费率[17]。在征求意见后，我们计划针对以范围更广的抵押品作抵押的长期回购协议公开市场操作引入一种拍卖结构，这种结构使那些用流动性欠佳的抵押品作抵押进行借款的交易对手不得不支付相应的价格[18]。

了解货币政策框架的定价结构是银行进行流动性管理和制订应急预案要考虑的因素。

减缓"污点问题"（stigma problem）

但是，在过去大约18个月的动荡中，全世界的银行屡次不愿意支付这样的"惩罚性"利率，因为它们担心，一旦它们以惩罚性利率借款的信息泄露出去，或者被好事者披露出来，就会向市场传递一个信号，表明它们面临实际上并不存在的异质性问题（idiosyncratic problem）。在2007年，这一问题被称为"污点问题"[19]，而且，它导致某些交易中心的备用贷款工具（standing lending facilities），即中央银行向支付体系提供隔夜流动性的机器中的一个关键部件，在这场危机的第一阶段或多或少地出现了萎缩。

这种发展态势是不可持续的，而且，它促使不少中央银行进行创新。美联储和英格兰银行所引入的用拍卖方式提供以更广泛的抵押品为抵押的资金支持，此举可以让大量银行在同一时间借款，来迂回解决污点问题。资金拍卖肯定有助于加强金融体系。但是，与贴现窗口便利相比，这些拍卖只是定期举行，目前在英国是每两周一次，而不是每天都有。贴现窗口便利是连续的，随时都有，且旨在避免污点问题。尤其是，在贴现窗口便利的操作模式中，包含抵押品互换，因此，无论是从银行体系的储备余额规模，还是从我们的公开市场操作规模，都不会泄露贴现窗口便利的使用情况。而且，我们会滞后一期公布贴现窗口便利使用情况的加总数据和平均数据。这就为英格兰银行的特别流动性计划的某些技术奠定了永久性的基础，该计划于2008年被采用，旨在借助抵押品互换，给那些因危机而丧失流动性的（illiquid）的资产提供为期3年的融资[20]。

在极端压力环境下，这些融资安排如何能奏效

期限为3个月且通常具有适度规模的可以用多种抵押品作抵押的回购协议（wide-collateral repos），以及持续可得的30天抵押品互换窗口，现在都成为英格兰银行货币政策制度的永久性特征。一旦面临类似当前这样的极端压力环境，我们就可以选用各种参数。因此，以多种抵押品作抵押的回购是每两周而不是每月举办一次，而且，规模很大。目前，贴现窗口便利提供12个月的互换期权（swap

17 关于贴现窗口工作的更详细信息，参见2009年3月19日发布的英格兰银行 Market Notice。www.bankofengland.co.uk/markets/money/discount/index.htm

18 在拍卖中，针对流动性和流动性欠佳的抵押品，适用单独的止停利率（stop-out rate），而且，英格兰银行分配给不同类型的抵押品的长期贷款将同止停利率之间的利差相联系。在收到的竞价既定的情况下，只有当止停利率之间存在相当大的利差时，分配给以流动性欠佳的抵押品作担保的贷款比例才会高。

19 参见 Tucker PMWT（2008），"The Structure of Regulation: Lessons from the Crisis of 2007"，LSE Financial Markets Group Conference 上的演讲；以及全球金融系统委员会（Committee on the Global Financial System），第31号论文（2008年7月）；"Central Bank Operations in response to the financial turmoil"，CGFS论文集，国际清算银行。

20 特别流动性计划（SLS）于2008年4月引入，但直到2009年1月底才开始启用。它使银行可以在3年的时间里将遗留下来的非流动证券［主要是房屋抵押贷款证券（RMBS）和担保债券（covered bonds）］同英国政府债券进行互换。英格兰银行在2月初宣布，以（名义值为）2 870亿英镑的抵押品为担保，贷出1 850亿英镑的政府债券。

option）以及标准的 30 日融资便利。

总之，通过提供流动性保险，英格兰银行意在有效地让基本上良好的银行和其他企业有时间解决压力导致的问题，而且，对于制订补救计划的当局而言，也不会导致不当激励或者让自己身处险境。给定这些目标，银行必须自己利用这些工具。我们相信，例如，所有合格的银行和住房互助协会（building society）都应该申请贴现窗口便利；它们应该事先同英格兰银行商榷合格抵押品的范围，这样一来，如果它们想使用贴现窗口，就可以避免操作上的障碍；它们应该将经常以差不多的规模使用贴现窗口便利，作为检验和实施其应急计划的一部分；而且，它们应该同英格兰银行分享其应急计划，这样至少有助于英格兰银行评估贴现窗口便利的使用情况。通过这种方式，贴现窗口便利就能真正有助于支撑金融体系未来的流动性。

## 银行流动性的审慎监管：如何把它同中央银行的流动性保险联系起来

但是，流动性保险不是而且也不应该是银行体系的一个长期资金来源。审慎的估值和估值折扣不仅意味着，中央银行的流动性保险即使在短期也不能为诸如银行的整个资产负债表这类事情提供融资，而且还意味着，银行需要一个清晰的、由盈余资本构成的缓冲。中央银行的流动性保险也不一定总能奏效。

这就是为什么审慎的流动性管理必定是银行自己的主要责任。银行应该在正常开展业务的过程中，防范私人市场上的流动性风险。它们做到这一点的手段有：通过持有除了在最严重的市场衰退之外，能够毫无疑问地在金融市场上随时换成现金的资产存量；维持一个相对于其资产和或有承诺（contingent commitments）的到期结构而言审慎的到期结构；对较小的银行而言，则需要从较大的银行那里以完全有担保的授信额度（completely committed lines of credit）的形式购买保险，同时还必须持有完全可流动的资产，以防在需要信贷的时候，提供信贷的银行处境不佳，无力提供[21]。银行作为流动性服务供应商，可以获取一定的收益，因此，在决定承担多少流动性风险方面要作出权衡。但是，由于来自银行倒闭的溢出效应，银行的流动性风险凸显的总社会成本可能远大于单个银行自身的成本。微观审慎监管一直是处理这一问题的首要工具。

当前，关于如何改进流动性管理，有一个非常重要且早该解决的国际争论。

我今天要讨论这一争论中涉及的一个非常重要的因素。

这就涉及审慎监管者在计算一家银行的流动性缓冲资产时，是否应该包括该行持有的符合中央银行操作或融资安排条件的所有资产。某些人认为，它们应该包括。英格兰银行会认为，这将会铸成大错。

由于上述原因，绝大多数中央银行认可的抵押品不止是在压力条件下能够在私人市场上流通（无论是直接转手还是回购）的证券。因此，如果为了监管的目的将它们都算作核心流动性的话，银行实际上就不必持有一个以低收益率资产构成的缓冲，这样一来，在求助于中央银行之前，各银行就能够毫无顾忌地在市场上使用这些资产。那将会导致这样一个制度，中央银行实际上成为倒数第二个贷款人（只要

21 参见 Chapman G，Emblow，A 和 Michael (2000)，“Banking System Liquidity：Development and Issues”，Financial Stability Review，Issue 9，2000 年 12 月。

某些市场关闭），而不是（广义上的）最后贷款人。均衡肯定会是这样的情形，可流动的银行资产负债比理想情况下要少，而且从系统的视角来看，整个银行体系可能会遭遇过度的流动性风险。我们难道还没看到已经出现的结果吗？监管的目的难道不是避免出现这样的结果吗？

英格兰银行赞成的方法是，监管者应该将“流动性缓冲”定义为包含能够在流动性市场上，包括在压力环境下，可靠地进行交易或交换的优质证券。实践中，这将意味着，在许多经济体中，这些证券是政府债券[22]。

这正是英国金融服务局在讨论了数年之后，将在恰当时机实施的方法。我们非常欢迎这样的结果。当然，在危机中，任何这样的要求都不得不小心地过渡，但是，最终目的应该是很清楚的。

如果各国监管者要求所有银行定期让相当大比例的“存量流动性”在市场上经常性地周转，上述政策就能很好地发挥作用。这也有助于让银行获得央行的贴现窗口便利所带来的好处，如我所描述的，通过这一工具，好的银行能借到金边债券。坦率地说，在过去的大约一年里，令人震惊的是，即使有众多中等规模的银行和住房互助协会并没有持有政府债券或其他优质资产；或者即使它们真的持有这些资产，那也很少参与金边债券回购市场，甚至根本没有能力回购，多年来首次出现在核心担保融资市场上，绝对是一种令人忧虑的表现。所有这一切都必须改变。

## 最后做市商

至此为止，我所说的可能会被错误地引申为只有银行市场是重要的。这样的理解有失偏颇。资本市场显然也很重要。

的确，当前的危机说明了资本市场的流动性枯竭如何导致了金融动荡。市场流动性是内生的：如果市场参与者认为流动性会枯竭，它就真的会枯竭。在此次危机的初始阶段，由于持有大量按市值计价的“交易”账户，银行和其他交易商发现，当资产市场上的流动性溢价急剧上升时，它们不得不大规模地减计其资产组合。作为高度杠杆化的机构，这些减计使其净值大幅减少，威胁到清偿能力。这导致了信贷的可获得性降低，令世界经济骤然跌入衰退，进而损害更为传统的贷款账户的价值，形成恶性循环。

因此，从某种意义上说，要是我们储备了市场流动性，情况也许就会好一些。增强银行资金流动性的保险工具显然大有裨益，因为它们提高了银行交易商（bank-dealer）为多余存货融资的概率。但是，有人极力主张，当局应该更加直接地维持市场流动性，换言之，中央银行应该充当最后做市商[23]。

当然，我们不应该用19世纪中期的观念来看待金融体系的结构在近几十年里

22　此方法同2008年全球金融系统委员会（CGFS）在此问题上关于中央银行操作的报告是相一致的：“就中央银行的行动可能会导致市场参与者流动性风险管理和其他风险的恶化，一种可能的抵消手段就是，针对流动性和相关风险的管理，执行更严格的监管和审慎政策。”它似乎也符合2008年巴塞尔银行委员会（BCBS）关于流动性风险管理和监管的原则，该原则说：“关于流动性缓冲的构成，一家银行应该持有由最可靠的流动资产组成的核心资本，如现金和优质的政府债券或类似工具，来防范最严重的压力情形。”

23　也可参见Buiter W和Sibert A（2007），“The Central Bank as Market Maker of Last Resort”，Maverecon-Willem Buiter的博客（http:// Maverecon.blogspot.com/2007/08/central-bank-as-market-maker of-last.html）。本节受益于同Kalin Nikolov和Roger Clews的内部讨论。

发生的深刻变化。

但是，我们也不能对充当最后做市商所面临的挑战置若罔闻。首先，向一家银行贷款的确可以提高该银行的流动性，但是，中央银行作为买方进入某个市场并不会自动增加该市场的流动性。其次，尽管在形势恶化时中央银行可以要求更多的抵押品，以防范抵押贷款的风险，但是，直接购买是一次性交易，如果给定真实的风险，我们付出的代价有可能过高，我们也只能认了。因此，这是一个新的领域。尽管在网上随便搜一搜，都会有超过 20 万篇关于最后贷款人的文章，但是，只有大约 1 500 处提及最后做市商，而且，它们中的大多数早在大约去年前就发表了[24]。另外，同所有的新领域一样，中央银行充当最后做市商也需要深思熟虑。一篇近期的文献[25] 显示，在一个以银行为基础的金融体系中，如果最后贷款人的目的是“保持银行资产负债表的稳定”，那么，在一个以市场为基础的金融体系中，就应该是“通过下单购买，保持限价委托账户（limit-order book）的稳定”。

通过和我们更了解的最后贷款人职能进行比较，下述几点想法需要我们进行讨论。

第一，和最后贷款人一样，如果中央银行从事最后做市商操作会妨碍货币政策的话，就不能从事这样的操作。用现金买入证券，就相当于将储备注入银行体系中。但这一操作必须同中央银行的储备净供给目标相一致。

第二，最后做市商应该旨在对一项资产的基础价值处以惩罚（例如，以折扣价买入）。换言之，相对于在私人市场上的和平条件而言，任何买卖价差都是没有吸引力的。

第三，任何购买（拍卖）机制都应该披露有关市场状况和交易价格公平性的信息。

第四，尽管最后做市商不能避免直接购买所固有的风险，但它绝对不能超过其资本来源。

第五，最后做市商应该旨在起催化作用，帮助启动市场，而不是取代市场。

第六，最后做市商应该避免托市，一旦和平时期重现，最后做市商的职能就应该停止。

我要强调的是，这几点只不过是抛砖引玉而已，我们还需要更深入的讨论。

但不幸的是，我们不能总是坐待观望，直到我们就那些极为明确的规则达成共识。最近，借助资产购买工具（Asset Purchase Facility）项目，英格兰银行在企业英镑融资市场（sterling corporate financing market）上开始尝试两种形式的最后做市商。在这两种形式中，英格兰银行都作为大买家，而不是在市场的供求两方同时进行操作。不过，存在争论的是，这是不是危机条件下各种最后做市商思想的真谛。

首先，我们以公开利差购买商业票据，此利差设计成高于由信用基本面支持的利差，并高于和平时期的市场利差，但低于在我们介入市场之前的通行利差。换言之，我们准备在不索要巨额流动性溢价的情况下贷出资金，因为我们是不受流动性限制的。我们提出同时在一级市场和二级市场上购买票据。后者实际上是以高于固定利差 25 个基点的额外成本向货币市

24 很多都是 Willam Buiter 写的。

25 Cecchetti S G（2009），“Central Bank Tools and Liquidity Shortages”，Federal Reserve Bank of New York Conference，2009 年 2 月 19~20 日。此引述来自于会议时使用的幻灯片。

场基金或其他基金提供临时的流动性工具，以提高它们购买新票据的意愿。这样做的目的是刺激市场，让市场价格至少回到我们的利差水平，促使市场发生交易，或降低交易价格。衡量成功与否的指标不是我们买了多少票据，而是提供支持是否有助于市场发挥功能。

在讨论最后做市商时，英格兰银行的第二个工具在某些方面更有意思。通过定期对单一证券举行拍卖，充当英镑公司债券的支持性买家。为了防范风险，英格兰银行制定（并更新）储备价格，这一价格是从信用违约掉期（CDS）利差、风险模型以及定性信息中得出的。我们在每次拍卖中的购买量并不大。目的显然是起催化作用，降低银行做市商承担的证券存货风险，更广泛地降低市场参与者的流动性风险。或许，抽象地思考这一点的最好方式是，它类似于我们以一个比私人中介机构提供的买卖价差更窄的价差进入市场，目的是想让它们将同类交易商的买卖价差控制在我们的价差之内，降低投资者要求的流动性溢价。要是这类措施奏效的话，中介机构进而交易商和投资者的流动性风险就会下降；因此，公司债券收益率的利差也会下降。有证据表明，自我们在2009年3月份使用该工具以来，已经出现了这种良好的迹象，尽管它不可能改善更广泛的全球公司债券市场的状况。

提供最后做市商工具需要专有知识和资本来源。在英国，英格兰银行在必要时会提供最后做市商，我们有所需的资金来支付我们的任何购买（此时，如上文所述，如果需要的话，我们可以冲销任何货币效应）。虽然英格兰银行的财务资本（accounting capital）很小，但我们有政府保障的支持。不过，要想让中央银行重视风险，光强调纳税人保护是不够的。中央银行的声誉风险也很重要。中央银行提供的融资安排，不应该导致资源向私人部门的转移，这是财政政策的领地。中央银行应该坚守中央银行业务。在英格兰银行当前的资产购买操作中，这一点体现在我们承接政府的移交事项，专注于优质证券，以及体现在我们所制定的最高价（最小价差）上。

在决定是否或如何实施最后做市商政策时，需要十分仔细地权衡这些因素。我们务必将自己的职能明确地限定在中央银行业务上[26]。

这就将我带到今天想谈的第三个“手段”。

## 最后资本

不管当局以提供流动性的方式为防止或减轻危机做了多少工作，我担心，我们都不能排除极少数银行体系终将需要某种最后资本的支持。如果从系统的角度看，当银行倒闭并不会引发灾难时，我们必须随时让银行倒闭。但是，如我们已经看到的那样，有时，银行丧失清偿能力会带来系统性的灾难。

鉴于此，至少应该做三件事。首先，每个国家针对困境中的银行（可能范围还要更广些），需要一种特别解决制度（Special Resolution Regime）；我们不能依靠通常的破产法来帮助控制对系统稳定性的威胁。幸运的是，英国现在已经有了这种制度，而且，英格兰银行将汲取经验教训，不断完善这一制度。其次，在一个全

26 在美联储和美国财政部最近发表的联合声明（www.federalreserve.gov/newsevents/press/monetary/20090323b.html）中，再次重申了这一点。

球化的经济中，国际上活跃的银行大行其道，各国当局必须能够在现实中协同工作，（在必要时）重组那些跨境活动的银行[27]。第三，如现在许多人所说的[28]，我们需要对大而不倒的银行、关联度太高或太复杂的银行找到一个解决办法。这可能涉及要求银行自身具有可信的解决方案，如果它们没有方案，就要有较高的监管资本以及流动性收费。

如我们在此次危机期间在诸多国家所看到的那样，为了防止金融体系的崩溃，政府不得不提供资本支持，以免对实体经济进而对居民带来不可估量的损失。我们应当谨记的一个历史教训是，必须建立一个富有弹性的金融体系；但是，我们及我们的子孙后代可能会傻傻地认为，政府再也不需要提供资本以拯救危机。

如果这是正确的，那么社会需要为所谓的“最后资本”制定原则和政策，与自19世纪以来形成的最后贷款人原则相匹配。不过，在这一领域，几乎不存在清晰且永恒的原则。最后资本在网络上大约只提到过30次。

一个可能的出发点是，我们如何学会认识专门的支持性操作。在明确认识到偶发性的流动性支持操作最终将提供风险资本（如果接受者状况恶化的话）之后，英格兰银行前行长爱德华·乔治（Eddie George）在1993年对此给出了某些想法[29]：“向私人股东提供公共补贴不是中央银行的业务。如果我们的确提供支持，我们就要精心设计，以便让股东来承担所有的损失，而我们则获得收益。而且，在不导致我们试图避免的崩溃的条件下……我们所提供的任何支持都要以尽可能地让私人股东遭受惩罚为前提。我们要全身而退。在我们的监督下，公司可能需要收缩或重组业务，使之达到即使没有我们的支持时也能达到的水平。我们只保护金融体系，而不是保留活不下去的银行的生存能力……”默文·金在2007年也指出：“如果[当局]承担对整体经济产生破坏威胁的任何[风险]，就会助长法不责众的观点。”

由此，最后借款人、最后做市商和最后资本的共同原则可能包括，必须有助于防止和限制危机；不助长鲁莽行为；前后一致，也就是说，它们必须是可信的；同时还必须有一个退出策略。

关于这三个最终手段的其他方面，我们清楚，例如最后贷款人的成本应该由股东承担；存款保险的成本应该通过对整个银行业的征税来弥补。在此基础上，可以想见，通过最后资本“迷宫”的一种可能路径也许是，在中期建立一个制度，通过某种方式，让银行体系而不是一般纳税人来承担最后资本的最终成本。如果确有必要注入权益资本来拯救银行系统（而不是让银行倒闭），“保险”实际上就被扩展至普通债权人，而不仅仅是零售储户。这种保险所需的融资可能也会扩展至普通债权人。如果为了维持稳定，当局确定有必要

27　在金融稳定委员会（该委员会在4月发表了G20政府首脑签字的原则书）和巴塞尔银行监管者委员会（Basel Committee of Banking Supervisors）的支持下，这一工作正在开展。波士顿联邦储备银行行长Eric Rosengren2009年5月5日在香港的Institute of Regulation and Risk发表的演讲“Challenges in Resolving Systemically Important Financial Institutions”中，也讨论了这些问题。

28　也可参见Philipp Hildebrand（瑞士国民银行治理委员会副主席）在2009年5月5日接受德国一家日报Handelsblatt的采访。

29　英格兰银行前行长爱德华·乔治在伦敦经济学院的演讲“The Pursuit of Financial Stability”，Bank of England Quarterly Bulletin；以及默文·金2007年致英国财政部特别委员会的信，“Turmoil in financial markets：what can central bank do ？”

进行公共股权（public equity）注资，那么，可以授权政府提供这种支持，但是政府也有权自危机明显过去之后开始计算的几年里通过对银行体系提高“保险”税来索回最终的成本。在这种制度下，银行系统失败的更多成本就落在了银行的股东头上，而不是公众头上。在事前，银行的全体股东将从对银行体系提供的保险中获益；而在事后，则可以从给予任何特定企业的支持中获益。在危机最严重的时期，当局实际上暂时贷出了其融资能力，并吸收了银行体系的风险，但银行系统最终必须偿还。银行在规划业务时，应该考虑这一因素，在和平时期，还应该积极监督同行对金融稳定造成的威胁（这一点仍有争议）。

不太清楚的是，与常规的存款保险不同，这样的体制能否或应该预先融资（pre-funding），英格兰银行一直赞成英国走向一定程度的银行体系预先融资。但是，对于常规的存款保险，需要考虑的是，事后的成本分配是否应该基于风险。实际上，从更一般的角度来看，对于流动性保险，我们也需要在未来进一步明确相关原则，以确定保险费是否应该以风险为基础，并事先征收。

这显然是个艰难的领域。支持上述思路的任何方法都有可能遭到反对。我把它们提出来绝不是要建议什么，而是希望激发对最后资本体制应该是什么的认真思考。

如果能设计出一个最后资本体制，那么，保证它不被滥用十分重要。应该首先使用私人部门的支持，而且要精心设计。这种方法之一是，要求银行办理私人资本保险。这可以采取多种形式。一个想法是直接的资本保险：即在一家银行需要时，投资机构承诺提供保险。正如公共部门的资本保险只在系统性危机发生期间才能动用一样，这样的私人保险也可以与维持某一最低要求的资本充足率相挂钩。但是，如果在有资金需要的时候，保险人不能提供，或者投资机构不愿意签署一份规模足够大而且对恢复金融体系至关重要的保险，那么，此种私人保险计划就不起作用。当前流行的另一个想法[30]是，当局要求银行发行混合债券和资本相结合的混合型工具，在有需要的时候，该工具可转换成吸收损失的（loss-absorbing）权益。另一个与此类似的想法是，只要系统严重性（systemic-severity）测试获得通过，转换的选择权就将掌握在监管者手中。

## 总结和结论

在当前的危机中，金融体系的正常功能已经崩溃，对信贷环境和恰当的货币政策产生了深刻的影响。尽管我今天所涉及的范围很广，但我也有意忽略了某些国家越过金融体系直接向企业贷款所使用的操作手段，也没有谈及将某些中央银行，包括英格兰银行，在一个政策利率几乎为零的环境下扩大货币供给的措施。相反，我着重讨论了旨在支持并理想地推动金融体系恢复的最终手段：融资流动性、市场流动性和清偿能力。

就融资流动性而言，英格兰银行在过去一年推出了一系列的创新，为我们提供了六种工具，在我们和银行系统之间建立了传递流动性的渠道。这些创新包括：促进批发支付系统更好地运行的当日回购；

30　也可参见“An Expedited Resolution Mechanism for Distressed Financial Firms：Regulatory Hybrid Securities”，Squam Lake Working Group on Financial Regulation，2009 年 4 月，Council on Foreign Relations。

银行储备余额（它由银行最优质的流动性资产构成）的变动；政府证券的公开市场操作；使用隔夜操作性备用融资工具（Operational Standing Facilities）来吸收每日的摩擦性支付冲击；较长期的回购，通过它，英格兰银行可以放宽发放抵押贷款的贷款种类；以及贴现窗口便利，通过它，有清偿能力或生存能力的银行可以用多种抵押品来换取英国政府债券。

在设计这些融资安排时，英格兰银行对它的目标非常清楚。在金融稳定性方面，英格兰银行的目标是：

降低金融动荡给商业银行提供流动性和支付服务带来的损失。为了做到这一点，英格兰银行将充分考虑提供流动性保险可能带来的激励银行冒更大风险的成本，并确保提供流动性保险的必要性不会使英格兰银行的资产负债表面临风险。

在这一领域，中央银行可以吸取一百多年来的经验和教训。但是，这次危机也暴露了当局在思考用什么原则来考虑最后做市商干预或最后资本干预方面存在的不足。我不可能在今天的讨论中解决这一问题，但是我希望，我能够激发他人在未来几年里帮助澄清这些领域的思想和实践。在这样做的过程中，更重要的是，为未来更富弹性的全球金融体系制定新的“游戏规则”。

（徐卫宇　译）

## 《我的履历书》<br>青木昌彦自传回忆录

定价：32.00
中信出版社

本书是备受尊重的日本经济学家青木昌彦的自传体回忆录，青木昌彦是日本经济产业研究所所长、斯坦福大学经济系教授国际经济学联合会现任主席；学术取向上，青木昌彦是比较制度理论大家。他一方面重视东亚国家特别是中国的经济转型，提出了著名的“内部人控制”理论，另一方面，他特地在日本经济停滞的十年回到日本以亲身体会“另一种转型”。他的论文与专著在20世纪90年代以后被大量介绍到中国，对中国新一代经济学家有深刻的影响。

2007年11月，《日本经济新闻》的“我的履历书”专栏历时一个月连载了关于作者的回忆录，回顾了20世纪后半期日本、美国、中国的历史洪流以及自身的经济学探索之路，篇章精短，背景恢弘，读者反响热烈。本书的正文部分就是在此基础之上扩充而成的，另外，书中还附加了作者以前刊发的部分评论性文章和访谈等，组成了“书架看世界”栏目和附录，内容极为丰富生动。

# 货币政策
## 央行信息沟通的利弊得失

## Talking about Monetary Policy
### The Virtues (and Vices?) of Central Bank Communication

艾伦 · 布林德

### 1. 背景：为什么要进行信息沟通？

即使在不久以前，中央银行家们还认为隐蔽行事、含糊其辞对他们来讲是比较适宜的。例如，1981 年卡尔 · 布伦勒（Karl Brunner，1981，第 5 页）就曾直白讽刺地写道：

在中央银行业……不断成长的过程中，给人们打下了一种深深的烙印，那就是中央银行业是一门深奥的艺术，能真正掌握并运用这门艺术的仅限于那些少数的精英，而且这门艺术的深奥本质还在于它的内涵天生就不可能用直白的、大家都能理解的词语来阐述。

15 年后，也就是 1996 年，我在伦敦经济学院的罗宾逊讲座上曾表达过央行信息沟通的内容应该包括什么的观点——但那个时候这样的信息沟通还没有：

更加开放实际上有助于提高货币政策的效率……（因为）有关未来中央银行行为的预期将短期利率和长期利率从根本上联系在了一起。一个更加开放的中央银行……会根据预期向市场提供更多自己对基本面判断的相关信息以引导货币政策……这样就建立一种良性的循环。中央银行在使市场能更好预测自己的同时，也使自己能够更好地预测市场对货币政策的反应。这样央行才能更好地调控经济。(Blinder，1998，70~72 页)

过了还不到五年，在联储著名的杰克

---

* Alan S. Blinder，普林斯顿大学经济学和公共事务 Gardon S. Rentschler Memorial 教授，1990 年成立的普林斯顿经济政策研究中心的主管之一。1994 年 6 月到 1996 年 1 月间，Blinder 任美联储副主席。他与威廉 · 鲍莫尔合著的经济学教科书《经济学：原理与政策》拥有 100 多万大学生读者。本文是为 2008 年 6 月 26 ~ 27 日在瑞士卢塞恩市召开的第七届国际清算银行年会“货币政策何去何从：未来十年货币政策的挑战”（Whether Monetary Policy? Monetary Policy Challenges in the Decade Ahead）所准备的，本文的发表得到了作者和 BIS 的授权。读者可以在 www.BIS.org 上免费下载原文。——编者注

** 本文大量引用了即将发表于《经济学文献杂志》上“央行信息沟通与货币政策：理论与实证综述”一文的内容。该文是我与欧洲中央银行的 Michael Ehrmann 和 Marcel Fratzscher、格罗宁根大学的 Jakob De Haan、荷兰银行的 David-Jan Jansen 合作的一篇论文，向他们致谢。尽管论文的结论实际上是我们一起得出的，但他们都对该文在这里的特定使用不承担任何责任，当然也包括我个人的观点。我也非常感谢经济政策研究中心（CEPS）对我在此领域的研究所给予的资助。——作者注

逊·霍尔会议上迈克尔·伍德福德（Micheal Woodford，2001，第307页和第312页）向与会的中央银行家们断然表示：

成功的货币政策不完全是对隔夜利率进行有效的控制……还涉及对市场预期演变的影响上……（因此）透明性对于货币政策的有效传导意义重大……这种观点在过去10年已在银行家的思想理念中潜移默化了。

虽然说伍德福德有点言过其实，但需要注意这里明显深入了很多：从1981年布伦勒痛惜中央银行家们拒绝信息沟通，到1996年布林德认为更多的央行信息沟通有助于提高货币政策的效力，再到2001年伍德福德声称货币政策的本质就是预期管理的艺术，并且已经成为广为接受的至理名言。因此，可以毫不夸张地说这是思想理念上的一次革命。

这些源自学术界的新思想实际上对央行实践有重大的影响。尽管自1994年以来，美联储已经逐渐增加它与外界的信息沟通，但时任美联储主席艾伦·格林斯潘还一度因自己“含糊其辞、语无伦次”而沾沾自喜。在信息沟通这方面，美联储远不是一位领先者，实际上，从对企业的开放度来看，欧洲央行比美联储更加透明。新西兰储备银行和英格兰银行是较早、积极地向更加透明方向转变的皈依者，目前仍然是这方面的领军者，尽管挪威银行和瑞典银行现在有可能是这方面的领先者。而且还有很多其他例子。布伦勒所讽刺的央行拒绝信息沟通的态度已经被彻底摈弃了。

## 信息沟通的原因

推动央行大踏步向透明性方向迈进的基本原因有两个，一是央行独立性的增强客观上更加需要有民主意义上的问责性，也即独立的央行有义务对公众就其行为以及这些行为基于的思考进行解释。二是，就像前面引述布林德和伍德福德的例子所表明的那样，更加透明的信息沟通可以提高货币政策的效力。

尽管长期以来我对这两种观点都强烈支持，但是学术方面的研究几乎都集中在第二点上。有关央行信息沟通怎样创造信息的研究主要集中在政策公告如何影响预期进而推动资产价格上，而减少噪音的研究主要集中在央行对话怎样增加货币政策的可预测性上，而这反过来又能降低金融市场的波动。这两种情况中，都假定央行的目标是为了提高货币政策的信号/噪音比率。

也就是说，央行对话实际上是一把双刃剑，在央行“最优”信息沟通策略上，不管它的具体内涵是什么[1]，尚未形成一套明确原则（然而却有很多清晰的操作方式）。从经验上看，问题的关键在于央行信息沟通能否通过创造信息（例如，使短期利率按合意的方式变化）和/或降低噪音（例如，降低市场的不确定性）等方式有助于提高货币政策的效力。

在布林德等人（2001，第9页）就“央行如何进行对话？”进行了一次著名的调查，他们在调查报告中写道：“到目前为止，还没有有关这方面的研究。”但现在已经时过境迁了，过去10年里，学者们对央行信息沟通进行了大量、令人印象深刻的实证研究，本文将综述一些研究的结论[2]。很多新的研究将焦点放在央行信息

1 参看Blinder（2007）有关央行信息沟通策略为何要依赖货币政策委员会的性质的讨论。

2 如果要了解详细内容，可参见Blinder等人的文章（即将发表）。

沟通对金融市场的影响上，基本思想很简单：如果信息沟通能够成功掌控预期，那么（a）资产价格应该作出适宜的反应，同时（b）政策决策应该更具可预测性。经验研究表明这两种情况的确发生了，几乎毫无例外。研究的另外一条线索是试图将信息沟通策略上的差异与经济绩效的差异联系起来，例如，公布一个通货膨胀目标的数字水平有助于锚定公众的长期通胀预期吗？答案似乎是肯定的。

但在评述一些研究之前，有必要先从理论角度简单思考一下中央银行信息沟通如何以及为什么可以提高货币政策的效力，以及如果不成功又会怎么样。

这里从一个论断开始似乎有点出人意料，但是你仔细考虑之后就不会这么认为了：在被称作纯理性预期范式里，根本不可能存在货币政策信息沟通这一说。我想利用纯理性预期范式引出一类模型，其中经济环境是静态的，预期是理性的，央行承诺采用不变的政策。显然这些都是不现实的条件，但很多现代宏观理论模型都包含这些内容。在那样一个理想化的世界里，央行信息沟通纯属多余，因为执行货币政策的任何系统模式都可通过观测到的央行的行为来进行准确推断（取决于随机误差）。央行对话不仅一文不名，而且多余。

纯理性预期范式也许只是一种假想，但它的确给出了一个有用的概念性要点：通过货币政策信息沟通所获得的任何有价值的东西都是源自（a）非静态（世界和/或央行随时都在变化），（b）缺乏政策规则承诺（或许出于好的原因），（c）无法很好地理解央行的政策规则（如果存在规则的话），或（d）非理性预期（既包括信息不对称也包括学习）[3]。需要明白的是，央行进行良好的信息沟通能同时影响上述四项，因此还需要弄清楚的是，任何偏离纯理性预期范式条件的货币政策分析，如果它忽略了央行的信息沟通，都将存在严重的缺陷。的确，如果今天的隔夜利率真的非常重要的话，那么管理预期就是货币政策的精髓，如同伍德福德所宣称的那样。

## 信息沟通的限制

前面已经提及，一旦信息沟通机制设计不合理或执行不畅，就会出现信息沟通得不偿失的情况。因此，并不能说央行说得越多，它的处境一定会越好。在实际操作中，央行确实通过各种方式限制它们的信息沟通，内部讨论一般都设置为机密，几乎没有央行能预测自己政策利率的未来走势（这一点后文还会提及）。在每次政策会议前，都可以观察到一个言论管制期或“帷幕”期。同时，当货币政策委员会发出了太多的不同声音时，我都会呼吁要充分重视这些不和谐音符的危害性（Blinder，2004，第二章）。因此，就如同一些理论家已经充分证明的那样，理论上，过于充分的信息沟通在一些情况下可能并不合时宜，甚至是有害的。但是理论与对话一样，一文不名。真正的问题在于：存在一些相关经验论据来支持限制货币政策信息沟通吗[4]？

---

3　例如，伯南克（Bernanke，2004）就曾引用最近适应性学习方面的理论研究来解释学习反馈影响经济怎样导致一些不稳定或不确定的结果——这些结果却可以通过有效的央行信息沟通来帮助避免。参看Orphanides和Williams（2004）等人。

4　除了一些明显的情况：出于保护机密的需要，一些时候金融稳定需要限制央行对话，还有明显的一点是，没有央行会去泄露它也不知道的信息。

一个可能的论据可以追溯到库克曼和梅尔策（Cukierman 和 Meltzer，1986）所做的开创性研究上，他们发现模糊情况依赖于两个假设：一个是仅有没有预期到的货币才重要；一个是公众无法精确地知道央行的偏好。在这些假设下，一个完全透明的央行是不能够促进实体活动的，因为央行不能制造出意外（surprise）情况。因此，一定程度的模糊是货币政策发生效力的必要条件。但是，最近格瑟林等人（Gosselin 等人，2007）指出，无论是仅有未预料到的货币才重要的观点，还是央行为了实现自己的意图要隐藏自己的偏好的思想，二者都变得日益不合时宜。

央行在对它们自己收到的噪音信号有关的事件发表言论时或许要保持警惕，例如经济的未来走向（也即，与央行未来的利率决策相对应），这也恰好是阿马托、莫里斯和申（Amato、Morris 和 Shin，2002）格外强调的一点。如果市场参与者过于依赖央行的智慧判断，甚至有可能出现央行信息沟通过多导致福利减少的情形。但斯文松（Svensson,2006a）也指出，这一论据仅在央行信息沟通所具有的信号/噪音比率比私人信息要低得多时才成立，在当前情形下，这是一种不大可信的假设。而且，如果我们将焦点集中在提供有关未来货币政策走势的信息上——即与预测股票市场或汇率相对应，那么就存在一个更加简单但更具说服力的理由来拒绝莫里斯－申的推论，毕竟还有谁能比央行更了解自己的意图呢？因此，诚实的央行对有关未来货币政策方向诚实的讨论几乎肯定能够将信念调整到它应该去的方向。

最后，如果不协调问题源自货币政策委员内部有太多不一致的声音，而这些声音不是使公众更加明白而是更加糊涂，及时澄清而不是保持缄默才是适宜的补救措施。

## 信息沟通不是提前承诺

过去几年，一些中央银行家和经济学家不时将信息沟通与承诺混为一谈，或者费尽心思地认为公众可能会这么想。特别是，一些观点认为今天放出去的话有可能降低货币政策效力，因为这限制了调控未来的自由度。例如，1984 年时任美联储主席保罗·沃尔克曾通过如下方式坚决捍卫美联储拒绝立即公布联储决策的权利：

> 即刻公布相关指令面临的一个危险是，我们承诺进行的一些操作是基于一定假设的，而这些操作事实上取决于未来的一些事件。同时，这些解释和预期可能降低进行必要操作的弹性[5]。

与这种观点遥相呼应的是，1989 年格林斯潘反对立即公布联邦公开市场委员会的决策，因为“公开宣布的要求也可能妨碍一些需要即刻、适度的政策调整”[6]。然而，过了还不到五年，格林斯潘就主动公开披露了。

从当前来看，沃尔克和格林斯潘反对最低限度的披露有点像要回到石器时代，但是在一些情况下，一些公告的确约束了央行未来的行为——似乎“给出了一个口头承诺”——大多数央行信息沟通没有也不必有这样的性质。特别是，信息沟通仅仅是一种信息传递——关于政策决策、通胀目标、预测等——央行并未承诺在未来要做什么或不做什么（尽管它可能暗示会那样做）。即使是新西兰储备银行发布的

5 引自 Goodfriend（1986），第 76~77 页，Goodfriend 的论文是一篇较早、在那时充满高度争议的批判美联储保密论的文章——由联储的一位雇员所写。

6 引自 Blinder（1998），第 74~75 页。

有名的“未来趋势”也取决于很多未来变量，也只是对自己未来行为一种有条件的预测。

当然，有些时候央行确实想通过一些语言来作出承诺，如为了管理预期或利用承诺（相关的）的一些优点。例如，伯南克等人（Bernanke 等人，1999）认为作为限制央行相机行为的方法，支持实施精确的通胀目标值。但这仅是一个例外，而不是规则。更重要的是这带有随意性。如果并非央行本意，货币政策信息沟通未必能够引致各种形式的承诺。

总之，与那些支持央行信息沟通为什么重要、能够带来什么好处的明白有力的概念性论据相比，反对更加透明的央行的论据则显得势单力薄了。我们现在从理论转向实践。

## 2. 信息沟通什么

观察真实世界的实践行为，有两种现象格外突出。一个是，尽管一些央行有相似的货币政策目标，但是信息沟通的内容却迥然不同。第二个就是，即便是同一个央行，其信息沟通策略也在不断发生变化。这两个现象共同表明，在央行信息沟通上，并不存在一个广为接受的操作指南。那么主要有哪些选择呢？

央行一般至少从四个不同的角度谈论货币政策：总体目标和策略、特定政策决策背后的动机、经济展望以及未来的货币政策决策。下面将依次进行阐述。

### 目标与策略

央行信息沟通是告知公众有关货币政策目标和策略的一种有用方法。一个独立的央行应该拥有清晰界定的授权。例如，英格兰银行的通胀目标就直接来自首相，而且非常精确。尽管一些政府没有直接赋予央行数量目标，如欧洲央行，但它们仍然决定（或者受指导）给自己提供一个数量目标——作为方便问责和/或锚定预期的手段。这些有关可问责性和锚定的论点在通胀目标值的辩论中非常突出，因为通胀目标值能够进行更加有效、更加公开的信息沟通，这也被认为是通胀目标值的优点之一。其他中央银行，像美联储，并没有直接的数字目标[7]。然而，也极少有央行宣布了精确的政策规则。反而是，私人代理者们通过听其言、观其行来了解央行的“规则”，实际上就是央行的一般行为模式。

### 政策决策

目前几乎所有的央行都是即刻向公众公布它们的货币政策决策的情况，即便是有耽误，时间也很短。但是，以前的情况却并非如此。最明显的莫过于，美联储仅仅在 1994 年 2 月联邦公开市场委员会会议之后才开始即刻公布联邦目标基金利率变化的情况。在这之前，市场不得不通过后面的公开市场操作来推断预期的基金利率，直到下一次联邦公开市场委员会会议召开后，前一期的决策才会对外公布。

迅速、明晰的货币政策决策公告很明显创造了信息，但它也通过消除部分公众的猜测而降低了噪音。因此这种类型的央行信息沟通很明显可以提高信号/噪音比率。在后面我们将看到，这也可以提高货币政策的效力。

在实践中，有关货币政策决策的公告

7　然而，美联储发布三年后通货膨胀预测这样的新的实践模式也可能（已经）被视作策略性地宣布通胀目标值。美联储也可能（但并没有）被认为宣布了一个失业目标。

究竟应该包括哪些内容在央行间存在很大的分歧，其中一个分歧领域就是关于决策制定过程究竟应该披露多少，例如，通过发布会议记录和投票记录。欧洲央行并不发布会议记录，因为它的货币决策是一致通过的，但会召开记者招待会。美联储和英格兰银行都发布会议记录（并且二者最近都是快速发布）以及投票记录。这些信息对于英格兰银行来讲特别重要，因为它的货币政策委员会成员是独立承担责任的。比较有趣的是，英国货币政策委员会出现异议的频率要远高于美联储公开市场委员会，这里的决策是典型的一致同意，异议基本就意味着不同意[8]。

## 经济展望

央行就是否和怎样就未来信息进行沟通方面存在很大的差异，这些信息包括未来通胀的预测、未来经济活动的预测以及未来货币政策的倾向。

拥有通胀目标值的央行一般都会以定期通胀报告的形式提供它们对未来预期通胀的评估，有时还使用“扇形图”来列出概率分布。但是，那些没有通胀目标值的央行一般也会发布（从各种方面）它们的通胀预测。以欧洲央行为例，它现在每年分四次发布工作人员的预测。这些预测作为管理理事会讨论的材料，但无须对其表示赞同——与通胀目标值策略中的通胀预测相比，这里的功能完全不同。奇怪的是，美联储仍然将其工作人员预测视作秘密，但它现在每年分四次发布联邦公开市场委员会的官方通胀预测。美联储新推出的提前三年通胀预测能够有效地揭示通胀目标，只是没有那么称呼罢了。

近期以来，央行间有关实际产出的预测的差异就更大了。但是，现在美联储开始效仿英格兰银行和欧洲央行，更加频繁地提供官方的产出预测数据。一些央行（包括新西兰、挪威、捷克共和国、瑞典、匈牙利）甚至发布它们对产出缺口的预测。

## 政策利率的未来走势

目前很多央行都会就其未来可能的政策决策提供各种类型的前期引导，虽然在方式上各不相同。一些央行，如欧洲央行，使用的是一些间接信号，常用类似“需注意”（vigilance）等委婉语来表达。其他一些央行则更加直接，例如联邦公开市场委员会的公告不时（不一定总是）会包含货币政策走向的暗示。有时候，例如在2003~2005年期间，联邦公开市场委员会就直接公布了它预期利率的未来走势。

一些央行甚至通过发布未来政策利率的数量走向形势提供数量引导，当然都是基于它们对宏观经济的预测。最近瑞典和冰岛加入了一个这种操作的小组，小组成员还包括新西兰和挪威。一些观察家将央行预测自己未来的行为视作央行透明性的最新前沿，还没有一家主要的央行愿意走到那么远。这方面的问题仍然存有争议[9]。

古德哈特（Goodhart，2001）和米什金（Mishkin，2004）都反对公布预测的政策利率走势，因为这样将使委员会的决策过程复杂化，同时也使得与公众的沟通复杂化，公众有可能并不能完全理解这种预测是有前提条件的（Issing，2005）。在实践中，阻止中央银行家们这么做的主要顾虑在于这样的信息沟通可能被误认为是

8　关于这里点，可参看Chappell、McGregor和Vermilyea（2004）以及Meade和Sheets（2005）。

9　有关支持这样的例子，可以参看Svensson（2006b）或Woodford（2005）。

一种承诺。如果预测的发展趋势并没有兑现，那么实际政策与前期预测的政策间的任何差异都可能损害央行的公信力。而且，既然央行的提前引导是为了引导预期，以达到减少资源错配的目的，那么并不精确的预测实际上反而有可能引致这样的错配，例如，在代理人根据央行的不当信息沟通而作出了错误的经济决策时（例如进行了抵押）。

为了防范这些潜在缺陷，所有提供利率未来引导的央行都强调前景评估是基于当前的信息，因此它显然会受到信息变化的影响。例如，瑞典银行就会像念咒语似地重复“这仅是预测，而不是承诺”，以不断强调它们预测的回购协议利率趋势都是有前提条件的。

## 3．如何进行信息沟通

央行可以通过各种各样的方式进行信息沟通，但都会选择自己偏好的方法[10]。这一小节将考察一个特别重要的决策问题，也即选择信号的传递者（例如，信号是否应该由委员会或者由委员会的个别委员来传递），这反过来会影响信号的精确性。当信号由货币政策委员会或其代表来传递时，在内容、时间和渠道的适宜性上都必须进行选择。当由个人进行信息沟通时，也会产生深层次问题——例如是否应该由一位委员（例如，主席）来充当委员会的发言人，反映了一种更加共议制的信息沟通方式，还是每一个委员都应该表达他或/她自己的观点，展现了一种个人主义的信息沟通策略。

### 通过委员会进行信息沟通

对于央行信息沟通，最自然的时机就是货币政策委员会开会期间决策公布的时候。但是在信息沟通的时间选择以及细节披露的详略上央行间却差异很大。美联储将提供一个简单的新闻稿，内容包括作出的决策、基本原因的简明解释（一种典型的格式化），以及对未来的引导。虽然英格兰银行的新闻公告也会公布作出的决策，但通常只是在改变利率或作一些出乎预期的决策时才会进行相应的解释[11]。

与此相对应，欧洲央行不仅发布一个带有政策决策的新闻公告，而且在会议期间还召开记者招待会，其中包括一个问答环节[12]。与英格兰银行或美联储公布会议记录的形式相比，欧洲央行的记者招待会似乎在细节上要少一些，但是召开电视记者招待会可以使消息传播的速度更快、受众面更广，也许还显得更加开诚布公。或许更重要还在于，在问答环节中新闻媒体可以通过穷根究底的发问来澄清不清楚的地方。在一项引人入胜的研究中，埃尔曼和弗拉兹切（Ehrmann 和 Fratzscher，2007a）发现欧洲央行记者招待会对资产价格的影响比货币政策公告还要高。而且，与更大影响效果相伴随的是资产价格的更小波动效应，这清楚表明了一个特别高的信号/噪音比率。

法定报告要求提供了另外一种自然的信息沟通机会。例如，很多央行被要求提供年度报告和/或在立法前举行听证会。

10　有关央行使用的各种工具目录及解释，可以参看 Blinder 等人（2001），尽管现在看来已经有点过时了。

11　稍后，但在下一次会议之前，美联储和英格兰银行都会在会议记录中提供详细的内容和解释说明。会议 5 年后，美联储甚至会全文公开公开市场委员会的会议记录。

12　捷克共和国、日本、新西兰、挪威、波兰、瑞典、瑞士的央行也定期举行记者招待会。

在所有的报告工具中，最重要的莫过于定期出版物，如欧洲央行的月度报告、英格兰银行的通货膨胀季报，以及美联储给国会的货币政策半年度报告，它会在联储主席的国会听证会上呈上。这些出版物都会受到媒体的极大关注。

单个委员会成员的信息沟通

目前大多数央行都是通过委员会来进行决策，这反映了一种表面上的一致，这种模式可以形成较好的政策（Blinder，2004，第二章）。但是委员会在形式和规模上却各不相同，我（2004）将它们分为三种类型的委员会——个体主义制（实例：英格兰银行、瑞典银行）、真正的共议制（实例：欧洲央行和本·伯南克治下的联邦公开市场委员会）和独裁的共议制（实例：挪威银行和艾伦·格林斯潘治下的联邦公开市场委员）。我强调不同的委员会类型需要不同的信息沟通策略。在个体主义情形下，委员会在意见上的分歧应该让公众周知，这有助于市场及利益相关者了解货币政策决策不确定性的程度。但在共议制情形下，同样的意见分歧，如果要公开的话，可能会降低信息的清晰性以及一般的理解，反而形成了噪音。因此，信息沟通应该主要是传递委员会的观点。

既然信息沟通委员会个人意见的重要作用在于它反映了货币政策委员会的结构及其运作模式，那么这种信息沟通就应该在不同的银行、不同的时点上有所不同。荒唐的是，联邦公开市场委员会虽然是共议制结构，但它却采用了一种非常个人主义的信息沟通策略，这样会时不时地产生一些高度分歧的观点，使得外部的观察家们满头雾水，不知所从。另一方面，欧洲央行遵循了一种更加共议制的信息沟通策略，委员会成员的单独声明却常常表现出了更高的一致性（Ehrmann 和 Fratzscher，2007b）。

个体信息沟通与委员会信息沟通的一个不同在于前者在时间选择上更加富有弹性。委员会信息沟通除了在一些已经安排好的事件之外，很难再安排信息沟通。但是环境的变化可能与会议或听证会召开的日期并不完全一致。时间的适宜性非常重要，委员会个体成员的谈话和采访为及时沟通央行观点的变化提供了更加灵活的方法。但央行在休会期间对外信息沟通强度的很大不同反映了它们在重视信息沟通及时性上的巨大差异。

## 4．短期的可预测性：对金融市场的影响

通过观察可以发现，央行的信息沟通实践中存在的巨大波动性带来几个显而易见的问题。首先，信息沟通方式有好坏之分吗？第二，更加频繁、更加公开的信息沟通已经成为一种明确的趋势，这表明大多数央行已经认定更多的信息沟通是有益的，确实是这样吗？这两个问题都是实证问题，现在对它们进行考察。

首先从金融市场的反应开始——这是经验研究者集中关注的领域，这绝非一种巧合。尽管央行信息沟通对金融市场的影响非常迅速，但利率和资产价格对其他经济部门的影响却是渐进的——众所周知这些滞后是漫长而多变的。将滞后问题与很多其他影响宏观经济波动的因素加以考虑时，要分离任何特定信息沟通事件的宏观经济效应成为了不可能完成的任务。但在事件研究的短期时间段，有理由认为仅有金融市场对央行信号产生反应，或者至少

是绝大部分。因此，对于计量经济学家来讲，要估计央行信息沟通的影响，使用来自金融市场的高频数据远比使用宏观经济表现的低频数据要容易得多。

这对研究者而言是好事情。但中央银行家们或许更在意长期的可预测性。真正重要的是公众能否较好地理解央行的思考和行为方式。这大概是金（King，2000）所考虑的，他曾挑衅地认为央行就应该“沉闷”一点。布林德（2004，第25页）肯定也是这么想的，他声称“或许央行做好信息沟通的最高境界就是‘教’市场明白它思考的方式”。

## 预测下一步货币政策决策

由于长期可预测性的测度非常困难，因此大多数实证研究都集中在短期的可预测性上，也即集中在市场对央行下一步行动的预测能力上。典型的工具就是金融市场价格对货币政策消息作何种反应的事件研究法。现在这类研究的规模很庞大，人们已经相信利率决策的可预测性在近几年得到了显著的提高。

美联储会周期性地提高它的透明度，以它为案例的研究非常多。普尔和拉希（Poole和Rasche，2003）提供的证据显示，自从联邦公开市场委员会采用了立即公布联邦基金利率目标这一简单方法后（从2004年2月开始），货币政策决策的偶然成分骤然减少。兰格、萨克和怀特塞尔（Lange、Sack和Whitesell，2003）证实自20世纪80年代末期以来，提前几个月利用国库券收益来预测基金利率变化的能力得到了增加。斯旺森（Swanson，2006）发现美国金融市场和私人部门的预测师已经能够更好地预测未来几个月的基金利率，并且事前预测的不确定性也减少了——利率期权和跨部门利率预测方差都充分表明了这一点。既然私人部门对宏观经济变量的预测没有得到同样提高，那么这一证据就有力地表明了货币政策信息沟通是有特定效果的，并非是宏观经济波动的普遍下降（“大稳健”）。这里的每一位作者都认为，美联储将货币政策决策宣布的时间确定在同一天是降低不确定性的一个重要因素。

当货币当局直接表明它所期望的未来利率决策时，应该能够对利率的可预测性产生特别重大的影响。但遗憾的是，目前还没有分析未来数量引导发布影响效果的相关研究，新西兰储备银行进行这样的实践操作已经很多年了，最近挪威银行和瑞典银行也开始效仿。只不过目前这方面的数据还不充分。但是随着更多经验的积累，例如在挪威和瑞典，这将成为未来研究的又一个优先领域。

另外一类不同的前瞻性信息沟通已经吸引了越来越多的学术研究的注意力：美联储（及其他中央银行）提供的定性引导，主要是发布“偏离”或“风险均衡”公告。然而让人惊讶的是，这类公告对于预测未来货币政策能力似乎较为有限。

对于美联储，区分其在1999年5月之前和之后所做的偏离公告十分重要。一直到那时，联邦公开市场委员会的政策指引都是对意图的一种内部告示，主要是在会议期间使用，并且仅在下一次联邦公开市场委员会会议之后才公开。即便是内部人士也常常不知所云。例如，1994年6月联邦公开市场委员会的会议记录就包括下列让人捧腹的交谈，这展示了委员会的一位新成员是如何努力想搞清楚所谓的不对称指令的意思[13]：

麦恩翰先生：……正好对整个事务都不是很了解，如果我们面临不对称时，真正的意思是什么？

格林斯潘主席：我们没有一个特定的表达，不对称仅意味着一般意义上与委员会安排或方向上的偏离。

麦恩翰先生：在进行调整之前，我们要等待多长时间？

格林斯潘主席：不需要，我已经尽力阐明这一点了，并且在这个问题上我已经够明确了，因此我邀请唐·科恩回答这个问题。[笑声]

唐·科恩，时任美联储货币事务部主任，与格林斯潘都试图解释清楚不对称的意思。经过一番让人困惑的讨论后，威廉·麦克唐纳格，纽约联邦储备银行主席，就这个问题插话：

麦克唐纳格：你完全清楚这个问题了吗？

麦恩翰先生：是的，我对此真的清楚了。[笑声]

尽管信息内容有点混乱，但是已经表明 1999 年之前的偏差是预测会议期间联邦基金利率的可能目标和变化方向的一个统计显著的预测因子（Lapp 和 Pearce，2000），但之后不再成立（Thornton 和 Wheelock，2000）。然而，自 1999 年 5 月以后，风险均衡评估已经作为外部信息提供给市场，埃尔曼和弗拉兹切（2007c）的研究主要针对这一期间，发现风险均衡评估与随后的利率走势是一致的。

帕科（Pakko，2005）采用一种不同的方法对同一问题进行了研究，他一开始使用一般的泰勒规则变量作为联储的反应函数，以探寻“偏差”公告的内容是否是又一个统计显著的变量，可以用作预测基金利率的变化。他的答案是肯定的。帕科的方法也被用作对欧洲央行的分析，尽管结果有点含混[14]。

## 哪种形式的央行信息沟通更重要？

从各种事件研究选出的证据显示，央行公告和/或对话会迅速渗透到金融市场的价格中，科恩和萨克（Kohn 和 Sack，2004）所做的一项开创性研究发现，联邦公开市场委员会声明和格林斯潘的听证会证词都会推动市场，但是格林斯潘的讲话却没有这种效果。里夫斯和萨维茨基（Reeves 和 Sawicki，2007）在英格兰银行信息沟通上也找到了相似的佐证。但是，也有其他一些研究（例如，Ehrmann 和 Fratzscher，2007b）发现对话对金融市场产生显著的影响，也许是由于在选择信息沟通事件时所采用的程序不同。

康诺利和科勒（Connolly 和 Kohler，2004）对六个央行所采用的不同信息沟通工具进行了广泛研究，发现澳大利亚、加拿大、新西兰和美国的货币政策报告所提供的信息对市场预期产生显著的影响，因此也相应的对远期利率产生影响。在澳大利亚、新西兰、英国（虽然仅是边际意义上的）和美国，议会的听证会对未来利率产生影响，但在加拿大和欧元区不存在。然而，不管在何处产生影响，在各种信息沟通工具中听证会对利率预期的影响是最大的。

13 Cathy Minehan 时为波士顿联邦储备银行的新任主席，这是他首次作为联邦公开市场委员会成员参加会议，这些言语引自 Blinder 等人（2009，第 69 页）引用的章节。[有关“不对称指令”的具体含义，可以参考 Thornton 和 Wheelock（2000）一文。——译者注]

14 Rosa 和 Verga（2007）发现欧洲央行的信息沟通增加了泰勒规则的信息量，但 Jansen 和 DeHaan（2006）没有得到同样的结论。

央行常常在政策会议记录中提供大量更加详尽的有关决策的后续解释。但是如果真的要利用会议记录向金融市场提供有用的消息，就得在下次委员会会议召开前公布。最近几年，不论是美联储还是英格兰银行都缩短了它们会议记录公布的时滞，将时间从下次会议之后改到之前了。莱因哈特和萨克（Reinhart 和 Sack，2006）、里夫斯和萨维茨基（2007）都发现可识别的金融市场反应更加延时。

## 央行信息沟通中的明晰性与不确定性

很少有央行信息沟通因为华丽的语言——甚至明晰的语言而闻名遐迩。既然大体上说，更加明晰的信息沟通有更高的信号 / 噪音比率，那么央行从原则上就应该传递更多的信息。一些有趣的研究显示的确如此。

弗拉卡索等人（Fracasso、Genberg 和 Wyplosz，2003）建立了三个衡量 19 个国家通货膨胀报告质量的主观指标，他们发现报告质量越高，政策意外就越小。詹森（Jansen，2008）的研究支持他们的结论，使用可读性指标来测度美联储主席的半年度汉弗莱－霍金斯（Humphrey-Hawkins）听证会证词，他发现越明晰的证词越能降低利率的波动。埃尔曼和弗拉兹切（2007a）利用了一个事实，那就是欧洲央行的记者招待会一般都是在公布欧洲央行政策后 45 分钟举行，来展示记者招待会对资产价格的平均影响更大而对波动的影响更小——表明新闻记者招待会有一个更高的信号 / 噪音比率。为什么会有这种效果呢？他们解释认为问答环节记者有机会询问那些需要澄清的问题。

然而明晰性问题在文献研究中受到的关注较少，我认为上面的三项研究非常及时，他们使用完全不同的方法却得到了相同的结论：更加明晰的信息沟通有助于提高央行信息沟通的质量。

在央行信息沟通中，不明晰的信息沟通是不确定性的一个来源，但不是唯一来源。当货币政策委员会不同的委员传递出了不同的信息时——不论是有意的（例如，希望在公众中进行一次讨论）还是无意的（例如，未经协调的信息沟通），这样的不一致信号也可能导致不确定性。正如布林德（2007，第 114 页）所说："发出不同声音的央行实质上等于什么都没说。"

另外一方面，伯南克（2004）认为联邦公开市场委员会的成员通过讲话或其他公共论坛表达他们的个人观点，为公众提供了委员会意见分歧和观点平衡方面的有用信息。这两种观点都是正确的，向公众传递委员会单个成员的观点是使公众受到启迪还是更加困惑，最终是一个经验问题。而且，委员会成员单独信息沟通是否明智，取决于委员会是集体问责还是委员单独问责。

尽管联邦公开市场委员会的成员时不时发出不同的声音，但欧洲央行在更多的时候都是发出同一种声音[15]。然而，情况并非一开始就如此，詹森等人（Jansen 和 De Haan，2006）的研究显示，在早期的欧洲央行，理事会成员单独对外沟通有关货币政策倾向信息的频率相对较高，只不过后来才逐步降低了。

更加一致的信息沟通实践能够提高货币政策的可预测性吗？埃尔曼和弗拉兹切（2007d）发现，从短中期来看，美联储货币政策信息沟通越分散，货币决策的可预测性就越低，并且影响的范围也越大。也

15 Issing（1999）基于欧洲央行特殊的超国家性质角度对这种现象进行了说明。

有证据显示，英格兰银行货币政策委员会成员的投票记录有助于预测货币政策的未来变化（Gerlach-Kristen，2004）。采用多数投票制似乎是更大的一步，因此比仅仅向公众传递个人不同的意见能传递更多的信息。

当然，市场会适应各种形式的央行信息沟通。当央行发出相对分散甚至互相矛盾的信息时，金融市场将尽力识别委员会中的关键成员，并给他们的声明赋予更高的权重。例如，安德森等人（Andersson等人，2006）发现市场对瑞典银行行长的声明反应更加强烈，埃尔曼和弗拉兹切（2007b）显示同样的情景也适用于美联储主席。但从更加共议制的欧洲央行来看，他们发现市场会更加均衡地对理事会所有成员的声明作出反应。

更重要的是（但大多数都被忽略了），央行信息沟通肯定存在一个传播者和一个接受者，而不确定或混乱可能来自任何一方。从接受端来看，不同的听众可能对同样的信息作不同的解读，这些听众可能有不同的预期或者信奉不同的模式。弗拉卡索等人（2003）提供了一个例子，他们利用调查数据发现，不同的受访者对同样的通胀报告有不同的理解，并且随着理解上分歧的增加，利率的意外性也会增加。在另外一个例子中，德哈恩等人（De Haan、Amtenbrink和Waller，2004）发现，在欧洲央行作出政策决策第二天，英国《金融时报》和《法兰克福汇报》所发布的新闻报道也存在巨大差异。《金融时报》对欧洲央行的货币增长“支柱”持批评态度，并且一般相对较少注意它，而本土的《法兰克福汇报》却认为货币在欧洲央行的策略中扮演重要角色，给予此支柱大量的关注。

## 5．长期可预测性：锚定通胀预期

如前所述，货币政策存在长期滞后以及对宏观经济结果多种多样的影响，实际上不大可能将某一次特别信息沟通事件的特定影响效果（如通货膨胀）分离出来。因此，这一小节将概述有关长期内不同的信息沟通策略（如果存在一些的话）对实际和预期通胀影响的研究。特别是，很多研究已经评估了明确的通胀数字目标值对通胀结果的影响，而中心问题在于通胀数字目标是否能够（a）锚定公众的长期通胀预期，（b）减少通胀预测误差，（c）降低通胀水平。

在这类文献中，一个主要的结论[或更确切说是反面结论（anti－finding）]，是将通胀目标值国家与非通胀目标值国家对照组进行比较时，对对照组（control group）的选择非常敏感（参看Mishkin和Schmidt-Hebbel，2007），其中一个原因可能是下列潜在的严重内生性问题：就好像在问自己，是采用了通胀目标值降低了通胀，还是降低通胀的愿望促使一个国家采用通胀目标值。

在考虑了这些重要的限制后，很多研究采用了不同的方法，的确发现通胀目标值成功锚定了通胀预期。其中一个方法归功于詹森（2003），他首先估计了通胀目标值之前预期通胀（$\pi^e$）的决定因素，然后使用估计模型来预测通胀目标值下的$\pi^e$。那么实际的和预测的$\pi^e$之间的差就可以解释为制度变化的效应。利用这种方法，詹森估计得出，澳大利亚、加拿大、新西兰和瑞典的预期通胀在其宣布通胀目标值后出现了较大的下降，但是英国没有这种现象。

第二种方法就是比较正在实行通胀目

标值的国家和没有实行的国家。在控制了国别、年份、趋势性通胀和商业周期效应后，詹森（2002）发现实行通胀目标值的国家通胀预期降低，但是在对照组中却没有。莱文等人（Levin、Natalucci 和 Piger，2004）提供的证据显示，在对照组中长期通胀的预测与实际通胀的三年移动平均值间存在强烈的相关性，但在通胀目标值组却不存在这一关系。这表明实行通胀目标值的央行已经成功将预期通胀与已经实现的通胀脱离开来。

第三种方法就是使用指数联动证券（index-linked bonds）来获得长期通胀预期指标。居尔卡伊纳克等人（Gürkaynak、Levin 和 Swanson，2006）证实，在实行通胀目标值的两个国家瑞典和英国，隐含的均衡通胀率对即将宣布的宏观数据和货币政策公告的敏感性要低于其在美国的情况，而美国没有明确的通胀目标值。

除此之外，很多研究者也发现，在那些没有通胀目标值的国家，通胀预期同样能够得到很好的锚定，这就使人怀疑其他研究中所识别的因果关系效应。例如，卡斯泰尔诺沃等人（Castelnuovo、Nicoletti-Altimari 和 Palenzuela，2003）发现，除了日本以外他们所有的样本国家都能很好地锚定中长期通胀预期——不管央行是否拥有通胀目标、价格稳定的数量定义，或根本没有数量化目标。

与预期的通胀相对应，那么通胀本身的行为会怎么样呢？通胀目标值的引入会降低通胀的平均水平吗？——这当然是其发明者新西兰和多数（如果不是全部的话）早期采纳者的目的所在。令人吃惊的是，鲍尔和谢里丹（Ball 和 Sheridan，2005）发现，在跨国截面中，一旦将回归控制在平均水平，不存在通胀目标值能够提高通胀的表现（高的通胀一般都会下降）。他们将前面已经指出的内生性问题作为了一种解释：采用通胀目标值的国家在采用前都有高于平均水平的通胀率。威拉德（Willard，2006）利用各种方法处理掉内生性问题后，支持鲍尔和谢里丹的结论，但是其他研究却并不支持（例如，Vega 和 Winkelried2005 年所做的研究）。

面对如此分歧的结论，我们该何去何从？正如米什金和施密特－黑贝尔（Mishkin 和 Schmidt- Hebbel，2007）的研究所示，他们强调了对照组的重要性，在那些通胀表现较好的国家，有没有明确的通胀目标值，似乎没有系统性的差异。在他们看来，实行通胀目标值的一个主要好处就是，作为一种纪律工具能够潜在地帮助那些随意的国家向成功控制通胀的组别靠近。

## 6．我们真正知道些什么（还不知道什么）？

本文评述的经验证据并非全是一边倒的，但也有强烈的指向，应该有把握这样说，信息沟通是央行工具箱中一个重要且有力的组成部分。央行清晰的对话能够推动金融市场发展，提高货币政策的可预测性。除个别例外，到目前为止的研究都表明，更多更好的央行信息沟通能够成功地“减少噪音”和“创造信息”，还有助于货币当局实现更低、更加稳定的通胀水平，尽管这方面的结论（也许是必然的）还不是十分明晰。除此之外，如果央行发出了太多相互矛盾的声音，那么货币政策信号的实用性可能会降低，如美联储时不时发生的情况那样。

我已经提到，关于“最优”信息沟通

策略应由哪些要素构成目前尚无一致的意见，有关选择如何依赖制度环境、央行决策过程的性质和货币政策委员会的结构方面也无定论。事实上，这方面的实践操作差异巨大，而且还在继续拉大。尽管央行必须明确调整它的信息沟通策略以适应这些因素和其他制度特征，但对这一重要课题的思考才刚刚起步。

本文所评述的研究成果，在布林德等人的论文（即将发表）中有更为详细的阐述，是我们在相关认识领域里的一个飞跃，这始于10年前，而之前实际上还是一片空白。但是仍然还有更多东西需要学习，一个典型的例子就是，央行政策利率走势预测的发布，尽管这一实践可能是央行信息沟通“新的前沿”，它已经在一些国家实践了几年，但到目前为止我们对它影响效果方面的经验知识一无所知。随着更多数据的积累，这应该是未来研究的一个优先领域。

最后，到目前为止的所有研究实际上都集中在了央行与金融市场的信息沟通上。现在也许是关注央行与一般公众信息沟通的时候了。得承认，研究与一般公众的信息沟通给研究者带来了很多新的、高难度的挑战，这并不仅因为金融市场价格在这里的用处不大。但这方面的问题至少是同等重要，毕竟央行是在一般公众的认同下才获得民主上的合法性以及它们所珍惜的独立性。

## 7. 向最优央行信息沟通策略迈进

现在从一个相对安全的实证分析领域进入到一个本来就充满较多争议的规范建议领域。此时我诚惶诚恐，因为正如我反复强调的那样，一旦涉及央行信息沟通策略，根本不存在普适规模（或模式）。因此，结论部分的内容更加倾向于引出话题，而不是提供明确的答案。

如果说我们现在知道了央行信息沟通有什么样的影响话，那什么样的政策才能被视作“最优策略”呢？

如果开始信息沟通有什么样的安全数量基准的话，我可以断定目前还不存在信息沟通太多的央行，而很多央行的信息沟通都太少。如果要从需要民主问责制或货币政策效力角度进行判断，那么现在挪威和瑞典的央行就是黄金标准，对于落后者来讲，争取达到它们的透明度水平将是一个不错的建议。

再来看看一些细节，人们很难理解坚持不让央行的目标变得透明的目的究竟是什么（除了刻意的模糊），包括公布一个通胀数字目标（无论是一个点目标还是一个区间目标）。需要注意的是，如果央行是一种双授权，那么披露的目标并不等于是通胀目标值。还需要注意的是，一些拥有通胀目标值的央行，专注于通胀，但是它们的言语与观测到的行为并不匹配，它们也关切其他，如产出缺口[16]。就我的观点，这是在传达错误信息，是缺乏透明度的。

既然“最优沟通策略”完全依赖于决策机构的性质，那么每一次货币政策决策后的公告能够展现出一些更加细微的问题。简要地说，一个单一的决策者（如新西兰）应该能够立即发布一份有关决策及其原因的详细且一致的解释。而问题的另外一端就是，一个个体主义的货币政策委员会（如英国）在短时间内无法做到这一点，一些委员有可能并不同意决策，更不

16　我将不点出犯有这样错误国家的名字，但是挪威和瑞典不受这样的指责。

用说决策的解释了。在这种情况下，有用的解释必须依靠会议记录了，因此应该尽快公布会议记录。真正的共议制委员会（如欧洲央行，或许包括美联储）介于这两者之间。

关于央行预测公布（可能要排除利率预测，参看下一段内容）方面的事项也非常清楚了，理解决策所依据的预测是理解决策合理与否中不可或缺的要素。但是由于绝大多数央行都是由委员会作出决策，这里就产生了一个实操性的问题：究竟应该发布货币政策委员会的预测还是工作人员的预测？我建议的答案很简单，如果货币政策委员会会议讨论依据的是委员会的预测，那么就发布这个预测，如果不是，央行就应该发布工作人员的预测。我现在都没搞清楚为什么这方面的信息不能随声明一起发布。毕竟，预测很快就过时了。

但是公开发布的预测应该包括央行对其自己未来行为的预测——预期的未来政策利率走势吗？正如前面已经表明的，这是一个棘手的问题，这方面的意见各不相同。新西兰、挪威和瑞典的经验表明这样做是合适的。尽管瑞典的经验仍然很简略，但它却已经表明即使是个人主义的委员会也可以这样做，从表面上看这似乎是不可能的。另一方面，预测政策利率的未来需要中央银行在操作手法方面有较大的变化。因此，对于大多数中央银行来讲，这一透明性的最新前沿在一段时间里只能作为一种期待达到水平的一部分。尽管还需要等待，但公布工作人员根据反应函数（或相关的）估算得到的利率预测，而不一定要是货币政策委员会“所有”的预测，似乎是一个不错的折中方案。

谁应该代表货币政策委员会来发言呢？在这里，正确答案似乎已经非常直接了。真正共议制的委员会应该尽量用（或尽可能地接近）一个声音说话，以避免出现不和谐方面的问题。这就意味着仅由主席代表委员会出来讲话，或者每位委员都可以讲话，但所公布的信息必须相同。然而，对于个体主义的委员会，多重、独立的声音是必需的，不应该受到压制。

一些证据，尽管数量还不是很多，显示信息沟通越清晰效率就越高——这一结论对于那些仍然喜欢含糊其辞的中央银行家们蕴含的建议不言自明（回想一下，卡尔·布伦勒！）。此外，有研究发现欧洲央行的记者招待会比其公告有更大的市场影响，这表明举行记者招待会也许是一种非常不错的信息沟通方式。

到此为止，可以肯定地说我已经为讨论者提供了大量表达不同意见的内容，期待他们的回应。

（中国人民银行海口中心支行 何志强 译）

## 参考文献


Amato, Jeffery D., Stephen Morris, and Hyun Song Shin. 2002. "Communication and Monetary Policy." Oxford Review of Economic Policy 18(4): 495-503.

Andersson, Malin, Hans Dillén, and Peter Sellin. 2006. "Monetary Policy Signaling and Movements in the Term Structure of Interest Rates." Journal of Monetary Economics 53(8): 1815-1855.

Ball, Laurence, and Niamh Sheridan. 2005. "Does Inflation Targeting Matter?" In The Inflation-Targeting Debate, eds. Ben S. Bernanke and Michael Woodford. Chicago, IL:University of Chicago Press, 249-276.

Bernanke, Ben. 2004. "Fedspeak." Remarks at the Meetings of the American Economic Association, San Diego, available at:http://www.federalreserve.gov/boarddocs/speeches/2004/200401032/default.htm.

Bernanke, Ben, Thomas Laubach, Frederic S Mishkin, and Adam S. Posen. 1999.Inflation Targeting: Lessons from the International Experience. Princeton, NJ: Princeton University Press.

Blinder, Alan S. 1998. Central Banking in Theory and Practice. Cambridge, MA: MIT Press.

Blinder, Alan S. 2004. The Quiet Revolution: Central Banking Goes Modern. New Haven, CT: Yale University Press.

Blinder, Alan S. 2007. "Monetary Policy by Committee: Why and How?" European Journal of Political Economy 23(1): 106-123.

Blinder, Alan S., Michael Ehrmann, Marcel Fratzscher, Jakob De Haan, and David-Jan Jansen. 2008. "Central Bank Communication and Monetary Policy: A Survey of Theory and Evidence," Journal of Economic Literature (forthcoming).

Blinder, Alan S., Charles Goodhart, Philipp Hildebrand, David Lipton, and Charles Wyplosz. 2001. "How Do Central Banks Talk?" Geneva Reports on the World Economy 3. Geneva/London: ICMB and CEPR.

Brunner, Karl. 1981. "The Art of Central Banking." Center for Research in Government Policy and Business, University of Rochester working paper GPB 81-6.

Castelnuovo, Efrem, Sergio Nicoletti-Altimari, and Diego Rodriguez Palenzuela. 2003. "Definition of Price Stability, Range and Point Inflation Targets: The Anchoring of Long-Term Inflation Expectations." In Background Studies for the ECB' s Evaluation of Its Monetary Policy Strategy, ed. O. Issing. Frankfurt-am-Main, Germany: European Central Bank, 43-90.

Chappell, Henry W., Rob Roy McGregor, and Todd A. Vermilyea. 2004. Committee Decisions on Monetary Policy. Evidence from Historical Records of the Federal Open Market Committee. Cambridge, MA: MIT Press.

Connolly, Ellis, and Marion Kohler. 2004. "News and Interest Rate Expectations: A Study of Six Central Banks." In The Future of Inflation Targeting, eds. Christopher Kent and Simon Guttman. Sydney: Reserve Bank of Australia, 108-34.

Cukierman, Alex, and Allan Meltzer. 1986. "A Theory of Ambiguity, Credibility and Inflation under Discretion and Asymmetric Information." Econometrica 54(4): 1099-1128.

De Haan, Jakob, Fabian Amtenbrink, and Sandra Waller. 2004. "The Transparency and Credibility of the European Central Bank." Journal of Common Market Studies 42(4): 775-94.

Ehrmann, Michael, and Marcel Fratzscher. 2007a. "Explaining Monetary Policy Decisions in Press Conferences. " ECB working paper 767.

Ehrmann, Michael, and Marcel Fratzscher. 2007b. "Communication by Central Bank Committee Members: Different Strategies, Same Effectiveness?" Journal of Money, Credit, and Banking 39(2-3): 509-541.

Ehrmann, Michael, and Marcel Fratzscher. 2007c. "Transparency, Disclosure, and the Federal Reserve." International Journal of Central Banking 3(1): 179-225.

Ehrmann, Michael, and Marcel Fratzscher. 2007d. "Social Value of Public Information: Testing the Limits of Transparency." ECB working paper 821.

Fracasso, Andrea, Hans Genberg, and Charles Wyplosz. 2003. "How do Central Banks Write?" Geneva Reports on the World Economy 2. Geneva/London: ICMB and CEPR.

Gerlach-Kristen, Petra. 2004. "Is the MPC' s Voting Record Informative about Future UK Monetary Policy?" Scandinavian Journal of Economics 106(2): 299-313.

Goodfriend, Marvin. 1986. "Monetary Mystique: Secrecy and Central Banking." Journal of Monetary Economics 17(1): 63-92.

Goodhart, Charles A.E.. 2001. "Monetary Policy Transmission Lags and the Formulation of The Policy Decision on Interest Rates." Federal Reserve Bank of St. Louis Review 83(4): 165-81.

Gosselin, Pierre, Aileen Lotz, and Charles Wyplosz. 2007. "Interest Rate Signals and Central Bank Transparency," CEPR Discussion Paper 6454.

Gürkaynak, Refet S., Andrew Levin, and Eric Swanson. 2006. "Does Inflation Targeting Anchor Long-Run Inflation Expectations? Evidence from Long-Term Bond Yields in the US, UK and Sweden." Federal Reserve Bank of San Francisco working paper 2006-09.

Issing, Otmar 1999. "The Eurosystem: Transparent and Accountable, or 'Willem in Euroland.'" Journal of Common Market Studies 37(3): 503–519.

Issing, Otmar. 2005. "Communication, Transparency, Accountability–Monetary Policy in the Twenty-First Century." Federal Reserve Bank of St. Louis Review 87(2): 65-83.

Jansen, David-Jan. 2008. "Does the Clarity of Central Bank Communication Affect Volatility in Financial Markets?" De Nederlandsche Bank unpublished paper.

Jansen, David-Jan, and Jakob De Haan. 2006. "Look Who' s Talking: ECB Communication During the First Years of EMU." International Journal of Finance and Economics 11(3): 219-228.

Johnson, David R. 2002. "The Effect of Inflation Targeting on the Behavior of Expected Inflation: Evidence from an 11 Country Panel." Journal of Monetary Economics 49(8): 1493–1519.

Johnson, David R. 2003. "The Effect of Inflation Targets on the Level of Expected Inflation in Five Countries." Review of Economics and Statistics 55(4): 1076–81.

King, Mervyn. 2000. "Monetary Theory: Policy in Practice." Address to the joint luncheon of the American Economic Association and the American Finance Association, Boston; http://www.bankofengland.co.uk/publications/speeches/2000/speech67.htm.

Kohn, Donald L., and Brian Sack (2004). "Central Bank Talk: Does it Matter and Why?" In Macroeconomics, Monetary Policy, and Financial Stability. Ottawa: Bank of Canada, 175-206.

Lange, Joe, Brian Sack, and William Whitesell. 2003. "Anticipations of Monetary Policy in Financial Markets." Journal of Money, Credit, and Banking 35(6): 889-909.

Lapp, John S., and Douglas K. Pearce. 2000. "Does a Bias in FOMC Policy Directives Help Predict Inter-Meeting Policy Changes?" Journal of Money, Credit, and Banking 32(3): 435–441.

Levin, Andrew T., Fabio M. Natalucci, and Jeremy M. Piger. 2004. "The Macroeconomic Effects of Inflation Targeting." Federal Reserve Bank of St. Louis Review 86(4): 51–80.

Meade, Ellen E., and D. Nathan Sheets. 2005. "Regional Influences on FOMC Voting Patterns." Journal of Money, Credit, and Banking 27(4): 661-678.

Mishkin, Frederic S. 2004. "Can Central Bank Transparency Go Too Far?" In The Future of Inflation Targeting, eds. Christopher Kent and Simon Guttmann. Sydney: Reserve Bank of Australia, 48-65.

Mishkin, Frederic S., and Klaus Schmidt-Hebbel. 2007. "Does Inflation Targeting Make a Difference?" NBER working paper 12876.

Orphanides, Athanasios, and John C. Williams. 2004. "Imperfect Knowledge, Inflation Expectations, and Monetary Policy." In The Inflation Targeting Debate, eds. Ben Bernanke and Michael Woodford. Chicago, IL: University of Chicago Press, 201-234.

Pakko, Michael R. 2005. "On the Information Content of FOMC Policy Statements: Evidence from a Taylor-rule Perspective." Economic Inquiry 43(3): 558–569.

Poole, William, and Robert H. Rasche. 2003. "The Impact of Changes in FOMC Disclosure Practices on the Transparency of Monetary Policy: Are Markets and the FOMC Better 'Synched'?" Federal Reserve Bank of St. Louis Review 85(1): 1-10.

Reeves, Rachel, and Michael Sawicki. 2007. "Do Financial Markets React to Bank of England Communication?" European Journal of Political Economy 23(1): 207-227.

Reinhart, Vincent, and Brian Sack 2006. "Grading the Federal Open Market Committee's Communications." Unpublished.

Rosa, Carlo, and Giovanni Verga. 2007. "On the Consistency and Effectiveness of Central Bank Communication: Evidence from the ECB." European Journal of Political Economy 23(1): 146-175.

Swanson, Eric T. 2006. "Federal Reserve Transparency and Financial Market Forecasts of Short-Term Interest Rates." Journal of Money, Credit, and Banking 38 (3): 791-819.

Svensson, Lars E.O. 2006a. "Social Value of Public Information: Morris and Shin (2002) Is Actually Pro Transparency, Not Con." American Economic Review 96(1): 448-451.

Svensson, Lars E.O. 2006b. "The Instrument-Rate Projection under Inflation Targeting: The Norwegian Example." In Stability and Economic Growth: The Role of Central Banks. Mexico: Banco de Mexico, 175-198.

Thornton, Daniel. L., and David. C. Wheelock. 2000. "A History of the Asymmetric Policy Directive" Federal Reserve Bank of St. Louis Review 82(5): 1–16. Vega, Marco, and Diego Winkelried. 2005. "Inflation Targeting and Inflation Behavior: A Successful Story?" International Journal of Central Banking 1(3): 153-175.

Willard, Luke. 2006. "The Effect of Inflation Targeting on Inflation: A Reassessment," Ph.D. dissertation essay, Princeton University.

Woodford, Michael. 2005. "Central-Bank Communication and Policy Effectiveness." In The Greenspan Era: Lessons for the Future. Kansas City: Federal Reserve Bank of Kansas City, 399-474.

# 法、经济学和组织学解析

## Why Law, Economics and Organization

奥利弗 · 威廉姆森

编者按：2009年10月12日，我们欣闻诺贝尔经济学奖被授予了伯克利加州大学 Edgar F. Kaiser 工商管理讲席教授、经济学教授和法学教授奥利弗 · 威廉姆森（Oliver E. Williamson）和印第安纳大学的埃莉诺 · 奥斯特罗姆（Elinor Ostrom）教授。《比较》第九辑发表过威廉姆森的这篇文章，但并未引起重视。为了祝贺威廉姆森教授的获奖，我们在这辑《比较》中再次登载。需要说明的是，当时，本文是作者的一篇未定稿，经我们多次联系作者，并在钱颖一教授的居中帮助下，作者同意我们发表。

尽管经常会有一些批评，但法和经济学被公认为一门成功的学科。众所周知，吝啬是科学研究的病毒，任何扩展或重构法和经济学的企图都必须审视自身的合理性。我把组织纳入到法和经济学研究的主要理由是：作为法和经济学的理论基础以及赖以生存的正统理论，把企业视为生产函数（the firm-asproduction function）不仅已经导致对经济组织理解的一知半解，还导致了公共政策的错误。尽管有理由相信这些错误是迄今为止最严重的错误，但未来还会有新的问题，因为公共政策的错误经常有潜伏期。我把法律、经济学与组织联系起来的另一个理由则是从教育的角度出发：作为一个更贴近现实的理论，经济组织理论能很好地阐明私人秩序（private ordering）问题，这能更有利于合同法的教学，同时也更有利于法学院对那些被罗纳德 · 吉尔森（Ronald Gilson, 1984）称为“交易成本工程师”的培训。

我有四个观点：经济组织是非常复杂的；正统的微观经济理论，尤其是把企业视为生产函数的微观经济理论不能解释并且 / 或者曲解了经济组织发挥的一些主要职能；组织理论支持把企业视为治理结构的理论；从治理结构视角，可以更好地理解广泛的合同现象和组织现象。而对从事法和经济学研究的学者而言，最为重要的让步就是承认正统的企业理论再也不能贴近现实，再也无力解释企业和市场组织中的难题。

在本文中，我首先简要指出反垄断法和经济学中早已存在的一些“紧张”之处。然后我从组织理论文献中找出他们所作出的一系列关键贡献。如果从节约交易成本的角度来解释，这些组织理论支持把企业视为治理结构的理论。通过对价格理论和交易成本理论在处理众多公共政策问题上理论方法的比较，进一步提高了理论构建的价值。随后本文讨论了其他有关合同和法律教育的问题，之后是相应的评论。

## 1. 理论的“紧张”

正如理查德·波斯纳（Richard Posner）所言，正统的法和经济学“从来就没有，或者说几乎没有野心去改变经济学”（1993，第82页）。波斯纳进一步认为“组织理论没有给经济学带来什么影响，正如前些年信息成本文献没有给经济学带来什么变化一样。”（1993，第84页）这首先表明法和经济学的关系是单向的：法学更像是恳求者，依赖于经济学可以向其提供的任何事物，但却很少或者没有可以作为回馈的[1]。其次这还说明，正统经济学无须顾及组织理论的批评和组织理论所作出的贡献，也能不断前进。即便正统经济学理论无须留心对它的批评，组织理论所作出的贡献也能不断前进。

有越来越多的经济学家认同后一观点。正在兴起的对组织经济学的研究有两个基本观点：组织是重要的，组织是可以分析的。这一研究会显著地表明组织经济学的贡献。最起码当恳求者发现皇帝的新衣时会说出真相。

正统经济学教科书中有两大支柱：新古典企业理论和新古典消费者行为理论。我主要关注前者，行为法和经济学（behavioral law and economics）则主要关注后者（Rabin，1998，第11页）。

作为理论基础，新古典企业理论把企业视为生产函数，其中对企业（和其他组织形式）内部运作的研究是非常贫乏的。罗宾斯（Lionel Robbins）纵览20世纪的历史，认为（其在20世纪30年代表述该观点）经济学家并不关心组织的内部安排而只关心市场发生的情况（Coase，1992，第714页）。恰如哈罗德·德姆塞茨（Harold Demsetz）提出的，把经济理论中的企业和现实世界的企业混同起来绝对是个错误。新古典经济学的首要任务在于弄明白价格体系如何协调对资源的使用，而不是搞清楚现实企业的内部运作（1983，第377页）。因此，理论焦点就落在供给与需求、价格和产出上。只要这些没有问题就万事大吉。但如果经济学要解释非标准和不熟悉的合同及组织形式时该怎么办呢？如果要求经济学就企业和市场组织中存在的困惑和不规范提供公共政策建议时该怎么办呢？

视企业为生产函数的理论架构并没留有多少余地。对一些异常行为和结构很难用技术性术语（规模和范围经济）加以解释，因此对此的主要解释就演变为对垄断的解释。罗纳德·科斯在20世纪70年代早期曾形容产业组织所普遍存在的混乱状态（Coase，1972，第67页）：

> 垄断问题先入为主的一个重要结果就在于如果经济学家发现他难以理解某种经济行为时，他就会寻求一种垄断的解释。既然在该领域我们还很无知，而且不可理解的行为的数量也变得非常之多，那么我们就经常会求助于垄断的解释。

科斯对改变这种状态的建议就是发展一种更关注企业内部运作的企业理论，这广泛体现在科斯1937年那篇经典论文《企业的性质》的思想中（Coase，1972，第62~64页）。因为组织理论很严肃地看待企业的内部组织，我们是否可以从这篇文献

---

1　波斯纳著名的著作题为《法的经济学分析》。他的单向论观点认为：“法的经济分析就是法和经济学的内涵。”（1993，第83页）

中总结出一些经验来呢？科斯并没有就此可能性作出相应评论，但却认为产业组织所需要的是解决问题的直接方法。这就应该关注企业究竟在从事什么活动，以及应该致力于发现企业行为的群体特征。除了要研究企业内部发生了什么，还要研究企业间的合同关系（Coase，1972，第73页）。

尽管直接解决问题具有潜在的好处，但在我们开始这项工作前必须假设理论基础是扎实的。在众多的企业行为中，哪项是最重要的？为什么？赫斯特（Willard Hurst）对威斯康星州伐木业历史曾有详尽的描述（Hurst，1964）。但是因为其缺乏理论框架，所以主旨并不明确且有些行文可读性不强（Posner，1993，第74页）。如果科斯的企业理论（1937）真是重复的（Alchian和Demsetz，1972）而无可比性（见第三部分），那么我们该怎么办？

## 2. 组织理论：近期成果和最终成果

尽管在20世纪30年代，组织理论已经开始出现重要的新发展（Merton，1936；Barnard，1938），但消化科斯的论文花了整整10年（Simon，1947），而把主要成果融入组织理论的新领域中又花了10年（March和Simon，1958）。但这还远远不够。组织理论和经济学需要联合起来，如果联合起来了，那么两者间的紧张关系将迎刃而解。20世纪五六十年代，Carnegie Tech举办的有关社会科学的内部培训研究计划在这些领域做出了许多前瞻性的工作[2]。

企业行为理论（Cyert和March，1963）作为卡内基项目的最高成就而显得十分突出。但是企业行为理论在组织理论领域比在经济学领域更具影响。这不仅因为企业行为理论更偏重对微观现象的解析，而不是偏重于经济学家的兴趣（例如预测超市价格，乃至精确到分）；还因为它提供了一套包括选址、试错学习和危机管理在内的理论结构。

尽管企业行为理论对经济学存在影响，但它并没有完全穷尽组织理论所能够对经济学发挥的实际影响或潜在影响。虽然我们分清楚了一些相关的问题，但只有跨越现有的知识才能达到最终的理论。这就需要承担“完成”经济组织逻辑构建的任务，我认为，这与阿罗（Kenneth Arrow，1974，第16页）所提到的经济学家的“理性精神”（rational spirit）是一致的，也与凯恩斯（John Maynard Keynes）对经济学的描述相一致：“经济学与其说是一种学说还不如说是一种方法，一种思考问题的技巧，能帮助得出正确结论的方法”（引自Feiwel，1987，第v页）。乔治·舒尔茨（George Schultz）也曾提道：“当我考虑公共政策任务时，我的经济学训练对我思考问题的方法有主要的影响，即便公共政策的任务与经济学毫不相干。我们的训练让我能考虑得更长远，要求我们考虑非直接的后果，考虑那些可能是非直接的变量（1995，第1页）。”[3]

因为组织理论对多数经济学家而言是一块不熟悉的领域，还因为几乎没有经济

2 对卡内基项目所作出的独一无二贡献的评论，请参见《经济行为和组织》杂志1999年11月（Journal of Economic Behavior and Organization，Vol. 31，No. 2）的一系列文章“Modelling Socio-Economic Behavior: Essays in Honor of Richard M. Cyert”。

3 商人Rudolf Spreckels以企业家的方式表述了同样的观点：“当我看到有些事情做得很糟糕或没有做时，我就看到了赚钱的机会”。类似的企业家会发现机会并能抓住机会。尽管我希望一些治理模型中的概念和工具能运用到企业家模型中，但迄今为止，这被证明是非常困难的。

学家看到组织理论近来成就的价值，所以不断延伸的裂痕把两者截然分开。把组织理论融入经济学需要三方面的工作：(1) 确认组织理论的关键贡献；(2) 选择有用的"透镜"；(3) 完成理论逻辑构建的努力。我是以节约交易成本为透视问题的透镜，来解释组织理论的关键性贡献，完成逻辑构建的。

在我看来，组织理论在正统理论的以下几个重要方面[4]重塑了研究计划（Williamson, 1993a, 2000）：(1) 行为人，(2) 经济组织的核心问题，(3) 程序转型，(4) 分析单位，(5) 离散结构分析，(6) 非正式组织。

## 2.1 行为人

如果"在规划研究计划和使用研究方法上，没有比我们对人类行为本性的研究更基本的了"（Simon，1985，第 303 页），那么，社会科学家应该准备好去界定行为人的关键特征。认知水平和自利心理都需要很好的研究。

西蒙（Simon）早就认为，正统经济学理论中高度理性的假设应该被有限理性的更低认知水平所取代，因为尽管行为人希望变得理性，但事实上只能做到有限理性。自利的问题很少被给予关注，西蒙不仅称其为"动机的脆弱性"（frailty of motive）（1985，第 303 页），还勾勒出了组织中人类行为的驯良性、同一性和忠诚性（Simon，1991，1997）。

(a) 近期成果

西蒙用有限理性代替高度理性的最主要贡献在于用"满足目标和良好行为方式目标来代替最大化目标"（Simon，1957a，第 204~205 页），而对人类行为"动机的脆弱性"的研究（Simon，1985，第 303 页），其主要贡献在于认为人类行为大体上都是善意的。多数人都按要求做事，有些人还会做得更多（Simon，1997，第 35 页）。结果是通过操作性的常规认知可以预测组织行为（Cyert 和 March，1963）。其中并不涉及战略行为。

(b) 最终成果

交易成本经济学（transaction cost economics）承认我们正在从事的人类行为研究对研究计划而言具有很多深奥的细节。同时人们所扮演的角色又受到有限理性的约束。但与使用一些分析工具相比（即最大化、满足度、博弈论或难以归类的工具），交易成本经济学更不愿承认有限认知理性对正统理论做了关键性概念的改变，而是认为：有限理性对经济组织研究的最重要贡献在于：所有复杂的合同都不可避免是不完备的。

不完备合同（因为有限理性）和不可靠的信息（因为机会主义行为，见后文）否定了以往的观点，即合同双方当事人如果对合同具备共识（common knowledge）就足以消除事后所有的合同问题。因为假定处理合同纠纷的仲裁人（法庭）对合同也具有共识是不太现实的，所以合同双方当事人之间具有共识并不能完全杜绝当事人对合同的不适应及成本高昂的事后谈判（Williamson，1975，第 31~37 页）[5]。其结果就是，与通常的

4 组织理论是一个庞大而复杂的理论。主要根据卡内基课程，我有选择地加以介绍（Simon，1957a，1957b；March and Simon，1958；Cyert and March，1963；Simon，1997）。

5 虽然合同的不可检测性众所周知，但如果假设当事人之间无成本的谈判能够在任何情况下实现有效率的结果，那么在事后合同执行阶段也不会存在低效率了。因此所有的分析就集中在合同的事前阶段（Hart，1995）。据我对别处的观察，谈判是无成本的这一假设是不合理地把问题归于简单化（Williamson，2000）。

博弈不同，在事后合同执行间断时，无成本的谈判并不能产生效率。而此时对事后治理需要另一种组织形式（市场、混合型、层级制）功效的发挥，并把其加入到比较制度分析中。

西蒙把自利描述为动机的脆弱性，而我所提到的机会主义行为则刚好站在了西蒙的对立面。即多数人还会照他们说的做(有些还会做得更多)，但他们会潜意识地比较他们的付出与所得的回报。如果他们有些许动摇，那么自然就会产生摩擦，产生迷茫。多数情况下对组织中多数人行为的一般描述主要是关注这样的（非战略）善意行为。

但既然对多数情况下发生的事情给予准确描述是重要的，那么对人类行为一般的关注和对组织的特别关心就不会停留在日常情况，而是例外情况。面对不完备合同因为不全面和不正确条款（因为隔阂、失误或遗漏等原因）而导致的不可预期的干扰，合同当事人会远离合同曲线，而被推到不完备合同的境地。如果机会主义是有效前提，而不是以动机脆弱为前提，那么战略思考就会起作用。因此就会产生前述的不适应。

除了有限理性和机会主义，交易成本经济学还用预见来描述人类的行为。交易成本经济学所要求的是“可行的预见”，而非是短视或面面俱到。这与前文引述的凯恩斯和舒尔茨的观点是相关的。道金斯(Richard Dawkins）的观察也一样：“构想未来的能力能带领我们走出黑暗曲折的歧路”（1976，第200页）。那些对经验教训颇为敏感的、具备可行预见并知道如何运用的律师、顾问和公共政策分析师们将能看得更远，能够识别潜在的合同风险，发现风险运行的机制，找到治理的对策，然后通过引入合同保障措施，如果可行的话，选择另一种治理机制（例如改市场交易为层级制）来事先设计合同[6]。

## 2.2 经济组织的核心问题

适应性是经济组织的核心问题。与经济学长期强调对市场价格改变的自动适应(the adaptations of autonomous）不同，组织理论通过管理勾画出的是一种“有意识的、审慎的、有目的性”(Barnard，1938，第4页）的协调适应（cooperative adaptations)。

(a）近期成果

对经济学而言，近期的成果在于对组织内部产生的有目的的计划和协调所带来的利益给予了更多的尊重。

(b）最终成果

有趣的是，无论是经济学家哈耶克(Friedrich Hayek，1945）还是组织理论家切斯特·巴纳德（Chester Barnard，1938）都赞同适应性是经济组织最重要的问题。但他们所提及的适应并不相同。哈耶克所提及的适应指的是经济人对市场变化同时自发的适应。而巴纳德指的是有意识的适应。他描绘的是通过企业内层级的帮助，经济人所做的协同性适应。

如果正统理论坚持以前对企业和市场组织的看法（主要取决于技术），那么交易成本经济学会认为对交易的适应性需求(自发的或是协同的）会因为交易特征而有所改变，而且对不同治理模式的适应能力也会有所不同，并基于这些认识而作出模式选择。其结果是通过协调交易与治理结构，从而得出经济的结果，获得有效率的收益。推动自发适应和协同适应的逻辑

6　新古典理论针对外部性（可被视为一种不可预期的结果）设计了许多规则。但我们在组织理论文献中却很少发现有与之类似的组织规则。

完善，会带来更具前瞻性的经济组织理论（Williamson，1991）。

## 2.3 程序是重要的

如果因为内部程序的不同而导致组织模式之间有差别，如果组织像法律一样有自己的生命，那么不仅需要明白关键的程序差异和短期内的程序转变，还要摸清比较经济组织研究的脉络。程序差别将在第2.5节中讨论，而本节讨论短期内程序转变——其中无意识的结果和官僚机制的专制更为重要（March和Simon，1958）。学生和律师由于对组织的短期主要偏好缺乏关注，肯定不会考虑到实际存在但并未被认识到的成本和收益。

（a）近期成果

如果公司内部运转出了什么问题，那么自然的反应就是引入新规则和管制来解决它——这就是马奇和西蒙所说的“控制需求”（1958，第35~47页）。这样一种“机械模式”的组织过于简单了。但如果人们不以一种驯服的方式行事该怎么办？而且因为每一个类似的程序都有各自的动因和各自的修补方法，所以也不可能作出完整的程序回应（March和Simon，1958，第34页）。因为有不可预期的结果存在，所以有意图的影响不可能完全发挥作用。因此，幼稚的机械模式必须让位于更复杂的模式。在更复杂的模式中，人类将具战略的角色。

（b）最终成果

交易成本经济学家们也同样认为不可预期的后果是重要的，但由于新古典的理论背景，他们并不认同企业是一张网（Gibbons，2000）。组织的每一种可行的方式都会存在缺陷，把企业的全部或局部比喻成一张网其用途何在？市场、混合型、企业、官僚体制等等都是各种治理形式，并各有生命力和缺陷。我们需要了解他们各自的生命力和缺陷。组织理论就是研究这些问题的学问。

社会学家早已肯定内部组织具有自己的生命，包括认同要完善经济组织逻辑就必须搞清楚事前组织规则设计的脉络。罗伯特·米歇尔（Robert Michels）1911年有关政党的著作就关注于短期转型，其中还经常涉及政治组织中的民主斗争。最重要的短期转型可以用著名的寡头政治铁律概括为：“层级组织就是让被选举者控制选举者，让受命者控制委任者，让代表控制被代表人，这就是组织，这就是寡头政治”（Michels，1962，第365页）。米歇尔把这些层级趋势归因于“个人的本性、政治的斗争和组织的本性”（1962，第6页）。

而且米歇尔的发现洞察深远。“社会学家必须致力于客观解释一切趋势和阻力，必须致力于客观解释正反两方面的原因。一句话，必须致力于客观解释社会生活的经纬”（Michels，1962，第6页）。除非我们对组织的短期倾向保持警惕，否则我们就会成为其不必要的牺牲品：“只有从容坦诚地对寡头政治对民主的威胁加以检验，我们才能把其中的危险予以最小化”（1962，第370页）。因此尽管直到米歇尔对此加以澄清前，学者和实践者对民主组织的寡头倾向并不清楚，但寡头政治的潜在危险将不再会突然出现。今天的组织设计者应该在设计之初就考虑到寡头政治铁律。

菲利浦·塞尔兹尼克（Philip Selznick）把米歇尔关于民主组织的理论树为对人类工具性行为总体反抗的典型。“通过创造新的利益或激励中心来颠覆既有目标，这种趋势存在于所有的组织中”（1950，第162页）。因此对各种形式的“不可预期结果”的研究形成了更为庞大的研究计划，寡头政治只是其中之一。

交易成本经济学对此作出了三步式的回应。首先，对所有重要的不可预测的结果和内部组织中观察到的官僚体制倾向保持警惕。其次，进一步发现上述问题赖以运行的机制，因此挑战就在于摸清事前决策的脉络，这样就能从成本效率的角度很大程度上缓解不愿看到的结果（对理想中的结果，则可增强起初未认识到的利益）。

因为官僚机关是要创造好的服务而非购买好的服务，所以官僚机制所增加的负担就与此相关。正如下面2.5节所讨论的，一些负担是直接的，而且是由上而下可以预知的。而另一些则是内部更为微妙的政治组织的产物，而且体现出一定的时滞（Williamson，1985，第6章）。因为改变内部采购决定是非常困难的，所以在初始决策计算时，认清在眼前利益和迟延成本间所作的权衡是很重要的。

在眼前利益和迟延成本之间的短期权衡在基本转型中也有体现，如（有时）在合同实施时及在合同展期间隔时把大批量的竞标分拆成小批量的供应（Williamson，1985，第61~63页）。通过完善不完备合同的逻辑可以发现这一问题。正如下文所讨论的，基本转型为比较经济组织发展了广泛的脉络。

## 2.4 分析单位

从把企业当作一个黑箱到分析企业内部的运作，其中的转变需要选择一个更微观的分析单位。作用的概念就是一个可行的选择，但西蒙认为这一分析单位“从没被准确定义过”（1957b）。

（a）近期成果

对经济学来说，最近的成果是选择并使用了参与决策程序的一个分析单位。西蒙认为决策前提应该决定分析单位，并断言“如果我们对决策前提的细节了解足够详细……那么行为就是可以预测的”（Simon，1957b）。与之相关的，但更为复杂的决策前提变化是把“程序”（routine），决策规则和程序，作为分析单位（Cyert和March，1963）。

（b）最终成果

尽管认知科学已经把决策前提作为分析的单位在使用（Newell和Simon，1972），但在组织理论中却没有把决策前提作为一种关乎全局的分析运作单位。而在组织理论中，把程序当作分析单位的进展要好于决策前提（Cyert和March，1963），而且发展经济学（Nelson和Winter，1982）和核心能力展望（Teece和Pisano，1994）都采用了该分析单位。但两类理论都没有把该分析单位予以可操作化。

交易成本经济学认同了康芒斯（John R. Commons）在定义分析单位时所具有的目的性视角：“行为的最终单位必须包括三个要点：冲突、互动和秩序。这一单位就是交易”（Commons，1932，第4页）。不仅交易成本经济学把交易当作分析的基本单位，而且还把治理当作一种手段来注入秩序、缓和冲突、实现互利。

与提供可操作内容相比，定义一个分析单位往往更为容易。交易有千万种形式，哪一种是重要的？会在哪里产生？在旧制度经济学中，从没有问过这样的问题，所以也从没有问题的答案。

通过关注法和经济学中理想合同——发生在当事人互不露面情况下的合同，因此连贯性就不再重要，也不在乎当事人之间的身份——的破灭应该承担责任的因素，交易成本经济学扩大了交易的维度。那些重视当事人身份的交易有以下一些特征：各种形式的专用性资产（能增强相互依赖）、不确定性（也许需要协同适应以应对混乱）和频繁性（与保持持续的关系及产生特定治理成本的动机有关）。

## 2.5 离散结构分析

离散结构分析这一术语是由西蒙引入比较经济组织研究中的，他观察到（1978，第6~7页）：

当经济学已经超越价格理论这一理论内核及超越对商品数量及货币数量的中心关注时，我们发现经济学正在经历一场从高度重视数理分析（其中边际均衡发挥核心作用）到更强调制度质量分析（其中比较各个离散结构）的转变……

这样的分析通常不用精确的数学工具或边际计算就能得出。总体来看，与边际数量均衡所要求的条件相比，远为粗糙和简单的分析就足以说明两数的不等。

（a）最近的成果

离散结构分析是易于应用的，这是近期的成果。而且从一种组织模型到另一种组织模型的转换是不连续的。

（b）最终成果

因为边际分析的数学工具事实上很容易操作，所以经济学家可以被看作是分析的满足者：他们使用着（经常是）得心应手的工具。而离散结构分析的引入就大为不同。因为从一种组织形式到另一种组织形式的转换是不连续的。问题因此就转为检验导致这些离散的因素。

“雇佣关系”是其中的一种答案（Coase，1937；Simon，1951；Masten，1988），但它所起的作用主要是把企业从古典市场中分离出来。什么地方适于混合签约模式（hybrid modes of contracting）？公共官僚部门又适在何处生存？雇佣关系只关注组织的一个方面，因此最近组织经济学的研究（Williamson，1988，1991；Milgrom，钱颖一和Roberts，1991；Holmstrom和Milgrom，1993）认为，可以用各种组织模式所呈现出的一系列互补性特征这一事实来解释离散性。

尤其是交易成本经济学认为，每一种普通的治理模式都可以用内部恒定特征的综合表现来确定——其中激励强度、管理控制和合同法制度是特别重要的。就合同法而言，研究认为不同的合同法制度支持着不同的普通治理模式。尤其应指出的是，内部组织的一项隐含规则就是克制规则。因此法院通常裁决因价格、迟延而产生的损害、质量缺陷等导致的企业内部争议，而不会听取企业内一个部门和另一个部门之间就相同的技术问题而提出的争议。既然通往法院的路被堵死了，那么层级制就成为最终解决争端的法庭，故而企业可以做出企业内部签约无法实现的命令。

更一般地来看，企业和市场在以下方面还存在一些差异：

（1）激励强度：强动力的市场激励让位于弱动力的企业激励；

（2）管理控制：与市场相比，企业由更为广泛的管理制度和程序所支持，包括会计制度、审计制度。非正式组织同样如此；

（3）合同法：市场的合同法是墨守法规式的，并有赖于法院给予的有序化，而组织内部的合同法如前所述是克制式的；

（4）适应性：由于这些差别，所以市场扬长避短运用的是自发性适应，而企业也发挥自身优势应用协同性适应。

正如迄今我们所探讨的，在治理结构与一连串交易中产生可辩的观点，其目的是为了形成一个经济的结果。

### 2.6 非正式组织

巴纳德认为，正式组织和非正式组织在任何地方都是共生的（1938，第 20 页），且非正式组织在三个重要方面造成了正式组织的波动性："在正式组织中，非正式组织所具有的一个不可或缺的功能就是沟通。另一个功能是通过维持主观权威的稳定性和约束愿望来维持正式组织的整体性。第三项功能是保持个人的正直、自尊和独立选择的感受"（Barnard，1938，第 122 页）。

（a）近期成果

巴纳德同时还提到了非正式影响。组织的网络模式（Podolny 和 Page，1998），有时还得到非正式的族群关系网的帮助（Saxenian, 2000），在这方面是尤其重要的。

（b）最终成果

因为企业内的"现有社会关系"（Granovetter，1985）和企业间的不同，所以在选择用市场还是用层级时应该加以考虑。同时，对内部组织形式不同的选择也会导致非正式组织功效的不同（Chandler，1966；Kreps, 1990），而且对所有的交易而言，非正式组织的功效也不尽相同。我们需要对这些因素有更全面的了解，并在分析治理结构时予以考虑。在"环境经济学"型的交易中也会产生相互依赖（Williamson，1975，1993b）。

### 2.7 其他

如果回顾任何一篇开拓性文献［如 W. Richard Scott 的文章——《组织：理性、自然、开放的体系》（Organizations: Rational, Natural, and Open Systems），1998］的目录，我们会发现组织理论是庞大的，它涉及许多我们还未提及的内容。我这篇文章所体现的价值就在于延续已经设定的研究计划：研究迄今为止被忽略的问题和其现在的影响，然后用节约交易成本的透镜来摸清比较经济组织的脉络。

## 3. 把企业视为治理结构的理论

新古典企业理论、企业行为理论、代理理论、发展经济学理论和交易成本理论各有不同。其中，企业行为理论（Cyert 和 March，1963）与上述提及的近期成果有最为接近的理念。新古典理论则没有作出任何贡献[7]，代理理论对此的贡献在于信息不对称和机会主义行为。交易成本经济学做出了所有的贡献，但最主要的贡献在于（被我视为最终贡献所提到的）它提供了节约交易成本的透镜。结果是在交易成本经济学和组织理论间建立了互惠的联系：两者在知识上互相交流。

交易成本对经济组织的两个关键性影响是：一是节约交易成本是一个重要的深入人心的理念，二是对不同组织模式的成本和收益需要分别加以计算和比较。

### 3.1 比较制度分析

确定，项成本与在两种治理模式间建立成本差别比较相比，要容易得多。例如，企业中产生的官僚成本。但这并不意

7　毫无疑问，科斯 1937 年的文章是开拓性的。这样一篇文章就开启了一片广阔的研究领域，但设想让一篇文章解决所有的问题却是不现实的。科斯后来曾提到了为什么直到 20 世纪 70 年代这篇文章还无用武之地的原因，因为其中的关键理念一直在等待着被予以可操作化（Coase，1992，第 719 页）。

味着选择市场进行交易而非通过企业内部交易，官僚成本就会消失。这仅仅意味着，是两个企业在从事交易，而不是一个企业在交易。因此我们需要确定一些政治机制和管理机制—在这些机制中，因为采用了非市场的企业内部交易而会增加官僚成本；我们需要摸清其脉络而不应轻下妄断（Williamson，1985，第 135~153 页）。这就是比较微观分析的一项练习。

再来看科斯作出的主要贡献：把一部分交易从市场中分离出来，在企业内部加以组织。根据科斯的观点“建立企业而能盈利的一个主要原因似乎是因为使用价格机制会产生成本。最主要的成本就是相关价格的发现成本”（Coase，1937，第 391 页）。这听起来很有道理，但可以做如此的比较吗？企业内部采购如何避免价格发现成本？

“显然”的答案在于内部独家供货可以避免向市场求证价格，因为企业内部程式化的会计价格（例如成本加成定价方式）能够适用于由一个内部环节向另一个环节提供货物或服务。但是如果这就是优势的来源，那么这种方法也可以用在外部采购上。企业只要简单地告知其采购部门，让他们找到一个同意以成本加成条件独家供货的合格外部供应商，然后只要一期期下订单就可以了，可对市场完全不闻不问。这样，企业和市场在价格发现方面就站在了同一起跑线上，科斯所说的市场的价格发现负担在比较制度分析中将不再是问题。

科斯和其他人也许会说成本加成采购风险在企业内部与企业之间是不一样的。我并不是不同意这个观点（事实上，我还分析了企业间和企业内部成本加成采购功效的差异，Williamson，1985，第 153~155 页）。但需要指出的是，真正的解释现在是存在于对企业和市场治理结构差异的确定和理解上。而且，因为市场都是有选择地被取代而不是统一被取代，所以治理结构差异需要与交易性质联系起来。未来有关企业和市场的理论需要发掘这些差异，并勾勒出效率序列的逻辑。

## 3.2 组织理论桥梁

对科斯的这些批评[8]绝不是要轻视科斯 1937 年的那篇经典论文所作的贡献。科斯的确曾走在了他所生活的时代的前面。许多源自组织理论的不可或缺的贡献至今仍没有被摆在一个合适的位置上。

本文所探讨的把企业视为治理结构的理论是对组织理论在如下方面发展的回应：它（1）勾勒出了不完备签约的结构（有限理性），在不完备签约结构中，（2）当相互依存的当事人因混乱（不确定性）被推离合同曲线时，（3）他们之间会产生风险，（4）以致当事人诉诸谈判（机会主义行为）以解决问题。这样的交易将会要求（5）更具眼光的当事人来解决纠纷，及（6）通过可信的签约或层级治理结构

---

8 如果我们审视代理理论和交易成本经济学最近在有关签约实证文献中所作的贡献，我们发现 Howard Shelanski 与 Peter Klein（1995）、Bruce Lyons（1996）、Keith Crocker 与 Scott Masten（1996）及 Aric Rindfleisch 与 Jan Heide （1997）在交易成本经济学方面所做的实证调查是恰当的。代理理论因为没能形成可以检验的假设，甚至没有考虑现实世界合同的基本特点而为人注目，而交易成本经济学则发展了众多可以批驳的观点（Masten 和 Saussier，2000）。

近来对交易成本经济学的实证调查发现有关交易成本经济学实证研究的累计数量已经从 1994 年的 200 项增加到 2000 年的 600 多项（Boerner 和 Macher，2000）。随着研究的发展，对理论的提炼也随之形成。可以相信，交易成本经济学如同其他理论一样，从数量越来越多、水平越来越高的实证研究中获益。而且我可以毫无顾虑地断言交易成本经济学就是一个实证成功的例子。通过比较，我们可以断定：“这项实证工作总体上比产业组织理论中多数实证研究有更好的框架”（Joskow，1991，第 81 页）。

来改进协同适应性，（7）这两种治理结构在离散结构方式上有所差异，（8）官僚的相对负担和不同的命令方式是其中的两种离散结构方式。也许有人抱怨做了太多的改动，但我对此的回答是：我们应该除去哪一项改动呢？交易成本经济学能获得可以用数据来证实的推断么？

### 3.3 区别组合（discriminating alignment）：简述

上述对组合加以甄别的假设——本质不同的交易，以节约交易成本的方式，与成本和能力各不相同的治理结构相结合——是交易成本经济学求得可批驳观点的主要动力。应该指出在这一连接上，交易成本经济学赞同尼古拉斯·杰奥尔杰斯库－勒格恩（Nicholas Georgescu-Roegen）的观点："总体上，科学的目的不是预测，而是探求知识"，然而预测是"科学知识的试金石"(1971，第37页)。理解是目的。但是因为有许多听起来似乎合理的理论，所以我们需要对他们加以甄别。通过发展的预测和置证的数据，一些潜在的组织理论迟早会超越事后的合理化[9]。正是注意到了这个目的，通过了解交易的性质（尤其强调资产专用性、不确定性和频繁性）和各种治理模式的综合性质（激励强度、管理控制、合同法制度和适应性），交易成本经济学用数据引入了合同。

### 3.4 把企业视为治理结构：一个启发性的展示[10]

如前所述，交易成本经济学所关注的组织的关键目标是适应性，有两种完全不同的适应性：应对相对价格变化的自发适应和通过管理实现的协同适应。不仅交易对这两种适应有不同的需求，治理结构也有不同的能力以提供自发适应和协同适应。

图1所示的简单合同图解是具有启发性的。假设企业可以制造或购买一种部件，而该部件可以由两种技术生产。一种是通用技术（general purposetechnology），另一种是专用技术（special purpose technology）。专用技术要求对特定交易的耐用资产做更多的投资，但能更有效地服务于平稳的需求。平稳需求只是为了分析简便而做的假定：多数合同都是在不确定的条件下执行的，因此针对混乱的适应性是必须的。因为不完备合同经常是不为人注目的，否则就会为一些适应性提供一些不完备条款。故而在相互关联的当事人（也就是说，持续性是有价值的）之间就会产生合同纠纷。因此，尽管可以无成本地回复到合同曲线的位置上而实现互利，但每一方当事人在利益分配上会表现出或做出机会主义行为。所以会导致成本高昂的拖延和不良的适应。

如果用 $h$ 来衡量合同风险，使用通用技术的交易其 $h=0$。因为当事人之间无须面对面地交易，所以在竞争市场上自发适应就足够了。如果交易使用的是专用技术，那么 $h>0$。因为此处的资产是专用的，所以如果 $h>0$ 的交易被过早地终止了，那么就会牺牲生产的价值。这样相互联系的当事人会有动力来提高交易的持续性，捍卫投资。所以协同性适应就产生了。

我们用 $s$ 来表示这种保障程度的大小。当 $s=0$ 时，意味着没有提供什么保障，如果决定提供保障，那么 $s>0$。保障可以有两种形式。一种是在合同内部增

---

9 体现了简明合同图解的一些更正式的简要模型包括 Michael Riordan 与 Williamson（1985）及 Williamson（1991）。

10 参见第一部分 Coase（1972）的引言，不同的风险规避已经代替垄断作为对20世纪70年代非规避行为的最佳价格理论的解释。

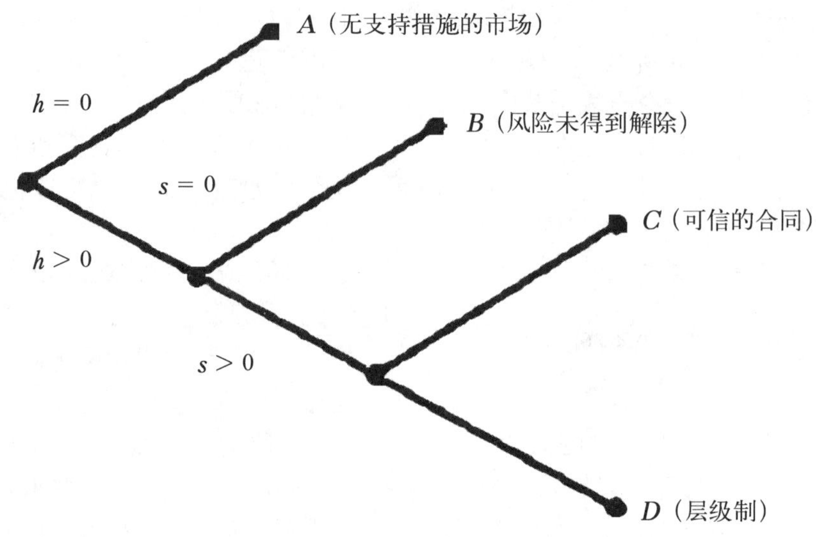


图 1　简明合同图解

加支持措施：对违约的惩罚，提供更多的信息披露以及设立专门的争端解决机制（如仲裁）。这是一种增强内部承诺可信度的选择。另一种形式是不用市场来实现交易，而是用所有权统一的组织内部的层级（包括发布命令）来加以协调。

*A* 点代表法和经济学中理想的交易：没有相互依赖的关系（$h = 0$），价格由竞争性市场决定（通过供求），如果合同破灭了，法庭会对损失补偿作出裁决。*B* 点代表合同风险未得到解除的状态，因为没有保障机制（$s = 0$），专用化投资完全暴露在风险中（$h > 0$）。有远见的人会认识到这种风险，并计算出潜在的风险。*C* 点和 *D* 点代表提供附加合同保障机制的情况（$s > 0$），或者是以合同保障的形式（*C* 点），或者以所有权统一的形式（*D* 点）。

结果即使在 *C* 点做出最佳努力来提供保障机制，代价高昂的合同破灭仍会继续存在，交易也许会不通过市场而通过所有权统一（垂直一体化）的组织来解决。但是因为不通过市场而通过组织内部来进行交易会滋生官僚成本，所以内部组织被视为最后才求助的办法：尝试通过市场解决、尝试通过混合型解决，只有等可以使用的方法都失败了才求助于企业来解决。因此 *D* 点只有在更高程度的资产专用化水平上和在增加的不确定性要求更高程度的协同适应时，才会实现。

## 4. 在公共政策上的应用

前文提及的法和经济学中理想交易的 *A* 点显示，对企业和市场组织，新古典方法和交易成本方法是完全不同的。这些差异是因为对经济组织的广义定义超过了交易成本经济学适用的范围（各种组织模式都可以被称为治理结构，都适用组织理论），差别还体现在公共政策对商业的影响上。这里我们比较了新古典经济学和交易成本经济学对非标准和非熟悉签约及组织结构的解释。贯穿其中的差别是：正统经济理论更有地位，因为正统理论对有疑问的现象通过价格理论予以解释，而交易成本经济学则表现得更具好奇心，会问“那会怎么样？”交易成本经济学会一方面详细解释交易，另一方面详细解释治理结构，后者更接近组织理论的理念。

### 4.1 垂直一体化 / 垂直市场限制

传统理论把企业视为生产函数。从这一角度对一体化（向前、向后或水平）的解释唤起了对技术、对因双边际化[11]而导致的低效要素率（McKenzie，1951）和因政府配额及销售税而导致的扭曲的思考。

丹尼尔·斯普贝尔（Daniel Spulber, 1999, 第270页）最近重复了乔·贝恩（Joe Bain）对热系统的观点，贝恩的观点是从技术原因加以分析的（1968，第381页）：

> 一体化能够明确地带来成本节约的情形通常涉及一个工厂程序的有形方面或技术方面。典型的例子就是整合炼铁和炼钢程序，这样就能节约在把铁投入炼钢炉前再予以加热的成本。而在一体化没有涉及有形方面或技术方面的情况中，例如在整合分类部件的生产和组装时就没有涉及有形方面或技术方面，一体化是否导致成本节约仍是一个不太清楚的问题。

因为技术的因素，贝恩与斯普贝尔所提到的热系统要求炼铁和炼钢系统距离要彼此接近。但并不要求都由一个主体拥有。因此如果两系统由同一主体拥有（也就是说两个系统之间的关系通过层级制比通过市场能更好地予以调节），那么一定不是出于技术的原因，而可能出于交易的原因。

因此在这些显而易见的解释（如价格发现或者热系统）背后，交易成本经济学在观察它们是否能经得起比较制度的检验。交易成本经济学还提出了一个问题：既然通过企业内部采购会有效缓解内部合同风险（但也会产生官僚成本），那么是否应该把外部采购内部化呢？特别是合同复杂性的逐渐增强可以解释从理想市场到混合型、到层级的转变，正如图1所示的简明合同图解所讨论的那样。

市场限制的情况又是怎样？这些可以被理解吗？对初学者而言，垂直市场限制（Vertical market restrictions）可以用维持 $C$ 点而非移动到 $D$ 点的决定予以说明。该交易会滋生风险（$h > 0$），所以需要有效的保障措施（$s > 0$）。如果在 $C$ 点多数风险能得以有效释放而不会在统一所有权下产生增加的官僚成本负担（削弱激励强度，增加管理成本），那么混合模式，例如特许经营，就可以使用（还有一个前提就是合同限制不被视为非法）。

垂直市场限制常常产生于对品牌资产的支持上（Klein，1980），对此的关注是因为独立或准独立的分销商（经常是获得特许经营的人）之间对子目标的追逐而导致品牌资产的贬值，其结果是系统整合处于风险中。根据交易的特性，可能施加对消费对象和消费地域的限制、或采用排他性交易或者特许限制。由于缺乏战略目标——对其而言，即存的垄断力量是不可或缺的——对使用怎样的垂直限制工具，将通过检验何处产生合同风险和如何产生合同风险来加以选择。

对非标准签约模型的价格理论解释包括了因价格歧视而产生的有效利益、在不同风险规避下有效风险承受带来的收益、通过使用垂直市场限制而导致的搭便车现象的减少。但如果发现消费者偏好和阻止套利的成本是正的，那么在交易成本为零的情况下，价格歧视是否会产生配置效率收益尚存很大的疑问。

11 double-marginalization，双边际化指分别具有垄断力的上下游企业一体化后的边际定价。其结果往往导致厂商和消费者利益的两败俱伤。—译者注而且，与对合同风险的更为基本的关注相比，用风险规避来解释企业间的合同实践往往是次要的。最后，对非特定搭便车的抱怨经常被人们当作口头禅一样被提及。无论在何时何地，行动总体现在细节中[12]。

## 4.2 新经济

新经济真的存在吗？是，也不是。一方面在太阳下面没有什么新东西：实时反应、创新、外包和掠夺性行为都不是什么新东西。但是新信息知识的扩散、对关系性签约（relational contracting）不断增长的赞美及商业化竞赛、信息时代控制权竞赛和生物技术发展的竞赛夸大了这一切。物质上的改变似乎可以描绘许多高技术领域的竞争。

正统微观理论也涉及一些这方面的问题，但是非常有限。交易成本经济学与以下方面有有限却有效的联系：（1）认为对协同适应的要求与对实时反应的要求是一致的；（2）在系统内可以检验创新，在系统内还可以了解企业规模、激励和短期转型（Williamson，1975，第196~207页）；（3）设计可信的承诺以支持对外包，及从外包相对于内部采购在官僚成本方面所具有的优势都是交易成本经济学关注的课题；（4）对掠夺的证明过于静态，免除掠夺行为的罪责导致更为低效的竞争者（Posner，1976，第193页），因为这些检验对可能的掠夺并不了解，“有时候有，有时候没有，取决于进入者的出现或消失”（Williamson，1977，第339页），这就引入了短期思考。

但可以肯定的是，新经济提出了战略和知识创新的挑战，这些挑战已经超越了交易成本经济学（Shapiro 和 Varian，1999）。而且，诸如“不平衡签约”等概念（Williamson，1991）都搅乱了人们的观念。在新经济中，交易成本经济学比价格理论对公共政策的紧迫需求更有回馈性是显而易见的，但却没有自满的理由。

## 4.3 管制和放松管制

（a）特许招标[13]

对自然垄断采用特许招标而产生的功效，波斯纳有乐观的判断，“过于细致的法规或建议只会模糊最基本的问题”（Posner，1972，第98页）。在专制体系中，所有相关的行动都紧密围绕着事前的合同招标竞争。这与波斯纳对前述组织理论不屑一顾的态度是吻合的，这也体现了不留心程序转型而分析公共政策的危险。从超越事前的招标竞争到包括事后的合同执行，被许以特许经营的货物或服务的特征被证明对知情判断是很关键的。特别是，当在不确定的情况下提供服务或货物，而且还涉及可观的专用资产投资，那么特许招标的功效就很成问题。对自然垄断进行特许招标不会是万能的方法，只是有条件的解决方案[14]。

12 尽管波斯纳认为“审视反托拉斯法的最好透镜是价格理论”（1979，第932页），但 Alan Meese 认为“尽管芝加哥学派参考了价格理论，可芝加哥学派审视垂直限制的方法从不依赖价格理论，而是求助于新制度经济学和交易成本经济学的解释“（1997，第203页）。另可参见 Joskow（1991）。

13 参见 Williamson（1996，第84~85页）。

14 在成本减少的情况下，对提供货物或服务进行特许招标可能会代替现存的监管或替代被认为存在净收益的公有形式，采用公有形式的包括当地航空服务，可能还有邮递服务。在对每个基本单位（空港、邮局、仓库等等）的竞标中，政府可以拥有胜标方，其他的一些资产（飞机、卡车等）将会有一个活跃的二手市场。因此特许招标并不是一无是处。相反，特许招标还是一个非常富有想像力的建议。但交易成本经济学坚持所有的合同方案——对自然垄断的特许招标亦是其中之一——需要经过微观分析的检验，需要通过比较制度的方法加以判别。

(b) 重组加利福尼亚的电力供应

为电力创造一个市场来提高效率，许多国家都曾做过，并获得了不同程度的成功。加利福尼亚只是最近的一个例子，其重组的努力并没有得以彻底贯彻。专制规则再一次体现在程序上。这体现在两个方面。首先，不考虑政治程序和管制程序的现实，而应用所谓的“好理论”是非常幼稚的。如果不对这些现实加以事前规范，那么政治和监管事后可以轻松地为不正当的或他们不曾预测的行为找到替罪羊，而这些行为很大程度上是可以预测的，而且是应该加以考虑的（Williamson，1996，第 8 章）。因为现实政治所存在的不足，保罗·乔斯科（Paul Joskow）发觉对理想中平稳运行的市场功效给予的关注太多了，而对潜在的投资、合同风险及恰当的治理反馈则没有给予应有的重视。正如乔斯科所言（2000，第 51 页）：

> 许多政策制定者和追随者都惊异于创造电力批发市场所面临的困难，如果他们用交易成本经济学的框架来审视重组的挑战，那么这些潜在的问题都可能会暴露，事前设计的机制都可能解决这些问题。

(c) 制度环境

新制度经济学在两个互相联系的层面上发展：制度环境（游戏规则）和治理制度（游戏运行）。列维（Brian Levy）和斯普里尔（Pablo Spiller）（1994，1996）对电信私有化的研究，通过是否存在合同风险及可信签约这一比较合同透镜考察了五个国家的制度环境。由下而上的方法揭示出因为在司法独立性的条件和水平、行政部门与立法部门权力是否分开、监管机构的能力和对合同的保护等方面的不同，私有化的决定和私有化的性质而有所不同。因此是否私有化，如何私有化要根据这些方面的条件作出决定。

对社会主义经济体的私有化也有类似的考虑。鉴于“大爆炸”式的做法不关注行业间的差别，所以对制度培育和治理机制给予更多关心的人建议采取逐步推进的方法，即先私有化那些“简单的”。因为自然垄断行业对放松管制和类似的私有化有诸多限制（Arrow，2000；Williamson，2000），所以有些需要晚点私有化，以便求助于监管工具的帮助。

### 4.4 公司治理 / 负债和股权[15]

价格理论长期以来对公司治理保持沉默。企业的目的简单地被假定为实现利润最大化。认为管理层会追求违背公司利润最大化的次一级目标的观点对正统理论结构是有害的（尽管通过改变目标函数可以用接近正统理论的术语予以重写，Baumol，1959；Williamson，1964）。

交易成本经济学把董事会主要解释为保护股本融资的保障机制。尤其是，债权和股权不仅被视为法和经济学理论中不同的融资模式（Easterbrook 和 Fischel，1986；Posner，1986），而且被当作不同的治理模式。因此假设公司为了以下一系列项目寻求高效的融资：用于一般目的的汽车设备，位于聚集区的用于一般目的的办公楼，位于制造中心用于一般目的的工厂，地处偏僻地区的配散设施，用于特殊目的的设备，市场和产品开发费用等等类似项目。

进一步假设债务是一种制度完善的治理结构。特别是债务融资需要债权人考虑以下方面：(1) 合同载明的利息会按期支付；(2) 公司业务能持续维持其清偿性；

15 参见 Williamson（1996，第 184~185 页）。

(3) 会建立偿债基金，本金到期会予以偿还；(4) 如果出现违约，债权人能对相应资产行使优先受偿权。如果一切正常，那么本息将会按期支付。

但如果出现问题，债权人并不会体谅企业的难处。如果不能支付到期债务则会导致清算。不同的债权人会根据相应资产重新部署的程度实现不同的补偿。

既然随着资产专用化程度的加深，优先受偿权的价值会随之下降，所以债务融资的条件会被调整得更为不利。考虑到专用化投资将会面对更为不利的融资条件，企业可能为了获得更大的自由度而牺牲一定程度的专用化投资。这会产生相对较低的资本成本，但却增加了生产成本。通过建立一种资金提供者更为信任的、新的治理结构是否可以缓解这种此消彼长的关系呢？这取决于在多大程度上保留可行的且能增殖的专用资产投资。

为此人们发明了一种名为股权的融资工具，假定股权有以下一些治理特点：

(1) 它赋予企业在收益和资产清算方面的剩余索取权；(2) 他决定了企业的存续期；(3) 建立了董事会并赋予董事会以股权，其中 (a) 董事会由持有可交易股票的股东按比例选出，(b) 董事会具有罢免、选任管理层的权利，(c) 董事会可以决定管理层的薪资，(d) 董事会可以按期对内部绩效加以考评，(e) 董事会可以授权审计师做深入持续的审计，(f) 在重要投资实施前和公开建议前告知董事会，(g) 在其他方面复核管理层的决定并监督管理层 (Fama 和 Jensen，1983)。

这样董事会就"进化"成一种减少有限自由度项目资本成本的机制。增加的控制不仅能够使股权获得更有保障的资产，而且在企业发生困难时，股权也比债权更具包容性。因此我们需要更为完善的股权治理机制以及当不适应的情况发生时，所需要的持续关注。所以债权治理结构类似于市场类型，而股权治理结构更具干预性，更类似于管理类型。这如同我前文提及的外部采购 / 债权与垂直一体化 / 股权之间的一一对应。事实上，债权是一种市场融资模式，而股权（管理类型）以合同风险的方式出现。股权是最后才会使用的金融工具。

## 4.5 其他

交易成本经济学坚持认为因签约而产生的，或作为签约而提出的问题可以用节约交易成本的方式很好地加以检验。因此用交易成本来解释是没有底线的。在这里我简要地提出另外两个应用之处（不涉及价格理论的解释）。

(1) 政治官僚部门。根据道格拉斯·诺思 (Douglass North) 的观点"政治市场易出现低效"(1990，第 365 页)，而且"高交易成本问题倾向于以政治形式出现"(1990，第 372 页)。这两个观点比自相矛盾还糟糕。这是有违常理的。

虽然政治市场是低效的，是糟糕透顶的，但能肯定地断言对高交易成本问题，他们正确的出路是远离政治而非卷入政治么？

也许是，也可能不是。毕竟高交易成本问题对组织来说是内生的难题。正如图 1 中所展示的，相对于 $C$ 点的治理（企业），类似的交易更不适合 $A$ 点的治理。如果额外的合同风险存在，在公共官僚部门内一些这样的交易是否还可能成为可行的治理？详细内容请参见我在别处论文中的讨论 (Williamson，1999)。特别是，尽管政治官僚部门在许多方面很无能——

非常无力的激励，成本非常高昂的行政程序，非常具有保护性的雇佣关系——但在有些方面，相比较而言，让政治官僚部门进行某些交易是最优的。每一种一般的组织形式总有用武之地，但每一种一般的组织形式都要适得其位。

（2）劳工组织。劳工组织反映了许多目的，包括垄断力和政治目的。劳工组织的效率如何？同样的，行动体现于细节。具有更高合同风险（$h > 0$）的劳工交易会从致力于降低风险的治理努力中（$s > 0$）获益，但如果对所有的劳工提供同样的保障机制，那么将会是较为低效的（类似 $A$ 点），这正是本文不断提及的主题。正如相关的其他文献所阐明的（Williamson、Wachter 和 Harris，1975；Williamson，1985，第 10 章），他们所观测的劳工组织对此做出了有效的基本阐释。

## 5. 合同和经济组织

### 5.1 各种可选择的方法

如果如我所述，对经济组织适用合同方法，那么在法律教学及在法和经济学研究方面系统适用交易成本经济学就会产生众多成果。这会超越“美国法学院中蔚为大观的合同法：该法体现在司法审判和对这些审判的研究中”（Edward Rubin，1995，第 109 页）。鲁宾的建议则是法学院（更一般意义上是学习合同法的学生）需要的是“解释合同签约过程的合同理论，而不是需要对此过程的司法判决”。也就是说“签约行为的非司法领域将占据突出的位置”（1995，第 108 页）。

原则上说，法和经济学可以服务于这个目的。但该计划因为波斯纳和其他一些人提出的理论而产生了“一个巨大而错误的转变”。波斯纳等人认为：“通过普通法判决可以实现合同法的经济效率”（Rubin，1995，第 113 页）。抛开对合同和签约过程的关心，而关注于司法判决，“法和经济学恰恰成为另一个分析司法判决的工具”（Rubin，1995，第 113 页）。但是鲁宾还是感到欢欣鼓舞，“既然法学院的课程对合同交易理论仍有抵触，法学家们已经开始逐步转移他们对交易进行经济学和社会学分析所得结果的关注”（1995，第 114 页）。

那么广义来看，应如何通过法、经济和组织学的复合方法来开展对合同的研究？在我看来，对节约交易成本透镜的应用应贯穿始终。通过用私人秩序的合同学术概念代替法律规则的概念，及调查可以节约交易成本的机制，方便了对不完备签约的整体检查。有趣的是，罗纳德·吉尔森早在对公司治理交易做出自己的检验前就已经就得出了许多相同的观点（1984）。

### 5.2 节约的视角

从节约交易成本的视角看，根据可补救的标准，无效率自己给自己判了死刑——无效率被认为与可行的解决方案（而不是假设性的想法）有联系，并对实施成本制定了相应的规定。因为从相对无效率的点移动到相对有效率的点，往往产生联合收益，假设实施成本不超过收益，那么有远见的商人和他们的律师将避免低效的结果（例如 $B$ 点）。与马基雅维里式的短视观点——“先下手为强”（get them before they get us）不同，有远见的签约态度是通过提供旨在增强互信、实现互利的更好信息和更安全的措施以“做出和获得可信承诺”（Williamson，1983，1993）。

吉尔森把商业律师比喻成交易成本工程师就体现了这种精神（1984，第255页）。他敦促对交易的检验不应是单向检验，而应是从双方当事人角度的双向检验（1984，第245页），其目的是实现互利。他进一步提出对私人秩序也应适用节约交易成本的方法（Gilson，1984，第255页），其中包括可信承诺（1984，第281页）。而且他并不倾向于那些作为交易经济学碾磨后产物的（理想的）资本资产定价模型的假设，即相同时间水平、相同的预期、无交易成本和无成本地获取信息（Gilson，1984，第252页），“这些假设的非现实性并不是导致人们失望的原因。正是这些假设对现实世界失败的描述使我发现律师在价值创造上的潜在空间”（Gilson，1984，第253页）。鉴于这些差异，产生了精确的治理制度（Arrow，1963）。

## 5.3 私人秩序

（a）概念

马克·加兰特认为对某些合同不适用一般的学术或法律集中解决办法，在这些合同里，争议据说“需要进入到有别于社会争端解决架构的原有机制中解决，该机制由一些权威机构提供救济途径，由一些受政府资助的专家来实施救济”（Marc Galante1981，第1页）。事实还显示：多数争端，包括在现有规则下可以提交法院解决的争端，都可以通过回避法院自主解决（Galanter，1981，第2页）。这是因为“在许多情况下，争端当事人能够自己创造更令他们满意的争端解决方法，而专家们在对争端了解有限的基础上还受一般规则的束缚”（Galanter，1981，第4页）。吉尔森认为当商业律师能出色地承担交易成本工程师的角色时，“法院和正式法律的重要性会大大降低”（1984，第294页）。

（b）合同法

卡尔·列维莱恩对合同法律方法适用更早表达出不满，并把合同概念作为一个框架加以引入（Karl Llewellyn，1931，第736~737页）：

> 法律合同最为重要的就在于它为几乎每一种集团组织，及每一种在个人与团体之间存在的短期的或永恒的关系，提供了一种框架——一种高度可调的框架，一种几乎从没能准确反映现实运作关系的框架，但这种框架可以粗略反映上述关系的变化，可以为有疑问的案件提供经常的指导，可以在这些关系事实上停止运作时，提供最终申诉的规范。

最后一点是很重要的，因为向法院最终申诉能够限制一些危险情况的发生。其他学者也有类似的观点，如克雷迪·萨默斯，他区别了严格依法办事的方法和更实际的方法。前者“抱有一种反现实的幻想，认为可以不考虑所处的环境而制定合同规则，所以这样的合同规则就可以为任何合同关系所广泛适用”（Clyde Summers，1969，第566页）。

交易成本经济学认为每一种一般的治理模式背后都有不同的合同法在支撑，这一观点具有广泛的现实性。法和经济学理想中的交易（*A*点）是发生在不关注身份、法律规则可以适用的现货市场（Macneil，1974）。但因为持续性的重要性得到认同，并采用了不完备的长期签约（*C*点）后，法律规则方法让位于列维莱恩所提出的作为框架的合同概念。当市场交易被企业内部交易（*D*点）所取代后，就发生了这样的转变，隐含的合同规则现在变成了忍耐规则。正如前文所阐述的，法庭一般只受理内部交易企业因价格、迟延造成的损失，产品质量等引发的纠纷，而不解决企业内部门之间就相同的技术问题而提出的纠纷。既然通往法庭的路被堵死了，当事人必须在内部解决争议（Rubin，1995，第117页）。这样，层级制就成为为最终申诉而设立的自己的法庭。企业和市场命令方式的不同，可以部分地用它们在合同法上的差异来解释（Williamson，1991）。

## 5.4 机制

（a）公司收购交易

交易成本经济学作出了这样的断言："对社会科学的解释应该（至少部分围绕）制度来组织而不是围绕理论来组织"（Elster，1994，第75页）。通过交易成本经济学对是自己制造还是从市场购买这一经典决策的检验，及对总体上是否应用更多签约的检验，很好地证明了该观点。商业律师在面对资产资本定价模型的理想假设和现实之间的差距时，会做出完善收购协议的努力，吉尔森对此努力的检验也证明了上述观点（1984，第293页）：

基于盈利能力的对价付款（earnout）或依条件定价技术是对不符合相同期望假设的弥补；在决定价格因素的期间内衡量对卖方业务经营的控制是对不符合相同时间假设的弥补；大量的解释和担保，以及赔偿条款和其他确认技术是对不符合无成本获取信息假设的弥补。

（b）合同法学说

对与合同法学说相伴的对机制的微观分析也应加以说明。艾安·麦克尼尔认为法律体系"远没有达到使合同当事人信守诺言的水平"（Ian Macneil，1974，第730页）：

总体来看，合同救济是法律体系提供的最差的解决办法之一。但在合同救济上却衍生出大量的学说和技术：不能、落空、错误、操纵解释、陪审团裁决、对价、非法性、胁迫、不当影响、不公平、行为能力、没收和罚金条款、实质履行说、严重性、破产法、欺诈等等；然而，几乎任何一项学说都不能使法律机制达到完备合同所要求的程度。

法庭拒绝执行合同载明的损害赔偿条款尤其让人感到不解。既然认为合同当事人清楚什么样的合同条款才能维护其权益，为什么在违约产生时，法庭会拒绝执行合同载明的损害赔偿条款呢？

一个可能的解释是因为合同是复杂的。因此尽管这样的条款通常可以作为解决违约的有效方法，但它也可能服务于诱导违约（induced breach）的战略考虑。

克拉克松、米勒和穆里斯（Kenneth Clarkson、Roger Miller 和 Timothy Muris）就讨论了如果违约是因精心设计诱导而发生的，那么法院应拒绝执行载明的违约赔偿条款（1978，第366~372页）。诱导违约一般是在一方当事人故意隐瞒相关信息的情况下发生的，但根据合同法，合同仍可以履行。诱导违约也可能发生于当需要大量资源性协调时，对应履行的义务敷衍了事的情况（1978，第371~372页）。在任何一种情况下，发现或证明诱导违约都是很困难的（1978，第371页）。交易成本的方法却简便可行。

## 5.5 法律教育

我认为对合同采用集中的法律方法可以让律师和经济学家从对个人发明的各种私人秩序方法的检验中挣脱出来，这些方法是人们在政府所设计的治理结构之外依靠自己发明创造而产生的方法（Williamson，1983，第520页）。吉尔森认为我所观察的对象太广泛了，应局限于学术型的律师和经济学家（1984，第295页）。因为“商业律师从事的是十分出色的工作，是法学院做不了的工作，对多数法学院来说，甚至是不曾涉及的工作：在没有政府干预的情况下帮助人们安排他们的关系：为私人秩序提供便利”（Gilson, 1984，第303页）。但“为什么法学院在培养商业律师方面会有如此之差的表现”（Gilson，1984，第303页）。吉尔森对此的回答是：“因为在金融学和交易成本经济学出现前”（1984，第305页），“没有研究私人秩序的理论”（1984，第304页）。

16年过去了，我发现合同法的教学仍然没有什么改变。如何解释这种延续的漠视呢？

一种解释在于法和经济学的主流仍然占据着绝对优势地位。因此法学和经济学之间的关系依然如故，教科书中的正统经济理论仍然是其根源。这样就进一步增强了对完善把企业视为生产函数理论架构的偏重，而对组织的研究仍然是时断时续的。尽管普通法裁决整体上仍保持效率，但合同法教育仍然停留在对法律条规和判决的绝对关注上。

另一种解释是认为私人秩序的世界并不是复杂的。所以一个好的律师在执业的过程中，而不是在课堂上能够更快更好地把握私人秩序。

第一种解释是对自满的一个毫无说服力的借口，而第二种解释则忽视了组织经济学在一些关键方面具有多变性的可能。因此，可以对经典案例加以关注——一个是可信的企业内部签约，另一个是垂直一体化。这样私人秩序所存在的难以令人忽视的并不断增长的困惑就可以减少到可以控制的水平。既然课堂是一个分析可信签约（$C$点）设想、特点和机制的地方，而且是检验视企业为治理结构（$D$点）理论其相对优缺点的场所，那么把对私人秩序的研究托付给在职培训就是一个时代的错误。

尽管法学院的基本课程没有因为我们这些批评而有所改变，但值得注意的是许多一流的法学院已经开始在复杂的“交易”领域开设了一门选修课。多数学校的选修课是仿照吉尔森和维克多·戈德伯格（Victor Goldberg）在哥伦比亚大学法学院开设的“交易：交易和签约的经济结构”（Deals: The Economic Structure of Transactions and Contracting）。如果法学院不能满足对交易成本工程师的需求，那么商学院就会享用这顿午餐（Rubin, 1995，第114页）。

## 6. 结论

“企业的目标、企业存在的理由以及企业决策方式都需要一种完全有别于已经主宰了一个世纪的分析方式”（Hahn, 1991, 第49页），对此观点有越来越多的认同。交易成本经济学不仅认为需要用更具目的和远见的节约交易成本的透镜来思考合同和组织[16]，而且企业的存在和治理也是交易成本经济学的关键问题。

正如本文所阐述的，组织理论具有巨大的网络，可以服务于企业的交易成本经济学理论。组织理论所作出的杰出贡献包括对行为人更为真实的描述、阐明短期程序转变的重要性、对分析单位所做出的选择以及对各种具有互补特征的治理模式所

16 有远见的签约发生在中间产品市场比出现在产成品市场更合理。而那些向不具备专业知识和缺乏远见的消费者出售产品的有远见的企业能通过品牌、担保、保证等方式采取实际步骤来缓解风险，事实上他们也是这么做的。但我并不认为就没有其他缓解剩余风险的方法（如可能在公共政策的帮助下）。

做的描述。由此得出的企业理论与新古典理论有着迥异的差别（Kreps，1990，第96页）。因为“任何一项理论，不仅仅是新古典理论，都是以企业的存在为前提的”(Arrow,1999，第vii页)，这非常基本。

可以肯定的是，近期成果（组织理论发展得出的成果）与最终的成果（从节约交易成本的角度看）经常是不同的——这是必然的。但更基本的一点在于：

需要建立一些理论，需要提出一些尖锐的批评，还要区分一些相关的现象。当其他的理论在洋洋自得或裹足不前时，组织理论却为此做好了准备。

本文所简单勾勒的把企业作为治理结构的理论仅仅是一项正在发展的理论，而绝非是一项完成的成果[17]。尽管我们仍处于不断改进的阶段，但现有成果已经帮助我们加深了对许多复杂合同行为和组织行为的理解，现有成果并且作为一把标尺检验了正统理论是否被滥用或误用。基于这一精神，我认为通过在公共政策领域和法学院的课程中综合考虑适用一些法学、经济学和组织学的方法，主流的法和经济学一定会受益匪浅[18]。

（徐菁 译）

17 全部规范化是最终的目标。Grossman-Hart-Moore模型（Hart，1995）虽然是充分规范的，但合理性不足（Kreps，1999）。Patrick Bajari和Steven Tadelis近来就采购所做的研究（2000），关注固定价格和成本加成签约间激励的不同和事后适应的不同，更接近交易成本经济学的精神。

18 在我收到的对我这篇文章的评论中，一部分认为本文所表述的基本观点不仅早已为人知悉，而且还有记载并已经产生了影响。这是令人高兴的，但另一些读者认为本文所阐述的许多内容涉及人们尚不熟悉的领域，需要更充分地加以阐释。

我持折中的观点。因此尽管我们已经听说许多把企业视为治理结构的理论，但私人秩序仍然是有待开发的领域。而在法和经济学的主干中，组织理论仍是贫乏的——主流教科书就是最好的例证（Cooter和Ulen，2000；Polinsky，1989；Posner，1998）。虽然在公共政策领域有所改变，但基本的合同法课程仍然没有受到本文观点的任何影响。

## 参考文献


Alchian, Armen, and H. Demsetz. 1972. “Production, Information Costs, and Economic Organization,” American Economic Review, 62 (December): 777-795.

Arrow, Kenneth J. 1963. “Uncertainty and the Welfare Economics of Medical Care,” American Economic Review. 53. (December): 941-973.

Arrow, Kenneth J. 1999. “Forward.” in Glenn Carroll and David Teece, eds..Firms. Markets, and Hierarchies. New York: Oxford University Press, pp. vii-viii.

Arrow, Kenneth J. 2000. “Economic Transition: Speed and Scope,” Journal of Institutional and Theoretical Economics, 156 (March): 9-18.

Bain, Joe. 1968. Industrial Organization. 2nd ed. New York: John Wiley and Sons.Bajari, Patrick, and Steven Tadelis. 2000. “Incentives Versus Transaction Costs.” Unpublished manuscript.

Baron, James N., and David M. Kreps. 1999. Strategic Human Resources: Frameworks for General Managers. New York: John Wiley.

Barnard, Chester. 1938. The Functions of the Executive. Cambridge: Harvard University Press (fifteenth printing, 1962).

Baumol, William J. 1959. Business Behavior. Value and Growth. New York:Macmillan.

Boerner, Christopher S., and Jeffrey T. Macher. 2000. “Transaction CostEconomics: A Review and Assessment of the Empirical Literature,” unpublished.

Chandler, Alfred D. 1966. Strategy and Structure. New York: Doubleday & Co.

Clarkson, Kenneth W., Roger L. Miller, and Timothy J. Muris. 1978. “Liquidated Damages v. Penalties.” Wisconsin Law Review, pp. 351-90.

Coase, Ronald H. 1937. “The Nature of the Firm.” Economica N.S. 4: 386-405. Reprinted in Oliver E. Williamson and Sidney Winter, eds., 1991. The Nature of the Firm: Origins. Evolution. Development. New York: Oxford University Press, pp. 18-33.

Coase, Ronald H. 1972. “Industrial Organization: A Proposal for Research.” in V. R. Fuchs. ed., Policy Issues and Research Opportunities in Industrial Organization. New York: National Bureau of Economic Research, pp. 59-73.

Coase, Ronald H. 1992. "The Institutional Structure of Production." American Economic Review. 82 (September): 713-719.

Commons, John R. 1932. "The Problem of Correlating Law, Economics, and Ethics." Wisconsin Law Review. 8: 3-26.

Cooter, Robert, and Thomas Ulen. 2000. Law and Economics. 3rd ed. Reading, Mass: Addison-Wesley.

Crocker, Keith, and Scott Masten. 1996. "Regulation and Administered Contracts Revisited: Lessons from Transaction-Cost Economies for Public Utility Regulation," Journal of Regulatory Economics 8: 5-39.

Cyert, Richard M., and James G. March. 1963. A Behavioral Theory of the Firm. Englewood Cliffs, NJ: Prentice-Hall.

Dawkins, Richard. 1976. The Selfish Gene. New York: Oxford University Press.

Demsetz, Harold. 1983. "The Structure of Ownership and the Theory of the Firm/Comment," Journal of Law & Economics. 26 (June): 375-393.

Dixit, Avinash. 1996. The Making of Economic Policy: A Transaction Cost Politics Perspective. Cambridge, MA: MIT Press.

Easterbrook, Frank, and Daniel Fischel. 1986. "Close Corporations and Agency Costs," Stanford Law Review, 38 (January): 271-301.

Elster, Jon. 1994. "Arguing and Bargaining in Two Constituent Assemblies," unpublished manuscript, remarks given at the University of California, Berkeley.

Fama, Eugene F., and Michael C. Jensen. 1983. "Separation of Ownership and Control," Journal of Law and Economics 26 (June): 301-326.

Feiwel, George, ed. 1987. Arrow and the Ascent of Modern Economic Theory. New York: New York University Press.

Galanter, Marc. 1981. "Justice in Many Rooms: Courts, Private Ordering, and Indigenous Law," Journal of Legal Pluralism, 19: 1-47.

Georgescu-Roegen, Nicholas. 1971. The. Entropy Law and Economic Process. Cambridge, MA: Harvard University Press.

Gibbons, Robert. 2000. "Why Organizations are Such a Mess (and What an Economist Might Do About It)," unpublished manuscript.

Gilson, Ronald. 1984. "Value Creation by Business Lawyers: Legal Skills and Asset Pricing," Yale Law Journal, 94 (December): 239-313.

Granovetter, Mark. 1985. "Economic Action and Social Structure: The Problem of Embeddedness," American Journal of Sociology, 91 (November): 481-501.

Hahn.Frank. 1991. "The Next Hundred Years," EconomicJournal, 101 (January): 47-50.

Hart, Oliver. 1995. Firms Contracts, and Financial Structure. New York: Oxford University Press.

Hayek, Friedrich. 1945. "The Use of Knowledge in Society," American Economic Review, 35 (September): 519-530.

Hurst, Willard. 1964. Law and Economic Growth: The Legal History of the Lumber Industry in Wisconsin, 1836-1915. Madison: University of Wisconsin Press.

Joskow, Paul. 1991. "The Role of Transaction Cost Economics in Antitrust and Public Utility Regulatory Policies," Journal of Law, Economics, and Organization, 7 (Special Issue): 53-83.

Joskow, Paul L. 2000. "Transaction Cost Economics and Competition Policy," unpublished manuscript.

Klein, Benjamin. 1980. "Transaction Cost Determinants of' Unfair Contractual Arrangements," American Economic Review, 70 (May): 356-362.

Kreps David M. 1990, "Corporate Culture and Economic Theory," in James Alt and Kenneth Shepsle, eds.,

Perspectives on Positive Political Economy. New York: Cambridge University Press, pp. 90-143.

Kreps, David M. 1999. "Markets and Hierarchies and (Mathematical) Economic Theory," in Glenn Carroll and David Teece, eds., Firms, Markets, and Hierarchies. New York: Oxford University Press, 121-155.

Levy, Brian, and Pablo Spiller. 1994. "The Institutional Foundations of Regulatory Commitment: A

Comparative Analysis of Telecommunications Regulation," Journal of Law. Economics and Organization. 10 (October): 201-246.

Levy, Brian, and Pablo Spiller. 1996. Regulations. Institutions, and Commitment: Comparative Studies of Telecommunications. Cambridge University Press.

Llewellyn, Karl N. 1931. "What Price Contract? An Essay in Perspective." Yale Law Journal, 40: 704-751.

Lyons, Bruce R. 1996. "Empirical Relevance of Efficient Contract Theory: Inter- Firm Contracts," Oxford Review of Economic Policy. 12 (No. 41: 27-52.

Macneil, lan R. 1974. "The Many Futures of Contracts," Southern California Law Review, 47 (May): 691-816.

March, James G., and Herbert A. Simon. 1958. Organizations. New York: John Wiley & Sons.

Markowitz, Harry. 1952. "Portfolio Selection." Journal of Finance, 7 (March): 77-91

Masten, Scott, and Stephane Saussier. 2000. "Econometrics of Contracts: An Assessment of Developments in the Empirical Literature on Contracting," Revue D' Economie Industrielle, 92: 215-236.

McKenzie, L. 1951. "Ideal Output and the Interdependence of Firms," Economic Journal, 61 (December): 785-803.

Meese, Alan J. 1997. "Price Theory and Vertical Restraints: A Misunderstood Relation" UCLA Law Review, 45 (October): 143-204.

Merton, Robert. 1936. "The Unanticipated Consequences of Purposive Social Action," American Sociological Review, 1: 894-904.

Michels, Robert. 1962. Political Parties. Gleneoe, IL: Free Press.

Nelson, Richard R., and Sidney G. Winter. 1982. An Evolutionary Theory of Economic Change. Cambridge, MA: Harvard University Press.

Newell, Alan, and Herbert Simon. 1972. Human Problem Solving. Englewood Cliffs, NJ: Prentice-Hall, Inc.

North, Douglass. 1990. "A Transaction Cost Theory of Politics." Journal of Theoretical Politics, 2 (No. 41): 355-367.

Polinsky, A. Mitchell. 1989. An Introduction to Law and Economics. 2nd ed.Boston: Little, Brown.

Posner, Richard A. 1972. "The Appropriate Scope of Regulation in the Cable Television Industry," The Bell Journal of Economics and Management Science, 3. No.1 (Spring): 98-129.

Posner, Richard A. 1976. Antitrust Law. Chicago: University of Chicago Press.

Posner, Richard A. 1979. "The Chicago School of Antitrust Analysis," University of Pennsylvania Law Review, 127 (April): 925-948,

Posner, Richard A. 1986. Economic Analysis of Law. 3rd ed. Boston: Little,Brown.

Posner, Richard A. 1993. "The New Institutional Economics Meets Law and Economics," Journal of Institutional and Theoretical Economics. 149 (March): 73-87.

Posner, Richard A. 1998. Economic Analysis of Law. 5th ed. New Yolk: Aspen Law & Business.

Rabin, Matthew. 1998. "Psychology and Economics," Journal of Economic Literature, 36 (March): 11-46.

Rindfleish, Aric, and Jan Heide. 1997. "Transaction Cost Analysis: Past, Present, and Future Applications," Journal of Marketing, 61 (October): 30-54.

Riordan, Michael, and Oliver Williamson. 1985. "Asset Specificity and Economic Organization," International Journal of Industrial Organization, 3: 365-378.

Rubin, Edward. 1995. "The Non-Judicial Life of Contract: Beyond the Shadow of the Law," Northwestern University Law Review, 90 (Fall): 107-131.

Schultz, George. 1995. "Economics in Action: Ideas, Institutions, Policies," American Economic. Review, Papers & Proceedings, 85 (May): 1-8.

Scott, W.Richard. 1998. Organizations: Rational, Natural and Open Systems. Upper Saddle River, N.J.: Prentice Hall, Inc.

Seiznick, Philip. 1950. “The Iron Law of Bureaucracy,” Modern Review, 3:157-165.

Shapiro, Carl, and Hal R. Varian. 1999. Information Rules: A Strategic Guide to the Network Economy. Boston, Mass.: Harvard Business School Press.

Shelanski, Howard, and Peter Klein. 1995. “Empirical Research in Transaction Cost Economics: A Review and Assessment,” Journal of Law, Economics and Organization, H (October): 335-361.

Simon, Herbert. 1947. Administrative Behavior. New York: Macmillan.

Simon, Herbert. 1957a. Administrative Behavior. New York: Macmillan,2nd ed.

Simon, Herbert. 1957b. Models of Man. New York: John Wiley & Sons.

Simon, Herbert. 1978. “Rationality as Process and as Product of Thought,” American Economic Review, 68 (May): 1-16.

Simon, Herbert. 1985. “Human Nature in Politics: The Dialogue of Psychology with Political Science,” American Political Science Review, 79: 293-304.

Simon, Herbert. 1991. “Organizations and Markets, “Journal of Economic Perspectives, 5 (Spring): 25-44.

Simon, Herbert. 1997. An Empirically Based Microeconomics. Cambridge, U.K.: Cambridge University Press.

Summers, Clyde. 1969. “Collective Agreements and the Law of Contracts,” Yale Law Journal. 78 (March); 537-575.

Teece, David J. and Gary Pisano. 1994, “The Dynamic Capabilities of Firms: An Introduction,” Industrial and Corporate Change. 3,: 537-556.

Williamson, Oliver E. 1964. The Economics of Discretionary Behavior: Managerial Objectives in a Theory of the Firm. Englewood Cliffs, NJ: Prentice-Hall.

Williamson, Oliver E. 1975. Markets and Hierarchies: Analysis nnn Antitrust Implications. New York: Free Press.

Williamson, Oliver E. 1977. “Predatory Pricing: A Strategic and Welfare Analysis.” Yale Law Journal, 87 (December): 284-340.

Williamson, Oliver E. 1983. “Credible Commitments: Using Hostages Tn Support Exchange.” American Economic Review. 73 (September): 519-540.

Williamson, Oliver E. 1985. The Economic Institutions of Capitalism New York: Free Press.

Williamson, Oliver E. 1991. “Comparative Economic Organization: The Analysis of Discrete Structural Alternatives,” Administrative Science Quarterly, 36 (June): 269-296.

Williamson, Oliver E. 1993a. “Transaction Cost Economics and Organization Theory,” Institutional and Corporate Change, 2 (2): 107-156.

Williamson, Oliver E. 1993b. “Calculativeness, Trust, and Economic Organization,” Journal of Law and Economics, 36 (April): 453-486.

Williamson, Oliver E. 1996. The Mechanisms of Governance. New York: Oxford University Press.

Williamson, Oliver E. 1999. “Public and Private Bureaucracies,” Journal of Law. Economics, and Organization, 15 (April): 306-342.

Williamson, Oliver E. 2000. “Empirical Microeconomics: Another Perspective,” unpublished manuscript.

Williamson, Oliver E., Michael L. Wachter, and Jeffrey E. Harris.1975. “Understanding the Employment Relation: The Analysis of Idiosyncratic Exchange,” Bell Journal of Economics, 6 (Spring): 250-80.

# 基本药物供应体系应该完全市场化

## The Delivery System of Essential Medicines Should be Market-oriented

朱恒鹏

所谓基本药物，按世界卫生组织的定义是指“那些满足优先卫生保健需要，在任何时候均有足够的数量和适宜的剂型，其价格是个人和社会能够承受得起的药品”。我国推行基本药物政策已近30年。新一轮医疗卫生体制改革（以下简称“新医改”）的目标是建立“基本医疗卫生制度”，基本药物供应保障体系将是该制度的一个重要组成部分。但是究竟如何保障基本药物的有效供给和合理使用，有关各方却没有取得共识。卫生部门的思路是建立基本药物的“集中采购、统一定价、统一配送、强制使用”制度[1]。问题是这是否是一种有效的制度安排？是否还存在着更好的政策选择？本文试图回答这一问题。

## 基本药物的可获得性较低吗？

按照卫生部门的说法，目前国内基本药物的推行工作仅停留在《国家基本药物目录》的制定上，尚未能在实际的医疗服务中真正发挥有效作用。而且《国家基本药物目录》实际上被医疗机构束之高阁，成为摆设。按照卫生部门相关研究报告的说法就是“基本药物的可获得性较低”（叶露等，2008）。

不过，利用卫生部门提供的调研资料，我们发现上述说法缺乏事实依据。之所以得出这样的判断，证据如下[2]：

（1）由国家药监局、卫生部和世界卫生组织驻华代表处三方于2007年7月共同完成的调研报告《中国基本药物的可获得性及其使用的调查研究》提供了这样一组数据：在山东和甘肃两省调研的63家各级医院中[3]，基本药物品种数在医院西药中的比例均较高。两省不同等级医院2006年度购入的西药品种中基本药物的平均比例均高于2/3，在山东省三

* 作者为中国社会科学院经济研究所研究员。

1 最初的方案是“定点生产、集中采购、统一定价、统一配送、强制使用”，由于各方面的强烈反对，“定点生产”的要求最终被取消。

2 该处所引用的调研数据均以2004年修订公布的第四版国家基本药物目录为分析依据。该版目录是此次新医改方案公布前正在使用的基本药物目录。

3 根据山东和甘肃两省拥有的三级、二级、一级医院总数，按10%的比例进行抽样。三级、二级和一级医院之间的比例为2:3:5。山东省实际调查40家各级医院，其中三级、二级、一级医院分别为8家、17家和15家，甘肃省实际调查23家各级医院，其中三级、二级、一级医院分别为5家、11家和7家。

同时按10%比例在国家基本药物目录和WHO基本药物目录中随机抽取了148个药品（247个剂型品种）在医疗机构中的配备情况进行了调查。通过调查基本药物的使用情况，了解影响医生处方和病人选择药品的各种因素。调查内容包括调查处方中使用的基本药物比例与处方费用。

在被调查医院中，随机抽取2006年中的1天，在当天所有门诊成人处方（除急诊、高干、传染、儿科、中药）中随机抽样100张处方，如当日处方量少于100张，则调查所有处方。实际共调查5 456张处方。

级、二级、一级医院的这一比例分别为80%、72%和67%，而甘肃省三级、二级、一级医院的这一比例分别为74%、80%和93%。处方抽样调查显示，基本药物占所有药品品种的平均比例在山东省和甘肃省分别为70%和78%。医疗机构反映的基本药物供给短缺只发生在小部分品种上。

（2）上述调研报告还给出了另外一组调研数据：2001年国家药监局药品评价中心采用世界卫生组织/国际合理用药网络（WHO/INRUD）部分调研指标，对北京、武汉、重庆、广州四个城市的药品状况进行调研，发现26家医院平均每张处方药品数为2.74种，基本药物的使用比例为82.8%。

（3）由复旦大学公共卫生学院胡善联、张崖冰和叶露完成的《国家基本药物制度研究》课题[4]总报告给出了这样一组数据：2005年全国药品费用为4 142亿元，占卫生总费用的44.19%，年人均药费316.78元。其中，原国家基本药物目录中的药品费用约占总药品费用的84.4%。

以上由卫生部或者国家药监局进行或者资助的研究课题提供的三组数据表明，不管是按照品种数量计算还是按照药品费用计算，各级医疗机构70%~80%的用药选择了基本药物[5]。如此高的使用比例，显然不能得出“基本药物的可获得性较低”或者说基本药物受到冷落的结论。至少从总体上讲，入选国家基本药物目录的药品是国内医疗机构及患者的主要用药选择。正是因为这个原因，我们说所谓的“基本药物可获得性较低”的结论并不成立。

那么有关国内药品可获得性的“真问题”是什么呢？我们认为，正确的问题陈述应该是：廉价药物可获得性较低。我们同样利用上述几个研究报告说明这一点：

（1）在由国家药监局、卫生部和WHO驻华代表处三方共同完成的那篇调研报告中，引用了这样一份调研资料，北京市药监局2003年的调查发现，被调查的1 500多种基本药物中，近500种在北京市场无从寻觅。而这500余种基本药物中，近1/3在全国已没有任何企业愿意生产。对于这一调研结果，上述报告给出的解释是：“由于国家基本药物目录收录的绝大多数是普通药、常用药，由政府进行定价，并在近年来不断降价，因而其利润空间相对较小，生产企业和药店对这类药物的生产和销售积极性不高，有的企业虽然获得生产许可，但只是少量生产或根本不生产；其结果是市场上一些基本药物严重短缺。”[6]

（2）刘宝、武瑞雪和叶露（2007）还引用了2006年3月29日《人民日报》的一篇文章（李晓宏，2006）提供的一个资料：2005年北京天坛医院药剂科主任赵

4 该课题由卫生部中国卫生政策支持项目（HPSP）资助，项目编号是2006006。

5 如果医生在开方时首选基本药物、大比例使用基本药物，却不知道《基本药物目录》为何物，那恰恰是基本药物制度成功的最高境界。一个制度成功的最高境界不是让人们时时记得有这样一个有形的制度存在，而是这个制度所倡导的规则已经成为人们的自觉（无意识的习惯）同时对那个有形的制度却已经浑然不觉。

6 从各相关文献看，有关北京市药监局2003年的这次调查结果均来自于《中国医药报》2004年10月14日龚翔的文章《利润薄，认知度低，遴选机制不健全——基本药物市场缺货，谁之过》。上述调研报告和叶露、胡善联等人完成的“国家基本药物政策研究”课题的相关研究报告（刘宝、武瑞雪、叶露，2007；叶露、陈文、应晓华、刘宝、胡善联，2008）均以类似文字引用了北京市药监局这次调研，资料来源均为龚翔的这篇文章。

志刚开展的一项名为“医院常用药品供应短缺现状”的研究课题[7]，在对全国5个地区的调查中，发现有200多种药品供应短缺；这些短缺药品分为两种：一是临床常用廉价药，二是临床必需的小品种药[8]。此外，刘宝、武瑞雪和叶露（2007）还引用了其他一些新闻报道[9]，来说明“基本药物的可获得性较低”，但是在所有这些被引用的新闻报道中除了龚翔（2004）专门谈了基本药物问题外，其他文章提到的短缺药品都是廉价药品，至于这些廉价药品是否纳入了基本药物目录，这些文章并未提及，事实上这些报道的核心主题就是廉价药物短缺，根本就没有涉及“基本药物”这个概念。

上述调研报告或者研究报告提供的资料表明，核心问题不是基本药物而是药品价格：一种药品是否短缺关键不在于它是不是“基本药物”，而在于它是否因价格太低而受到冷落。事实上，许多纳入基本药物目录的药品改头换面重新获得“新药”批号从而价格大涨以后，完全能够获得医疗机构及医生的青睐，市场需求也因此大增。当然，注册为“新药”后，它们依然是基本药物，因为它们的主要成分没有改变，化学名（通用名）没有改变。

因此，关于基本药物，正确的描述应该是：基本药物目录中的药物供给呈现两种相反的趋势：第一个趋势是一些“基本药物”改变剂型后被重新注册为“新药”，变得相当昂贵，从而丧失了“价格是个人和社会能够承受得起”的特征；第二个趋势是部分廉价品种由于价格太低受到医疗机构冷落没有市场需求，导致企业不愿生产，从而供给不足甚至没有供给。

因此，真正的问题是“廉价药的可获得性较低”而不是“基本药物的可获得性较低”，把前者说成是后者，即便不能说是错误，也至少是转移了问题的重心，模糊了问题的实质。

## 是谁在冷落廉价药品？

关于国内药品市场上廉价药品短缺的原因，相关部门采取了各打三十大板的做法，把责任平摊到药品生产企业、经销企业和医疗机构身上。典型的说法就是：由于药厂不愿意生产基本药物、经销商不愿意经销基本药物、医院和医生不愿意使用基本药物，最终使基本药物的可获得性存在很大问题（叶露等，2008；李玲，2008）。这种说法貌似公允，却不符合事实。由于医疗机构控制了国内药品市场80%左右的市场份额，所以国内的药品需求基本上由医疗机构及医生的处方行为决定，医药工商企业的药品生产和经销品种选择也基本上由医疗机构及医生的处方行为决定。由此来看，造成国内药品市场上廉价药品短缺的根本原因是医疗机构及医生不愿意使用廉价药，使廉价药没有市场需求。没有市场需求，药品生产企业自然不愿意生产，经销企业自然也就不愿意经销。事实上，一个竞争性的药品生产和供应体系已经在国内形成，这两个行业之所以没有通过市场竞争实现优胜劣汰，是因为作为药品需求者的医疗机构缺乏“汰

7 李晓宏，《经典廉价药，医院难找到》，《人民日报》，2006年3月29日。

8 需要指出的是，这类药物和一般普通基本药物有本质性差异，需要特殊政策，本文不做讨论。

9 如2005年8月1日《人民政协报》李玮颖和顾意亮的文章《民革上海市委一份提案：廉价经典药又回来了》、2006年3月23日《中国医药报》王银华的文章《上海廉价药复出市场有望》、2007年1月23日SMG电视新闻中心的一个报道《配不到的硝酸甘油》以及2007年4月9日中央电视台的一个报道《降价十年廉价药“退守”农村市场》。

劣择优”的激励。问题完全出在医疗体制上，药品生产和供应体系没有责任。下面我们来详细说明这一点。

### 1. 公立医疗机构主导了国内药品市场、决定了药品需求的品种与数量

医疗行业进入管制和公费医疗及医疗保险定点制度使得公立医疗机构在国内医疗服务市场上获得了行政垄断地位。不幸的是，行政管制失当将公立医疗机构在医疗服务供给上的这种垄断地位延伸到了药品零售业务上，使公立医疗机构在垄断了医疗服务供给之外又垄断了药品零售业务。具体而言，按照政府确定的药品分类管理体制，医疗机构事实上控制了处方药零售业务，由于处方药销售占国内整个药品零售额的80%左右（王锦霞，2004；陈文玲，2005；中国卫生经济研究所，2008），因此公立医疗机构事实上控制了绝大多数药品的零售业务，这使得国内的公立医疗机构成为药品市场上的双向垄断者：面对众多的药厂和医药经销商，医院处于买方垄断地位，因为它控制着80%的终端市场，面对这样一个垄断买方，数量众多的医药工商企业基本没有讨价还价能力，只能满足医院的种种要求。而面对患者，医院处于卖方垄断地位，因为它控制着绝大多数处方药的开方权、销售权以及公费医疗与医保的定点资格，面对这样一个垄断卖方，患者更没有什么讨价还价能力，也没有什么选择权，往往只能根据医生的处方在就诊医院买药。

医院在药品零售方面的垄断，完全是一种行政垄断。

此外，为了保护乃至谋求更大的经济利益，医院会尽可能地保护自己在药品零售上的垄断地位，以隔绝来自社会药店以及医院之间的价格竞争。显然，如果病人拿着医生开的处方到外面买药，业内俗称“跑方”[10]，医院就不可能得到售药收益，因此医院会采取措施防止“跑方”现象，传统的做法是用拉丁文或者特别潦草的笔迹书写药方以使外人无法辨认。目前这种方式已经较为少见，现在的主要手段是使用无纸化处方，将处方信息输入磁卡或者计算机通过局域网直接传送到药房，使得患者无法到外面配药。此外，由于同种药品国内一般有数十个甚至数百个厂家生产，尽管这些药品的化学名（通用名）是一样的，但是不同药厂生产的具有不同的商品名[11]。各个医院购进的同种药品往往产自不同的药厂。因此，医生在开方时有意使用药品的商品名而不是化学名（通用名），这进一步强化了医患之间本来就存在的有关药品替代性知识的信息不对称性，大大增加了患者到外面配药的难度，加强了医院售药的垄断地位，同时也使得医疗机构更易于用昂贵药品替代廉价药品[12]。

---

10　显然这种现象主要发生在自费病人中间。由于定点制度的约束，公费和医保病人很少出现“跑方”现象。此外，2002年放开药店审批之前，“跑方”现象也较为少见，因为当时医院和药店的药品都是按照国家的统一定价销售，“跑方”到药店配药对患者没有好处。而且开方和购药均在医院，一旦出现问题，责任明确。

11　药品一般有三种名称，即化学名、通用名和商品名。化学名是根据药品的化学成分确定的化学学术名称，通用名称是国家药典采用的法定名称，不同药企生产的同种药品的通用名是一样的，而商品名是指药品生产厂商自己确定，经药品监督管理部门核准的产品名称。在一个通用名下，由于生产厂家的不同，可有多个商品名称。

12　医生在处方中使用商品名的主要目的是为了顺利地从医药代表或药品代理商那里拿到相应的回扣，因为只有这样医药代表才能准确了解哪些医生开出了多少自己代理的药品。因此，商品名处方是“回扣”式药品推销得以畅行的必要条件之一。使用商品名处方的直接后果是：医生可以更容易地将疗效类似、但价格更高、往往也是“回扣”更大的药品开给消费者（梁雪峰，2006）。

药品从生产到零售整个过程中的利润分配格局从一个角度说明了医疗机构的垄断地位。据原国家经贸委的统计数据，2001年全国医药工业企业利润额为176亿元，全国医药商业企业利润额为9.4亿元。而同期全国医院药品差价收入额约为504亿元。即每100元药品利润中，医院占了73.1%，生产企业占了25.5%，流通企业占了1.4%（王锦霞，2004）。显然，绝大多数药品收益被医院拿走。我们可以用美国的类似数据作一对比，在美国药品市场上，医院只占据了20%左右的市场份额，其余的80%由药店等零售机构占据。美国连锁药店协会（NACD）公布的统计数字表明，2004年每100美元药品销售收入中，制药企业获得76.5美元，批发商获得3.4美元，零售商获得20.1美元，而医院卖药基本没有收益。由中美这组数据的巨大差异可以非常清楚地看出国内药品市场上医疗机构的强势地位。

我国目前实行的药品集中招标采购制度清楚地展现了医疗机构在药品市场上的强势地位。在目前的药品集中招标采购制度中，医疗机构是委托方，药品招标代理机构是代理方。根据《招标代理服务收费管理暂行办法》第十条，招标代理服务实行“谁委托谁付费”原则。因此医院理应支付招标代理费。但事实上在药品集中招标采购中代理服务费是由药厂支付的。而且在定标之后，根据招标人的要求，中标药厂要向招标代理机构缴纳一定数额的履约保证金作为其保证履行合同义务的担保。而医疗机构却不需要缴纳任何保证金来保证其履行义务。实际上，医院单方面不执行合同，甚至对招标的药品任意退货[13]，而且不与中标企业签订购销合同，不使用中标品种[14]，不执行招标价格，以及不按合同约定及时付款[15]等情况普遍存在。集中招标采购制度导致药品生产企业利润下降，却并没有减少医疗机构的卖药收益，医院的强势买方地位和垄断卖方地位也没有在药品招标采购中有所削弱（顾海、唐艳、邓晨珂，2006）。

## 2. 医药工商企业以市场需求为生产经营导向是规范的企业行为

前述由国家药监局、卫生部和WHO驻华代表处三方完成的调研报告中，给出了对山东和甘肃两省制药企业的调研结果：两省制药企业停产基本药物的最主要原因是该药品使用量不大和利润太低，有50%左右的基本药物停产是因为这两个原因。在影响药品生产的最重要因素中列前三位的是市场需求、市场占有率和生产成本。有2/3的制药企业认为市场需求是最重要的影响因素。这一调查结果表明，制药企业的生产品种选择以市场需求为导向。

药品生产企业和经销企业根据市场需求和利润高低确定产品品种，对市场经济

13　医院作为药品“消费”的主体，一般会在合同中注明无条件退货的条款，事实上这是一个不公平的协议。有些医院动辄将两三年前的药品退回给企业，有些医院则将过期、失效的药品退回给企业，有些医院甚至将一大堆不是从该企业购进的药品退给该企业，而该企业却只能无条件接受。医院实行无条件退货，致使中标的企业蒙受了不小的损失。

14　有些医院不使用中标品种，而是以非中标品种来替代中标品种，或仅少量使用中标品种，而大量地使用非中标品种。据统计，有近30%的医院存在着标外采购的现象，其标外采购的药品品种可达其总采购量的40%以上，金额占其药品总采购金额的50%。

15　国家明文规定，承付货款的最长期限不得超过2个月。但真正能在2个月内付清款项的只有极少数医院，大多数医院付款都超过了3个月，不少医院付款平均都在6个月以上，个别医院付款还在8个月以上。

中的企业来说，是合情合理的选择。医药工商企业的这一做法没有什么可指责之处。真正有意义的问题是：什么因素决定了药品的市场需求？由于大多数基本药物是处方药，因此决定国内药品市场基本药物需求的是医疗机构和医生，如果基本药物目录的确覆盖了治疗绝大多数疾病的药品，并且目录中的基本药物真的符合“临床必需、安全有效、价格合理、使用方便”的原则，而医疗机构及医生却较少选用基本药物，那么存在问题的就是医疗机构和医生的处方行为了，从根本上说，是引导医疗机构及医生处方行为的激励机制存在问题。而这正是国内廉价药物受到冷落的根本原因。

## 医疗机构为何冷落廉价药?

在中国，医院的经费来源即所谓的补偿机制主要有三种：财政拨款、医疗服务收入和药品收入。改革开放以来，国家财政投入占医院总收入的比重逐年减少，一些大医院只占到几十分之一甚至百分之一，目前这个比例全国平均不足 10%（陈文玲，2005，朱晓法，2005）。由于医疗服务定价明显偏低，医生的技术劳务价值没有得到应有体现，使得医院仅靠医疗服务收费根本不能弥补经营成本。因此政策上允许医院以 15%的药品进销差价来弥补亏空，这就是通常所讲的“以药补医”的补偿机制。

“以药补医”机制使医院获得了通过出售药品获得盈利的合法权利。使得药品销售与医疗机构、医务人员的经济利益直接相关。此口一开，医院自然会充分利用这一政策谋取收入最大化。在这种情况下，国内的公立医院虽名为非营利性医院，但几乎所有医院都变成了从药品销售中获利的营利性机构。近几年在医院的总收入中，药费收入占 60% 左右，少数中小医院高达 70% ~80%（朱晓法，2005），药品销售成为医院收入的主要来源。在药品的使用上，基本上是哪种药品给医院带来的净收入多，医院购进和销售这种药品的积极性也就越大。尤为恶劣的是，为了增加售药收入，医院、医生诱导患者过度使用药物，即所谓的开“大处方”，造成药物滥用。比如，抗生素在医院环节的差价率大都高于 30%，近几年医院药费收入排在前五位的都是抗生素，抗生素销售收入占医院药费总收入的 30% 以上，抗生素滥用现象十分严重。据调查，我国每年有 8 万人死于抗生素滥用（陈文玲，2005）。

可能是担心医院利用垄断地位哄抬药价，因此政策明文规定医院的购销差价率不能超过 15%。然而，这一本意是控制药品零售价格的管制措施，实际的实施效果是扭曲了医院的药品购销行为，使得医疗机构严重偏好购销高价药品[16]，排斥廉价药物，最终显著抬高了零售药品的价格。

药品购销加价率管制之所以导致医院倾向于购销高价药品，原因并不难理解：（1）由于药品加价率存在上限约束，因此批发价越高的药品，医院的批零加价收益越大：批发价格 10 元的药品，医院的加价收益最多只有 1.5 元，而批发价格 100 元的药品，医药的加价收益可以达到 15

16　这一结果并非中国独有，发达国家的管制经验早已表明，收益率管制会诱导被管制企业做大或夸大成本。因此会扭曲被管制企业行为，严重抑制被管制企业提高效率降低成本的积极性。台湾地区在 1995 年之前，也对医疗机构加价率进行行政管制，规定医疗机构购销加价不能超过 20%，结果也导致医疗机构严重偏好使用高价药元[17]。(2) 为了表面上不违背加价率管制而又尽可能获得最大卖药收益，医疗机构利用在药品零售环节的买方垄断地位和药厂合谋抬高药品批发价，这样一方面医疗机构可以合法获得更大的购销加价收益，另一方面医疗机构可以通过药厂返利也就是折扣回扣形式获得更多的卖药收益。这样一来，医疗机构实际获得的卖药收益显著超过了政策规定，同时表面上又没有违背政府的购销加价率管制。由此可见，正是加价率管制政策导致了医疗行业药品折扣行为的产生和泛滥。

由此我们不难理解为什么中国的药品市场特别是由医院控制的这部分市场，存在“药品价格越高、医院的药品购销量越大”这样一种表面看来相当反常的现象。正是因为这一原因，导致目前施行的医院用药集中招标采购制度事与愿违。在目前的招标制度下，规定同一品种药物存在三个中标厂家，因此临床用药的选择性很大，替代品很多。医院普遍采取在中标的同类药品中优先选购价格高或折扣（回扣）大的药品的做法，而低价中标药品由于价格低、回扣少或没有回扣，医院拒绝进货。这一现象在业内称之为“死标”。这使得一些在降价后成本与零售价格接近的廉价药品，如青霉素，基本上从医生的处方中消失了。由于医院控制了药品零售的 80%，从而主导了药品市场，而且由于患者缺乏必要的医药专业知识，无法自主选择药品，只能在医生的指导下用药，因此医生对药品的需求便替代了患者对药品的需求。只要某种药品不在医生处方中出现或出现的机会很小，这种药逐渐“退出”医院市场也就在所难免了。因此，医院的处方量决定着一个品种甚至一个厂家的生死，“死标”现象使得一些疗效可靠的常用药品因价低利薄被人为地逐出市场，不但医院不愿意进货，而且药店也不愿销售，往往使厂家不得不停产这种药品。

医院的上述药品购销行为诱使制药企业抬高药品批发价格，一方面满足医疗机构购买高价药品的偏好，另一方面留出更大的利润空间用于以高额回扣、折扣的方式向医院返还收益。

实际上，上述对医院药品进销差价率的管制方式是现行药品定价方法即所谓的顺加作价法的一部分，这种“高进高出、低进低出”的定价政策，刺激了医院和各个流通环节销售高价药的热情，由于控制药品销售终端的医疗机构倾向于购销高价药，这使得由顺加作价法带来的各流通环节购销高价药品的激励有了实现的可能，因此，国内药品流通领域一个相当普遍的现象是一些疗效稳定、安全性高的低价药品没有人愿意销售，从而迫使药企停止生产。

此外，国内公费医疗和城镇职工医保存在的机制缺陷也加剧了医疗机构的上述行为。医疗保险机构本应该作为医疗服务及药品的团购方，利用自己拥有的市场力量和专业技能实现对医疗机构的有效制约和规范，推动医院合理服务和合理定价。但目前我国医保机构显然没有做到这一点，不适当的医疗费用保险支付方式（主要采用按服务量付费的方式）不仅没有起到控制医疗费用的作用，反而进一步强化了医疗机构及医生过度服务、过度用药且偏好销售高价药品的行为。这种付费方式客观上还推动了“医患合谋”，也就是说

---

17　正如前面指出的，由于公立医院在药品零售环节具有双向垄断地位，药品采购几乎不占用医院的资金，因为绝大多数药企和销售商都给医院很长的回款期。因此，进销高价药并不增加医院的资金成本。

医保患者愿意听从医生的建议，接受过度的医疗服务和消费高价药品、排斥廉价药品，由此使廉价药进一步失去了市场。

上述原因正是廉价药品在国内市场上备受冷落的根本原因。由此，我们也说明了国内药品市场上廉价药品短缺根源于国内医疗体制存在的制度弊端以及医疗保险体制的制度弊端，而不应该归咎于医药生产和批发行业的不规范行为，和廉价药品备受冷落一样，医药工商企业的这些不规范行为恰恰是医疗体制弊端和医保体制弊端的结果，而不是廉价药品退出市场的原因。

## 药企为何可以轻易转产高价药？

有人将廉价药备受冷落归咎于药企拒绝生产，这种指责没有道理：作为以追求利润为目标的营利性企业选择利润最大的合法产品进行生产，本身就是市场经济的应有之意，也是作为营利性机构的企业组织的合情、合理、合法选择！问题的关键是在政府的直接价格控制下，特别是在政府连续二十余次的药品降价行动中，“前赴后继”的高价药是从哪里来的？它们来自新药[18]审批加单独定价政策。

原国家计委于2001年1月发布《关于单独定价药品价格制定有关问题的通知》，明确规定制药企业可以对政府定价的药品申请单独定价。其中规定，无论进口的、进口分装的还是国产的，如果国内市场上同种药品是由多家企业生产的，只要其中一家企业认为“其产品的质量和有效性、安全性明显优于或治疗周期、治疗费用明显低于其他企业同种药品、且不适宜按《政府定价办法》[计价格（2000）2142号）] 第六条规定的一般性比价关系定价的”，就可以申请单独定价。此外，拥有自主知识产权但已超出知识产权保护期的原研药，也可申请单独定价。需要指出的是，单独定价也是由政府价格主管部门确定最高零售价，而不是由企业自主定价，只是这一政府定价高于其他同类药品政府定价。

上述单独定价政策意图是鼓励药企研发新特药。但是在实际执行过程中，由于新特药审批政策过于宽松，使药企能够轻易通过开发新药来规避政府的价格管制，因此目前这一政策成为药企普遍采用的一种规避政府价格管制、抬高药价的工具。

市场上很多所谓的“新药”，大部分是原有品种过了专利保护期的仿制药，国内药企通过改变剂型、改变规格、改变包装、改变给药用途，或者添加少数无关紧要的成分以申报新药名和新商标的办法来开发成所谓的“新药”，然后利用单独定价政策或者企业自主定价政策重新定价为高价药品。药企要做到这一点，新药审批这一关至关重要。而国家药监局对新药的审批非常宽松，据张映光和戴维（2005）报道，2004年，中国药监局共受理了10 009种新药申请，其中没有一种是真正的新化学实体。另外，国家药监局官员称2005年批准了1 113种新药，而同年度美国FDA新药审批数量只有81种（章剑峰，2006）。这一显著的数字差异，体现了中美之间有关新药定义的差异。也形象地说

18　新药系指我国未生产过的药品。已生产的药品改变剂型、改变给药途径、增加新的适应症或制成新的复方制剂，亦按新药管理。我国对仿制药之所以按照新药管理，是国家药品监督管理局鉴于仿制药审批权在各省出现仿制药泛滥的问题，于是采取了这种管理办法。即所谓的“地标”转“国标”。事实已经证明，管理权上收到中央部门，并没有改变仿制药泛滥的局面，正如正文中所讲的，反而带来了更多的弊端。

明了国内新药标准的宽松[19]。

此外，中国的新药审批缺乏有效的外界监督。没有一个机构能对审核新药的药监局和专家组进行监督。这使得新药审批环节中存在着各种各样的寻租现象，其中的官员腐败问题触目惊心（章剑峰，2006；陈小莹、沈玮，2007）。

而单独定价政策也存在先天缺陷，质量与疗效的优劣界线模糊，赋予了相关审批人员很大的自由裁量权，审批过程也不公开、不透明，缺乏监督。相关报道透露，一家企业欲申报新药并最终获得单独定价，往往要耗资数百万元甚至近千万公关费用（张映光、戴维，2005；章剑峰，2006）。

需要指出的是，上述问题的实质是政府不当的药价管制（包括所谓的单独定价政策）引致的药企行为扭曲，宽松的新药审批政策只是药企这一行为得以实现的辅助条件罢了。

## 基本药物“统购统销”制度绝不可行

如前所述，国内医疗机构尤其是大型公立医院严重偏好购销高价药品、排斥廉价药物根源于国内医疗医药体制存在的一系列制度性弊端。所有这些体制弊端的根源，在于政府管制和治理措施的失当。这正是导致国内药价虚高的根本原因。也正是这一制度性弊端导致一些基本药物尽管具有“临床必需、安全有效、使用方便”的良好特征，但因为价格低廉不能满足公立医院的逐利要求而被弃之不用。由于公立医院控制了80%左右的药品零售，因此只要哪种药物不被医院使用，这种药物就会在很大程度上失去市场需求，从而使制药企业及经销企业无法生产并销售这种药物。《国家基本药物目录》中的许多药品市场上没有供给的根本原因就在于此。

也就是说，廉价药品（包括一些基本药物）备受冷落不是因为药厂不愿意生产、批发企业不愿意配送，而是因为公立医疗机构不愿意使用。

因此，解决廉价药备受冷落问题的根本措施是消除上述医疗医药体制弊端。然而，卫生行政部门提出的改革思路，却是建立基本药物“统购统销”体制，即对基本药物实行“集中采购、统一定价、统一配送、强制使用”制度。这样的改革思路，与我国医药行业的市场化进程完全背道而驰。

试图在药品生产和流通领域来寻找问题的解决思路是典型的“葫芦僧判葫芦案”。因为包括某些基本药物在内的廉价药品得不到正常使用的根源在于医疗医药体制存在的制度性弊端，尤其是政府对公立医院的不当管制。不从这个根源处着手来解决问题，非但不能治本，连标也治不了。甚至会越治越乱。

现行医疗体制的一个根本性弊端是行政部门对医疗行业的介入太多。“十七大”明确提出的“管办分开”建议正是针对这一体制弊病的。而强化管制、实施政府主管部门对基本药物“统购统销”的主张却进一步加深了行政部门对医疗行业的介入，强化了医疗机构对行政主管部门的依赖，使得“管办分开”更加不可能。可以预期的是，所谓的“统购统销”制度不仅无法解决基本药物制度不能有效发挥作用的问题，还会导致更加严重的体制性弊病。

19　显然，这种现象削弱了国内药企的自主创新激励和自主开发能力。

首先，基本药物“集中采购、统一定价、统一配送、强制使用”制度将会大大增加卫生行政部门的行政权力和寻租空间。确定生产企业和配送企业的权力、确定配送价格和配送费用的权力等等，无疑为卫生行政部门增加了大量的寻租和腐败空间，这必然导致商业贿赂和行政腐败的盛行。药品集中招标采购制度由于强化了卫生行政部门的权力，已经暴露出这样的问题。所谓的“统购统销”制度将会显著增加卫生行政部门干预市场的权力，这样的行政管制体制，事实上是进一步增加行政腐败的发生概率和规模。

事实已经表明，中国作为一个向市场经济转轨的国家，政府对稀缺资源的配置权力过大和对微观经济活动的干预权力过大是市场发育缓慢、腐败难以消除的最重要原因。过分强调依靠政府力量，很可能埋下助长寻租活动乃至“权贵资本主义”的隐患。很多管制的实施目的其实只是为了增加政府官员自身的权力和利益。因此，对于反腐败而言，减少管制远比在官僚体制内增加激励和进行人事选择更为重要。对于这一点，我们应该有清醒的认识。

其次，“统购统销”的做法必然会导致药品生产和配送的行政垄断局面，在拥有行政垄断地位的情况下，指望生产企业和配送企业提高药品质量、降低生产成本、改善服务水平、降低流通费用、提高配送效率，恐怕是水中捞月。不要说品种繁多、质量难以观察的药品，即使像粮食和棉花这种质量容易观察和判断的单一产品，当年实施统购统销体制的结果也是效率低下、腐败丛生、亏损严重，财政不堪重负，老百姓怨声载道，最后不得不放开竞争、走向完全市场化。

以省为单位实施基本药物“统一采购、统一定价、统一配送、强制使用”制度，意味着省级主管部门垄断了全省的基本药物采购、配送和零售，这将会导致药品市场地方保护主义的泛滥和全国药品市场的板块分割，国内医药工商企业的做大做强将会变得遥遥无期。建立全国统一市场的改革目标也会变得遥不可及。

因此，可以预期的是，如果基本药物走向了“统购统销”，高度的行政管制权力和由此创造的、没有竞争约束的行政垄断所必然产生的行政腐败、低效率和高成本只会导致药价的进一步抬高和廉价药物的进一步短缺。与之相伴随的还有几乎必然出现的政府补贴的无底洞和财政的不堪重负。此外就是全国药品市场的板块分割和严重的地方保护主义。

2000 年开始实施的由卫生行政部门主导的药品集中招标采购制度已经是弊端丛生，不但没有降低药品价格，还把一些疗效可靠的廉价药品挤出了市场。对这一政策需要进行深入的反思，我们不应该再重复同样的错误。

实际上，在国内药品流通领域，通过完全市场化的途径已经发展出一些流通环节少、效率高、成本低的药品分销配送模式。这些模式大大减少了药品流通的中间环节，缩短了业务流程，明显加快了药品的配送速度，极大地降低了药品配送成本。在这些药品分销配送模式中，平均配送费用不足 4%，已经基本达到国际先进水平。目前，乡镇卫生院、农村卫生室、城乡药店、私人诊所、社区医疗机构、民营医院以及欠发达地区的县医院是这种配送模式的主要客户，在由零售药店占据的那部分药品市场中，这种药品配送方式已经占据了其中 50% 以上的份额。近年来，这种药品配送模式延伸到哪里，哪里的药品零售价格就会出现较大幅度的下降（15%以上）。事实上，每次平价药房掀起的降价风暴，背后都是以这些高效率的配送模式作为强大支撑。而且这种高效率的药品配送模式正是以配送廉价普药以及非处方药为主的。但是，由于占据药品零售80%市场份额的公立医疗机构严重偏好高价药、排斥廉价药，从而极大地抑制了这种高效率的市场化药品分销模式的发展。以上事实已经非常清楚地表明以下几点：

第一，主要由普药组成的基本药物完全能够通过市场化的药品分销模式加以推广和普及；换句话说，上述市场化药品分销模式是保障基本药物制度得以完善实施的最优制度安排之一；

第二，导致基本药物制度无法推广普及并有效发挥作用的恰恰不是市场化的药品流通模式，而是政府管制失当导致的医疗体制弊端；

第三，促使基本药物制度有效发挥作用的根本措施是减少政府管制，打破公立医院垄断，建立竞争性的药品零售市场，而不是强化政府管制，搞什么行政化的“统一采购、统一配送”制度。

## 市场化是药品供应体系改革的正确道路

前面的分析已经清楚地表明，市场化是药品供应体系改革的正确道路。具体的改革建议如下：

### 1．取消医疗行业价格管制，实现医疗服务市场定价，逐步消除“以药补医”机制，最终实现“以医养医”

欲根除医疗机构和医生偏好购销高价药、排斥廉价药物的行为，首当其冲的是理顺医药价格体系，把体现医务人员医疗技术和服务价值的医疗服务价格调整到合理水平，实现医疗服务合理定价，改变“以药补医”体制。不消除“以药补医”体制，解决医疗机构偏好购销高价药品的行为几无可能，因为在政府确定的医疗服务价格低于其成本、财政补贴又不足以弥补医疗机构收支缺口的条件下，医疗机构就只能通过高价卖药实现收支平衡，政府也只能允许医疗机构通过高价卖药实现足额补偿。因此，要想解决廉价药物备受医疗机构冷落、药品价格越高、医疗机构购销量越大的局面，提高医疗服务价格，理顺医药价格体系必不可少。

有人主张通过大力提高财政补偿的办法来解决“以药补医”问题。但是这条道路根本行不通。首先，如果实施财政全额补偿医疗机构的做法，必然导致激励不足问题，最终的结果是医生完全缺乏工作积极性，由此必然导致医疗机构效率低下、医疗服务质量低下且供给严重不足。财政全额补偿制度几乎还必然会产生医疗机构预算软约束问题，最终导致财政不堪重负。也就是说，财政根本没有能力全额供养所有医疗机构同时保证医疗服务供给不会出现明显短缺现象。国内计划经济下的医疗体制以及英国的公费医疗制度已经充分证明了这一点，我们没有必要重复同样的错误。其次，如果增加财政补贴但依然实行差额补贴制度，也就是增加对医疗机构的财政补贴但并不全额负担医疗机构运营成本，财政补偿不足部分医疗机构依然通过卖药收益弥补，这实际上没有改变目前弊端重重的医疗体制。财政补偿医疗机构运营成本的10%和补偿60%在体制方面没有实质差异，只要允许医疗机构通过卖药赚钱来弥补财政补偿之不足，并且依然维持其药品零售垄断地位，就不可能改变医疗机构高价卖药、卖高价药的局面。再次，如果财政只全额补偿部分公立医疗机构，其余医疗机构只能通过医疗服务收费和卖药利润维持收支平衡，那么且不说财政全额补偿的医疗机构缺乏效率的问题，不能得到财政补贴的医疗机构依然还是面临着一个理顺医疗服务与药品比价关系的问题，如果不改变目前医药价格体系扭曲的格局，这部分自负盈亏的医疗机构依然会存在高价卖药、卖高价药的激励。

由上述分析可知，欲解决廉价药物备受冷落、医疗机构偏好购销高价药的问题，首先需要提高医疗服务价格，使其体现医务人员医疗技术和服务价值，使得医务人员仅仅通过医疗服务收费就足以获得与其人力资本及其医疗服务价值相称的收入，使得医疗机构通过医疗服务收费就能够实现足额补偿。只有在这个前提条件下，普及基本药物才有可能。当然，为了防止医疗服务价格高企及医疗机构诱使患者过度消费，尽可能充分的医疗服务市场竞争必不可少。同时，完善的医疗机构及医生声誉机制和成熟的第三方付费制度也必不可少。

## 2. 消除公立医疗机构对药品零售的垄断

正如前面所讲的，对药品零售环节的垄断是公立医疗机构能够高价卖药、卖高价药的根本原因。因此，为消除廉价基本药物没有市场、而药品价格越高购销量越大的反常现象，必须逐步削弱并最终消除公立医疗机构在医药零售上的垄断地位。为做到这一点，需要采取如下改革措施：

首先，实现“管办分开”。如果依然维持“管办合一”体制，作为行业监管者的卫生行政管理部门依然是公立医疗机构的举办者和所有者，该部门就依然会利用其行业监管权力维护其下属医疗机构在医疗服务领域和药品零售环节的垄断地位，医疗医药行业的公平竞争就没有可能，而消除公立医院对药品零售的垄断也就没有可能。

其次，放开处方药零售权，允许社会药店销售处方药。现有的绝大部分药店均应该获得处方药销售权。

再次，消除进入管制，鼓励民营医院等新兴医疗机构的发展，降低全社会对公立医院的依赖程度，打破公立医院的垄断地位。

最后，改革公费医疗和医疗保险报销制度，凡是合法拥有处方药销售权的零售药店和民营医疗机构，均应该被确定为公费医疗和医保定点机构，同时赋予参保者定点医疗机构的自由选择权。

显然，在这样的体制下，患者就拥有了较充分的自主选择权利，患者既可以从医院也可以从药店买到处方药，而且对于那些享受医保的患者，不管从哪里买药都可以报销，公立医院怎么可能高价卖药、卖高价药？当然，做到上述各点需要一个技术性要求，那就是医生处方的规范化和社会化，即处方书写规范，处方信息透明。

## 3. 取消加价率管制

前面曾经指出过，加价率管制是导致医疗机构偏好购销高价药的重要原因，也正是这一管制措施，导致了医疗机构和药厂通过合谋抬高药品批发价、然后以各种折扣回扣形式向医疗机构返利的药品批发销售模式。为了消除这种低效率、高成本的药品销售模式，为了消除医疗机构和药厂合谋抬高药价的激励，为了消除医疗机构购销高价药的偏好，医疗机构药品进销差价率管制政策必须取消。

关于加价率管制，目前出现了一种非常极端的主张，那就是“零加价率”，即所谓的“零差率销售”，相关政府部门主张至少对基本药物施行零差率销售。然而，提出这种政策主张的人可能没有意识到这一主张所存在的缺陷：第一，如果既允许医疗机构销售基本药物，也允许医疗机构销售非基本药物，而基本药物必须零差率销售（且不说政府是否有能力、有积极性监管），其他药物却可以加价销售，显然医疗机构及医生会严重偏好使用能够带来更大经济利益的非基本药物，那么基本药物受到冷落将是不可避免的；第二，为避免第一种结果的出现，就需要强行规定医疗机构必须使用一定比例的基本药物（这正是相关部门有关基本药物制度的一项主张），问题是药物选择权是医生的基本权利，也是为实现合理用药必须赋予医生的一项权力，而且是否合理用药既涉及很强的专业技能又具有很大的个体差异性，因此关于基本药物使用比例问题就会带来无穷无尽的争吵和讨价还价，此外强制手段的实施也必然伴随着自上而下、没完没了的考核、评比，这类行政管理方式几乎在任何领域都从来没有产生过应有的效果，在医疗服务和合理用药这种专业性极强的领域就更不可能产生政府部门所宣称的效果，它更可能产生的是“医政合谋”，“俘获”和“寻租”；第三，更为极端的方式是要求一部分医疗机构比如社区卫生服务中心（站）、乡镇卫生院、村级诊所全部使用基本药物且必须零差率销售，并且通过财政全额补偿的方式实现这些医疗机构的足额补偿（且不管财政是否有这个能力）。问题是，如果这些医疗机构卖药没有任何收益，又何必再坚持让他们卖药？直接施行“医药分离”，让医疗机构专注于医疗服务，而把卖药的职能全部交给药店等零售机构不是更为简单可行[20]？“医药分离”本来就是“十七大”提出的一项改革目标，而且也是发达国家普遍施行、且已经证明对控制药品费用、实现合理用药行之有效的一种制度。我们何必绕那么大弯子，叠床架屋、增设机构，劳神费力地搞什么“零差率销售”和“收支两条线”制度？

在相关配套改革尚未完成的情况下，如果政府部门认为依然具有维持药价管制的必要，可以采取设定药品最高零售价的管制方式。但是，在药品零售市场走向充分竞争，医疗机构已经没有药品零售垄断地位的条件下，特别是在医保付费制度已经较为完善的条件下，政府的药价管制政策比如处方药的政府定价完全可以取消，足够充分的市场竞争完全可以把药价控制在其供给成本附近。自然，所谓的新特药单独定价政策也失去了存在的理由。在这种情况下，新药审批不再和药品定价挂钩，药企也就没有必要再进行那些名不副实的“新药”创新。

### 4. 改革医保付费制度，激励医疗机构降低医药费用

“新医改”成功的关键不是如何建立基本药物制度，而是如何重建医疗机构及医生的激励机制，实现医疗机构及医生和患者利益的“激励相容”。具体到药物上，那就是如何建立一种激励机制使医疗机构

20 众所周知的事实是，药店的药价一般比医疗机构的便宜。

及医生合理用药。医生合理用药了，药厂和批发企业自然会合理生产药品、合理配送药品。

在现行的“以药养医”制度下，医疗机构关心的是药品的盈利水平而不是药品的性价比。对于质次价高的药品，也缺乏激励予以抵制。正因为如此，那些质量低劣、毫无创新的医药小企业才能生存。一些医药生产和销售公司通过回扣的方式，把质次价高的药品推销到医疗机构。为了与之竞争，那些注重创新、注重质量、注重品牌的医药生产和销售公司，也不得不加入到所谓的“商业贿赂”行列之中。现行体制下医疗机构、医药工商企业的行为扭曲正是现行医疗体制对医疗机构及医生的激励机制扭曲的必然结果。

所以在整个“新医改”蓝图中，具有承上启下作用的是如何建立对医疗机构及医生的合理激励机制。

医生和医疗机构利用信息和知识优势诱使患者过度消费医疗服务的问题，一方面可以通过市场竞争和信誉机制来克服，另一方面可以通过以医疗保险为主体的第三方付费制度来克服。因为医疗保险机构具有足够的能力拥有专业团队和专业技能，实现和医疗机构之间的信息和知识对称，从而大大弱化医疗机构“诱导需求”的能力。此外，由于医疗保险把众多的投保者汇集在一起，从而拥有了足够的市场力量和医疗机构讨价还价，可以在保证医疗质量的前提下降低医疗费用。因此，医保付费方式的改革至关重要，各国的实践均表明，按服务项目付费制度往往容易诱使医疗机构过度供给医疗服务和药品，从而易使医疗费用持续上涨。而在门诊按人头付费、住院实行按病种付费的第三方付费制度下，医疗机构会尽可能采取成本较低的诊疗方案以控制医疗费用，不会诱使患者过度消费医疗服务和药品，自然也不会偏好使用高价药品而排斥疗效可靠的廉价基本药物。

当然，在这样的付费制度下，为了有效制约医疗机构通过降低医疗服务质量来降低成本的做法，医疗机构之间的充分竞争就显得尤为重要，因为医疗机构之间的竞争赋予了患者足够的选择权，那些医疗服务质量差的医疗机构会被患者淘汰。在这样的竞争约束下，为了生存和发展，医疗机构不敢以降低医疗服务质量来谋取利益。美国的管理医疗实践已经证实了这一点。

一旦医疗机构及医生注重药品的性价比，药品生产和流通行业的市场竞争就会自然导致“优胜劣汰”局面的出现。效率高、质量好、成本低的医药工商企业就可以通过市场竞争做大做强，而那些效率低、质量差、成本高、依靠不正当手段生存的医药工商企业会被自然淘汰，包括基本药物在内的绝大多数药物的价格自然就会降下来。

# 公路使用费
## 怎样减少通勤时间？

## Road-use Pricing
### How Would You Like to Spend Less Time in Traffic?

本杰明·奥尔 艾丽斯·里夫林

华盛顿地区和美国各地严重的交通堵塞以及资金匮乏的公共交通体系都迫切要求政府找到可持续性更强的交通收费方式。本文建议用地区性的公路使用费来取代州政府征收的汽油税，因为公路使用费不仅考虑了车辆出行的诸种影响，还提供了适宜的激励手段来减少交通拥堵、降低污染排放、改善公共交通。

为了实现这个目标，华盛顿地区应该启动一个示范工程，利用GPS应答器来根据行驶距离、拥堵水平和车辆类型等要素对驾车者的出行情况进行分类。应答器会算出各个分类的总和，并且以此为依据在驾车者购买汽油时向他们征收公路使用费。旅游者和其他没有安装GPS设备的驾车者将继续支付全额汽油税。如果按照每英里平均征收9~15美分的水平来算，这项政策可以使交通堵塞减少75%~80%。

## 一、前言

得克萨斯州交通研究院发现在2005年，华盛顿地区的通勤者因为交通拥堵浪费的时间平均为一个半工作周（即60小时），在全国的排名为倒数第二[1]。每位通勤者浪费的时间和汽油平均下来约合1 100美元。自2000年起，人们浪费在交通上的时间整整延长了一天。如果与1982年进行比较，我们会发现当时华盛顿地区的通勤者在交通上浪费的时间仅为16小时，损失的时间和汽油约合143美元（按2005年美元价值折算）。

此外在2007年，华盛顿地区16岁以

---

* Benjamin K. Orr，布鲁金斯学会The Greater Washington Research项目的研究分析师（research Analysist）；Alice M. Rivlin，美国国会预算办公室第一届主任，也是城市问题、财政问题以及货币和社会政策方面的专家，布鲁金斯学会The Greater Washington Research项目负责人。本文的翻译出版得到了布鲁金斯学会的授权。——编者注

1.《机动性年报》中界定的华盛顿－弗吉尼亚－马里兰城市区横跨185英里。美国社区调查也使用了这个地理范畴。

上、不在家里办公的就业者中有超过1/4的人在上下班上花的时间超过45分钟，有3%的人花费的时间超过90分钟。

华盛顿大都市委员会（Metropolitan Washington Council of Governments）最近发表的研究结果表明在2008年春，华盛顿地区的汽车行驶里程比一年前下降了3%，交通状况略有好转。然而，究其原因主要是经济状况低迷，油价暴涨创下新高。鉴于油价已经开始回落，而且经济衰退不可能一直持续下去，所以虽然目前交通拥堵有所缓解，但必然是暂时性的。

此外，华盛顿地区的居民人数在逐年递增。在2005~2007年间，华盛顿地区有88 877名16岁以上的就业者加入了上下班的大军中（即这些就业者不在家工作）。华盛顿大都市委员会预测到2030年，整个华盛顿大都市区的新增居民将达到160万人，新增就业者为120万人，这无疑会使交通拥挤越来越严重。

解决交通问题的传统方法是修建更多大型公路。不断提高公路的通行能力看起来是一个非常合理的解决方案，但事实上，拥堵情况不仅没有好转，反而日益严重。其症结的根本在于人们的交通需求很快就达到道路通行能力的极限，然后迅速超出其负荷，所以交通状况越来越糟糕。

经济学家认为造成这种现状的主要原因是：除了少数收费公路以外，驾车者通常不直接为使用公路付费。假如某些事物可以免费使用，或者看起来是如此，那么人们对它的需求往往会超过其供给。驾车者确实在缴纳汽油税，而且这与其车辆行驶里程之间存在一定关联，但是只要他们给油箱加满油，那么无论是开在乡间小路还是上下班时水泄不通的公路上，他们都没有为使用公路支付一分一厘。然而，一旦公路达到其承载能力的极限，那么每增加一位驾车者，其他所有人承担的成本都会相应提高。换句话说，假如一位驾车者在交通高峰时加入上下班的车流，这会导致交通更加拥堵，其他驾车者的交通成本也因此上升，但他并没有为此支付任何费用。从非常实际的角度来说，我们目前的交通政策是在被迫补贴日益恶化的交通状况。

此外，事实已经证明仅仅依赖汽油税无法满足交通的需求。随着汽车的能耗不断降低，汽油税的收入必然会直线下降。无论对于华盛顿地区还是全美而言，征收公路使用费都是可持续性更强的融资方式。

## 二、什么是公路使用费？

公路使用费是根据驾车者的行驶距离和他们对其他人造成的交通成本来征收的费用（它特别强调了在高峰时段使用拥堵路段的成本）。根据车辆行驶里程（VMT）来收费的理由很容易理解。驾车者每行驶一英里，VMT收费体系就会征收固定的费用，其费率取决于车辆的重量等各种车型特点，以便准确地反映出它对道路的磨损程度和对环境的影响。公路使用费是在里程费的基础上增加了拥堵费。拥堵费是指人们在拥堵路段行驶时支付的额外费用。将里程费和拥堵费合并在一起便于驾车者和其他出行者更加清楚地了解自己开车时对交通体系和其他驾车者造成的总成本，如使交通更加拥挤、污染排放上升、可能引发事故、不利于基础设施的养护。从原则上来说，驾车者了解了这些信息就可以选择最佳的出行方式和时间。

表 1

| 拥堵费的分类 | 简要介绍<br>（四种收费方式都将道路拥堵程度和车型作为区分不同费率的依据） | 范例 |
|---|---|---|
| 公路使用费 | 车辆在特定的时间段里在特定的公路 / 车道上行驶时需交费，而使用旁边的公路 / 车道则不用交费。同里程费一样，公路使用费也取决于车辆的行驶里程。 | 弗吉尼亚的 HOT 车道（即计程收费车道，该车道正在建设中）；新泽西州收费高速公路；加利福尼亚州的 91 号收费高速公路 |
| 设施使用费 | 车辆行驶过某个点时需交费。这种收费方式并不考虑车辆到达这个设施之前以及离开之后的行驶里程。 | 特拉华河高速公路收费大桥 |
| 警戒区使用费 | 车辆行驶进某个特定的区域时需交费。所征收的费用与行驶里程无关。 | 伦敦市中心；纽约市提出了相似的提案 |
| 综合性公路使用费 | 所有道路都要收费。这与警戒区使用费非常相似，但是适用于特定的地区（而且这些地区通常在规模上远远超过警戒区）。这种收费方式中包含了里程费。 | 新加坡 |

我们可以通过多种方式征收拥堵费（参见表 1 列出的具体范例）。可以对个别公路 / 车道或个别设施收费。车辆进入警戒线隔离的特定区域时必须交费（伦敦已经成功地在市中心推行了这种措施，但是纽约拒绝在曼哈顿闹市区采取相似的做法）。人们还可以制订出覆盖整个地区公路网的全面收费计划。

如果要在华盛顿大都市区推行综合性公路使用费，那么这项实验的目标显然过于远大。它需要马里兰州、弗吉尼亚州和华盛顿的交通管理部门进行通力合作，而这本身就是个艰难的差事。要让这项实验超越纸上谈兵的阶段，并且得到全面落实，联邦政府必须发挥其领导作用，并且注入前期投资。而近来联邦政府的种种表现则暗示出这些并非没有可能。最近运输部长雷蒙德·拉胡德（Ray LaHood）称由于在曼哈顿地区征收拥堵费的提议未能通过，所以美国运输部仍然有资金启动拥堵费试点项目。他还透露可能会从汽油税过渡到里程税（虽然这番言论受到了白宫的抵制）。担任众议院交通和基础设施委员会主席的明尼苏达州众议员詹姆斯·奥伯斯塔尔（Rep. James Oberstar）也站出来支持逐步从现有税制过渡到里程税，而且刻不容缓。不少议员，特别是俄勒冈州众议员厄尔·布卢梅瑙尔（Rep. Earl Blumenauer），也倾向于采取其他交通融资机制。

最近国会预算办公室（CBO）发布报告，权衡了在全美开征拥堵费的收益和成本。国会预算办公室发现这种收费体系可以大幅缓解拥堵情况（以伦敦警戒区为例，它的交通拥堵降低了高达30%）。交通状况得到缓解后，人们出行所需的时间会相应缩短，并且更加有保障（这对于快递、货运和物流等公司以及个人来说都大有裨益）。最后，政府的基础设施投资也会更加有效，这是因为车辆行驶里程下降后，公路的养护费用也会随之下降。同时，假如开征公路使用费后人们对某些道路的需求仍然居高不下，那么规划者就可以观察到今后最需要对哪些道路进行投资。

不过，国会预算办公室发现征收拥堵费也会引发严峻的挑战，首当其冲的就是人们无法平等地享有征收拥堵费带来的益处（这里探讨的是尚未利用拥堵费缓解交通拥挤时的情况）。收入较高的驾车者更有能力支付高峰期的拥堵费，而且由于他们平均时薪较高，所以节省出来的时间在价值上也高于其他人。低收入驾车者往往被迫改变他们的行为方式，以降低出行费用，或者干脆选择其他出行方式。此外，低收入驾车者驾驶的车辆往往能耗较高，所以将车型作为考量要素之一的拥堵费政策会使他们承担的费用与其收入不甚相符。

政府面临的其他挑战包括如何保护驾车者的隐私，落实这项政策的成本和难度（尽管下文将探讨到的俄勒冈州的例子表明其成本并非高得惊人），以及收费时的运行成本（随着科技的进步和普及，这些成本都会不断降低）。

国会预算办公室建议联邦政府从四个宽泛的领域入手，帮助地方政府更加轻松地推行拥堵费政策。

首先，联邦政府应允许各州对联邦政府资助兴建的高速公路收费（除了个别公路以外，目前这种行为是被禁止的）。美国运输部推行的价值定价型试点项目适用范围非常有限，联邦政府应特别允许地方政府在此范围之外推行拥堵费政策。其次，联邦政府可以修改其交通资金分配体制来鼓励征收拥堵费。再次，国会可以建立起一个行动框架来缓解征收拥堵费引发的不平等问题，譬如用联邦政府兴建的公路上征收的拥堵费来支持其他出行方式，特别是城市公共交通体系，或者用这些资金直接补贴收入较低的公路使用者。最后，联邦政府可以率先采取电子收费，并且为应答器收费系统制定全国性统一的标准，以此降低收费过程中的成本。

国会将在2009年秋季提交地面交通议案，以获得再授权，它可以利用这个机会考虑引进新的交通收费方式。由于国会和政府都有意推出更加环保、高效的交通政策（这一点已经清楚地反映在政府的经济刺激计划和预算草案里），所以公路使用费很可能会列入辩论的议题。如果在全美范围内全面推行这种收费体系，那么这种变化太过极端，很难赢得广泛支持。但是假如尝试着在饱受交通拥堵之苦的大都市区采取这种收费方式，那么这对于其市民来说将很有吸引力。作为联邦政府的首府所在地，华盛顿自然成为最适合的试点地区。它可以现在就开始逐步制订征收综合性公路使用费的试点计划，率先成为全国改善交通状况的典范。

这个观点或许看起来有些激进，但绝非刚刚出现的主张。早在50年前，经济学家威廉姆·维克里（William Vickrey）在国会作证时就呼吁华盛顿大都市区借助无线电发射器来征收综合性拥堵费。如今GPS和E-Zpass（快易通电子收费系统）等新科技的产生大大提升了这个建议的可行性，而该地区日益严峻的交通状况也为其赢得了广泛的民意支持。事实上，美国未来资源研究所（Resource of the Future，RFF）的分析表明公路使用费体系包含了拥堵造成的所有外部成本，因此将是缓解华府地区交通堵塞的最有效途径，其有效程度超出了单纯根据车辆行驶里程征税的做法，也远远超出了高速公路和伦敦警戒区的收费方式。

## 三、在华盛顿地区征收公路使用费

未来资源研究所对华府地区征收拥堵费的效应建立了一个模型，发现交通拥堵会因此大幅下降。他们预测征收拥堵

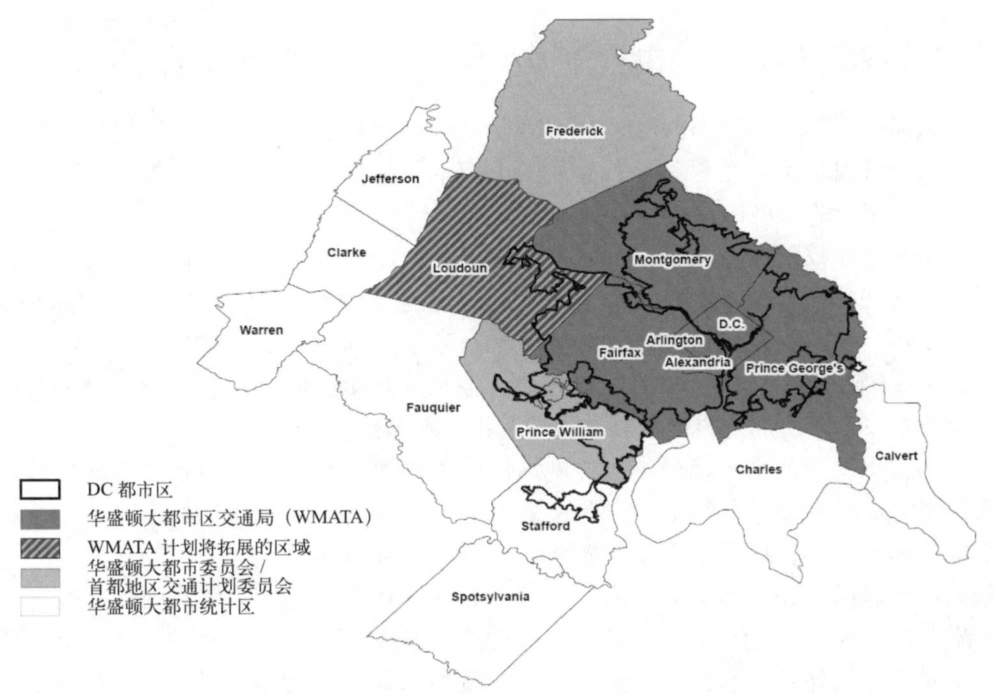


图 1　华盛顿大都市区的交通运输地理图

费后，人们会放弃私家车而选择公共交通系统，从而使车辆行驶里程降低 94%，几近于人们不再开车。假如这种假设会变成现实，那么政府利用拥堵费的收入改善华府的公共交通时就会特别关注那些被迫改变出行方式的人们。因此，我们建议公路使用费的试点项目应该首先覆盖华盛顿大都市区交通局（WMATA）管辖的 1 500 平方英里区域。使用其他公共交通系统的区域也可以根据具体情况逐个纳入试点范围。随着公共交通系统不断拓展，公路使用费项目覆盖的区域也会随之扩大。

在这个地区注册的驾车者需按照自己的行驶里程、行驶路段的拥挤程度和车型来交纳公路使用费。所有车辆按照油耗、安全性和它们对道路的磨损程度（如卡车缴纳的费用就高于紧凑型轿车）进行分类[2]。未来资源研究所的计算结果表明，在联邦政府界定的大都市区里，公路使用费平均为 9.3 美分 / 英里。美国联邦公路管理局也针对华盛顿地区的几条高速路计算了拥堵费，表明其费用平均为 15 美分 / 英里。如果将计算范围缩小到交通拥堵较严重的区域，那么公路使用费平均为 9.3~15 美分 / 英里。需要指出的是，驾车者在高峰期行驶在拥堵路段上时需缴纳更多使用费，而在同样的时段使用交通状况较好的路段时，费率则会低得多。对于某

2. 尽管本文不会对根据车型收费的收费系统进行全面的技术探讨，但是需要指出的是要为大型卡车和拖车设定合理的收费水平确实需要不少技巧。许多收费系统都按照车轴的数量对卡车和拖车收费，因为它们认为这些重型车对道路表面造成的破坏非同一般，必须交纳额外的费用。然而这种规定迫使卡车司机尽可能地减少车轴数量，与收费系统的设计初衷背道而驰。当整个车辆的重量集中在剩下为数不多的几根车轴上时，路面承受的压力反而更强。更加合理的做法是政府根据每个轮胎的重量征收公路使用费。提高公路质量也有助于解决这个问题。请参见 Winston, Clifford. 1991. “Efficient Transportation Infrastructure Policy.” Journal of Economic Perspectives 5 (1):113~127.

## 专栏 俄勒冈州的公路使用者收费试点项目

俄勒冈州于 2006 年 4 月开始实行为期一年的公路使用者收费试点项目[1]。尽管这个项目的设计目标是用里程税来代替现有的汽油税，但是它所建立的模型完全适用于拥堵费以及相应的公路使用费等收费体系。

公路使用者收费试点项目在自愿参加的车辆上安装 GPS 设备，以追踪它们的行驶情况，以及在哪两个区域间活动，并且把这些信息储存在 GPS 设备上。车辆行驶时，GPS 设备不会把其行踪信息发送出去。车辆在参加本项目的加油站加油时，GPS 设备就会将该车辆在每个区间行驶的里程总数传输到油泵上。油泵上的计算机将油费中的应缴税款扣掉，然后加上根据行驶里程计算出来的公路使用费。

俄勒冈州发现几乎可以严丝合缝地从汽油税过渡到里程税，而且征收的公路使用费总额与之前的汽油税不相上下。调查结果表明参与试点项目的人中有 91% 支持将里程税推广到整个州。尽管绝大多数参与者支持这个项目的原因之一可能是他们的选择偏差，但是这仍然表明他们对参与这个项目的体验持肯定态度。俄勒冈州交通局估计在本州内推广这个项目的成本约为 3 300 万美元，远低于伦敦。伦敦的警戒区拥堵费项目以摄像头为基础，成本为 4.4 亿美元[2]。尽管俄勒冈州的项目主要以车辆在两个地区之间的行驶里程为依据征收费用 ，但是只要对 GPS 设备稍做改动就可以记录行驶时间和车型等信息。这项试点证明了完全可以对基础设施采取创新性的综合收费措施，而且特别注意了保护驾车者的隐私。

资料来源：1. Whitty, J.M. （2007）. Oregon’s mileage fee concept and road user fee pilot program: Final report. Salem Or: Oregon Department of Transportation. Http://www.Oregon.gov/ODOT/HWY/RUFPP/docs/RUFPP_finalreport.pdf（April 7, 2009）

2. Santos, G. （2008）. London congestion charging. In G. Burtless & J. R. Pack (Eds.), Brookings-Wharton Papers on Urban Affairs 2008 (pp.177-234). Washington D.C.: Brookings Institute Press

些车型来说，它们使用乡间道路的费率几乎为零。

所有车辆都要安装与 E-ZPass 原理相似的 GPS 应答器设备（或许可以将此作为车辆注册的要求之一）。假如这个项目能推广到全美，那么汽车生产商甚至会在新车型中直接装好应答器（就像通用的 OnStar 全球定位系统一样）。保险公司也会逐渐向基于车辆行驶里程的风险模型过渡，并且在这个过程中鼓励驾车者使用应答器。事实上有些公司已经开始这么做了。

GPS 应答器设备可以记录车型、行驶距离、行驶时间和行驶地点等信息，然后将它们分别放在收费系统里对应的分类中，如高峰期 / 非高峰期、轿车 / 卡车、高速路 / 干线道路 / 乡村公路等。如果效仿俄勒冈州最近推出的试点项目（详情见专栏），那么驾车者在加油时，应答器就会将各类数据的总和分别传送到油泵上（这些数据并非车辆实际行驶地点的追踪数据），与定期更新的费率表进行比较，然后在驾车者应缴的汽油费里把州政府征收的汽油税扣去，再加上相应的公路使用费。对于没有在车辆上安装应答器的旅游者或者住得太远的通勤者来说，他们仍然支付全额汽油税。一旦车辆驶离试点项目覆盖的区域，GPS 应答器就不再记录它的行驶状况。这个项目的实施成本与俄勒冈州估算的结果差不多。俄勒冈州预计需要花费 3 300 万美元把试点项目推广到整个州。或许对每辆车上的应答器收些费用可以抵消一部分成本。

未来资源研究所发现，在华盛顿大都市区推行相似的综合性拥堵费收费系统也可以将每天的车辆行驶里程减少 1 940 万英里，下降幅度超过总量的 11%。联邦公路管理局观察到一旦华盛顿地区那些比较拥堵的高速路交通量下降 10%~14%，人们因为交通堵塞耽误的时间就可以减少 75%~80%。此外，未来资源研究所发现挥发性有机化合物的排放量会下降 18.7%，一氧化碳的排放量下降 16.8%。它还计算了交通拥挤缓解后给社会福利带来的益处（如节约出行时间、降低污染排放量、噪音和交通事故、对气候变化和石油依赖等问题带来积极影响），结果表明交通好转相当于华盛顿大都市区的居民增收 11 亿美元，这还是在公路使用费的收入分配到他们身上之前的情况。

## 四、驾车者的隐私

无论公路使用费的追踪系统基于摄像头还是 GPS 设备，它最容易招致的批评之一就是侵犯了驾车者的隐私权。由于收费系统的确会收集驾车者所在地点等重要信息，因此人们对此的担忧合情合理，但这并不是无法解决的问题。方法之一是拓展收费系统目前适用的法律框架，至少应该像 E-Zpass 那样保护驾车者的隐私。尽管各州的规定不尽相同，但是总的来说，只有收到法院的指令时才能公开 E-Zpass 的记录。政府应该允许个人调用自己的出行记录来核查公路使用费的账单，或者作为法庭上为自己辩护的证据。

驾车者应该在合理的范围内尽可能地拥有对自己驾车数据的控制权。从本质上来说，摄像头比应答器更加严重地侵犯了驾车者的隐私。摄像头不仅可以告诉你被拍到的车辆何时出现在何地，而且告诉你谁在开车，周围发生了什么。应答器是个更加理想的选择，但是在使用之前也要再三斟酌。像上文提到的那样，应答器通过油泵向政府主管部门提供的数据只能是各项分类下的总和。驾车者可以通过网络下载具体的出行数据，以核实自己的行驶情况和所缴纳的公路使用费。执法部门也可以获取这些信息，但前提是必须得到授权。任何一方都不能向应答器设备中上传或删除数据。该设备可以定期自动清除数据，以释放出存储空间，但频率不宜太高。地图更新的工作应该由政府主管部门来承担，这需要使应答器设备能够开放地接收内部输入或许政府可以通过调换应答器来尽可能地降低对驾车者带来的不便。如果再辅以篡改检测技术，那么应答器被作弊的可能性会降到最低，个人信息也会得到有效保护。

## 五、财政收入

华盛顿大都市区每年征收的汽油税约为 4.2 亿美元。如果按照上文描述的计划征收公路使用费，那么收入应在 29.6 亿 ~47.9 亿美元之间，具体收入取决于平均收费水平。尽管这看起来远远超出汽油税，但是与当地和整个州的交通支出基本吻合。华盛顿地区每年的交通支出约为 37.5 亿美元，其中不含公共交通的收入和联邦政府的拨款。假如用公路使用费来取代财产税和销售税为地方公路融资，就可以减轻地方政府的税收负担，或者将节省下来的资金投入到教育等其他公共事业中。有趣的是，用公路使用费来取代财产税和销售税还有助于个人资产的增长，因为它促使驾车者通过改变自己的行为来更加有效地控制支出。

由于民众无法公平地享受公路使用费带来的益处，所以政府应利用收取的费用努力消除这些负面影响，并且不断完善公共交通。公路使用费的净收入应主要用于两个方面：改善公共交通系统（特别是公交车），提供基于需求的退税和折扣；加强公路养护。提高公共交通的发车频率、便捷性和质量尤为重要。开征公路使用费还可以保障公共交通资金的来源，降低华盛顿大都市区交通局对州政府和地方政府资助的依赖性，以免后者发生波动时严重影响到它的工作（目前州政府和地方政府的资助占华盛顿大都市区交通局年度预算的 42.4%）。

政府可以通过多种途径为低收入驾车者提供基于需求的退税。低收入驾车者将获得一定抵税金额，而且这种补贴政策还有可能覆盖所有低收入出行者，无论他们选择什么出行方式。另外一种补贴方式是让低收入出行者缴纳公路使用费时享受折扣。政府也可以帮助驾车者将自己的车辆升级为更加节油的轻型车，以达到较低费率的要求。联邦政府、州政府和地方性非营利性组织正在开展不少帮助低收入家庭购置车辆的活动，这些都可以和政府的出行补贴计划结合起来。

无论政府如何支配这些公路使用费，其中绝大部分都应该返还到收费地区。这种做法不仅更加公平，而且政治可行性更强，特别是在政府准备用公路使用费取代地方交通收入时。政府可以以现金转移的方式将财政收入转移到下级地方政府，便于它们按照上文提到的方式使用它们。然而，地方政府可能会将这些资金用于与交通没有任何关系的领域。所以更加理想的方式是以实物形式返还资金，直接用它们改善该行政区的公共交通；帮助低收入驾车者和出行者；或者对辖区内的公路桥梁进行养护。

## 六、结语

在华盛顿地区全面推行地区性公路使用费试点项目将是一个大胆而且野心勃勃的事业。它能够检验出政府领导层互相协作和居民们适应变化的能力。然而一旦这个项目取得成功，它就可以向全美展示如何利用公路使用费缩减出行时间、降低温室气体排放、使公共交通更加便捷。随着时间的推移，华盛顿地区的居住模式会逐渐向步行范围内的密集型社区过渡，避免城市的无序蔓延。

华盛顿地区已经根据拥堵费的宗旨实施或者筹划一些创新性措施来解决交通拥挤，如弗吉尼亚的 HOT 车道（即计程收费车道）和马里兰州的县际高速公路。也许人们最熟悉的例子就是地铁系统，它早就在根据人们乘坐地铁的时间和距离来收费。这些都是很好的主意，但是假如该地区继续扩张，并且希望成为可持续发展的领头羊，那么就必须扩展这些措施的适用范围。美国的首府应该为国内其他地区示范什么是真正可持续的交通政策。这正是推行公路使用费试点项目的目的之所在。

（刁琳琳　译）

## 参考文献

Dennis, Scott. 2009. "Using Pricing to Reduce Congestion." Washington: Congressional Budget Office (http://www.cbo.gov/ftpdocs/97xx/doc9750/03-11-CongestionPricing.pdf [April 6, 2009]).

Federal Highway Administration. 2008. "Table HM-72: Urbanized Areas-2007: Selected Characteristics" (http://www.fhwa.dot.gov/policyinformation/statistics/2007/hm72.cfm [June 11, 2009]).

Federal Highway Administration. 2008. Table MF-1: Highway Statistics 2007: State Motor-Fule Taxes and Related Receipts-2007 (http://www.fhwa.dot.gov/policyinformation/statistics/2007/mf1.cfm [June 11, 2009]).

Hearings before the Joint Committee on Washington Metropolitan Problems. 1959. Statement of Prof. William Vickrey, Columbia University. 86 Cong. 1 sess. Government Printing Office

Jenkins, Chris L. 2009. "Traffic Congestion Dips As Economy Plunges: Survey Finds Rush-Hour Highways Less Packed in Downturn." The Washington Post. May 20 (http://www.washingtonpost.com/wp-dyn/content/article/2009/05/19/AR2009051903534.html [May 20, 2009]).

Kirby, Ron. 2009. Personal communication. June 10.

Metropolitan Washington Council of Governments. 2007. "Growth Trends to 2030: Cooperative Forecasting in the Washington Region." Washington (http://www.mwcog.org/uploads/pub-documents/z1dfVw20080117203640.pdf [June 1, 2009]).

Safirova, Elena, Sebastien Houde, and Winston Harrington. 2008. "Marginal Social Cost Pricing on a Transportation Network: AComparison of Second-best Policies." Washington: Resources for the Future (http://www.rff.org/RFF/Documents/RFF-DP-07-52.pdf [January 6, 2009]).

Schrank, David, and Tim Lomax. 2007. The 2007 Annual Mobility Report. College Station, TX: Texas Transportation Institute (http://mobility.tamu.edu/ums/congestion_data/tables/washington_dc.pdf [January 26, 2009]).

U.S. Census Bureau. "2007 American Community Survey 1-Year Estimates." Generated by Benjamin K. Orr using American Factfinder (http://factfinder.census.gov [June 11, 2009]).

Washington Metropolitan Area Transit Authority. 2009. "WMATAFacts." Washington (http://www.wmata.com/about_metro/docs/metrofacts.pdf [April 9, 2009]).

Winick, Robert M., Deborah Matherly, and Ismart Dane. 2008. "Examining the Speed-Flow-Delay Paradox in the Washington, DCRegion: Potential Impacts of Reduced Traffic on Congestion Delay and Potential for Reductions in Discretionary Travel during Peak Periods." Washington: Federal Highway Administration (http://www.ops.fhwa.dot.gov/publications/fhwahop09017/fhwahop09017.pdf [June 10, 2009]).

# 转型中的幸福感或不幸福感

## Happiness(Unhappiness) in Transition

谢尔盖·古里耶夫　叶卡特琳娜·祖拉夫斯卡娅

前共产主义国家从计划经济向市场经济的转型是大规模的经济转变。从1990年开始，前苏联和中东欧国家开始从中央计划经济向市场化过渡：放开价格和对外贸易；引进现代税收、银行、海关制度，建立独立的中央银行。自此，典型的转型国家都经历了主要工业企业的私有化，克服了转型初期经济的严重下滑，进而步入稳定持续的高增长。从大规模的制度转变所面临的挑战来看，20世纪90年代中后期开始的持续经济增长已经说明了这些国家的经济转型是非常成功的。如图1所示，俄罗斯和其他前苏联国家的GDP从1999年开始保持了7%的持续增长，中东欧国家的GDP从20世纪90年代后期开始保持了4%的持续增长；与转型之前相比，这些国家的人均GDP已经增长超过40%。

转型的经济效果也可以通过其他方法来度量。表1中是这些转型国家的人均家庭消费支出和其他消费指标（从1985年到2004年），同时以美国和其他“中等收入国家”作为参照。这些转型国家的人均家庭消费在1990~1995年间下降超过10%，90年代中期开始增长，到2000年恢复到转型前的水平，2004年已经超过转型前水平的34%。除了早期的下降，转型国家的消费水平总的变化和没有发生转型的中等收入国家差别不大，这些中等收入国家的人均家庭消费从1990年到2004年间增长了44%。

---

* Sergei Guriev为莫斯科新经济学院公司金融助理教授，英国经济政策研究中心（CEPR）研究员。《比较》曾在第十八辑发表过他的文章《俄罗斯资本主义中寡头的角色》一文。Ekaterina Zhuravskaya为莫斯科新经济学院Hans Rausing讲座教授。《比较》第九辑曾发表祖拉夫斯卡娅和他人合写的文章《破产俘获》。原文发表于*Journal of Economic Perspective*, 2009年春季号第23卷第2期，第143~168页。本文的翻译出版获得了该杂志的授权。——编者注

** 我们感谢Andrei Shleifer鼓励我们进行这一领域的研究。我们要感谢编辑团队，即Andrei Shleifer、James Hines、Jeremy Stein和Timothy Taylor的有益评论。我们同样感谢Anna Andreenkova、Erik Berglof、Richard Easterlin、Markus Eller、Dmitriy Stolyarov、Miles Kimball以及剑桥、莫斯科、伦敦、巴塞尔和柏林研讨会参与者的有益评论和讨论。最后，我们还要感谢Denis Chelverikov对本研究所提供的出色协助。——作者注

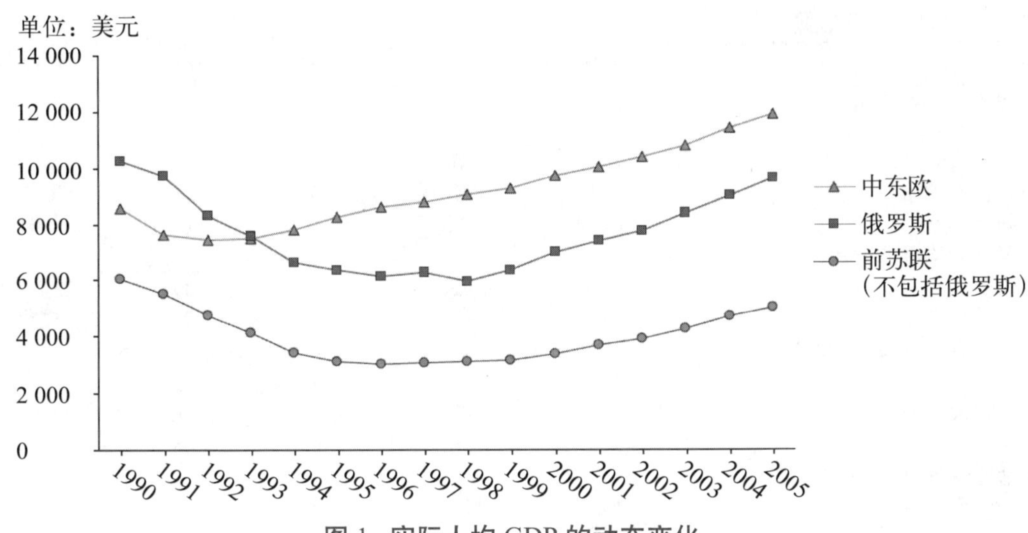


图 1 实际人均 GDP 的动态变化

资料来源：世界发展指标数据库。

对于某些类型的消费品，这种家庭消费的改善更为明显。例如，在前苏联集团国家中，除塔吉克斯坦受到战乱影响外，在转型期存在数据的其他地区，人均家庭住宅面积增长非常一致。平均而言，独联体国家的人均住房面积从 1991 年的 172 平方英尺增加到 2006 年的 215 平方英尺。这一水平虽然比美国 752 平方英尺要低很多，但是已经可以和西欧国家 300~400 平方英尺相媲美。

在转型过程中，人均汽车拥有量已经翻番，从 1990 年的每千人 110 辆增加到 2006 年的每千人 223 辆。而同一时期，所有中等收入国家的汽车拥有率只增长了 46%。在这期间，电话和个人电脑的拥有率也增长迅速：1990 年，每千人拥有电话 125 部，到 2004 年增长为 264 部；1990 年每千人拥有电脑 4 台，到 2004 年达到 110 台。这两个指标的增长率虽然等于或略低于中等收入国家的整体水平，但是作为一个整体来讲，中等收入国家的起点很低，所以增速也就更加明显。

实际收入和消费增长无法反映出人们从计划经济的配给制下解放出来的效用，也无法反映出民主化带来的个人和政治自由的改善，所以这种增长至少是转型国家的人民的生活质量改善的一个下界，转型带来的福利改善应该远高于表 1 中的数值。但是，这种改善很难得到人民群众的认可，很多转型国家的人民相信他们并没有获得任何好处。世界银行和欧洲复兴开发银行最近对 28 个转型国家的 28 000 人进行了调查，49% 的人不认同现在他们国家的经济状况比 1989 年好，而认同的比例只有 35%[1]。同样，44% 的人不认同现在他们国家的政治条件好于转型前，而认同的比例只有 35%。这些数据在国家之间有所变化，但是很多国家的大部分人都表现出了对转型的强烈不满。例如，75% 的匈牙利人、70% 的乌克兰人、70% 的吉尔吉斯斯

1 根据皮尤社会与人口趋势研究中心的调查 (2008)，在最近几十年中，大约 50% 的美国人认为他们现在的状况要比 5 年前好，而有 15%~25% 的人认为他们的状况变得更糟了（当然，2008 年是个例外，仅有 41% 的人认为状况变好而 31% 的认为状况变糟了）。

表 1 选择的消费指数

| | 1985 | 1990 | 1995 | 2000 | 2004 |
|---|---|---|---|---|---|
| **平均家庭消费支出（2000 年不变美元）** | | | | | |
| 转型国家 | – | 1 154 | 1 009 | 1 155 | 1 543 |
| 中等收入国家 | 774 | 813 | 925 | 1 044 | 1 174 |
| 美国 | 17 081 | 19 110 | 20 405 | 23 880 | 25 841 |
| **住房（人均平方英尺）** | | | | | |
| CIS | – | 172 | – | 183 | 215* |
| 美国 | – | – | 694 | 720 | 752* |
| **汽车拥有量（每 1 000 人）** | | | | | |
| 转型国家 | – | 110 | 134 | 187 | 223** |
| 中等收入国家 | – | 37 | 50 | 69 | 54** |
| 美国 | – | 758 | 756 | 785 | – |
| **电话拥有量（每 1 000 人）** | | | | | |
| 转型国家 | 94 | 125 | 159 | 216 | 264 |
| 中等收入国家 | 29 | 40 | 68 | 127 | 495 |
| 美国 | 487 | 545 | 600 | 682 | 606 |
| **电脑拥有量（每 1 000 人）** | | | | | |
| 转型国家 | – | 4.1 | 19.2 | 57.3 | 109.8 |
| 中等收入国家 | – | 2.2 | 9.5 | 29.1 | 58.3 |
| 美国 | 106 | 217 | 324 | 570 | 762 |

注：转型国家包括阿尔巴尼亚、阿美尼亚、阿塞拜疆、波黑、保加利亚、克罗地亚、捷克共和国、爱沙尼亚、乔治亚、匈牙利、哈萨克斯坦、吉尔吉斯共和国、拉脱维亚、立陶宛、前南斯拉夫的马其顿共和国、摩尔多瓦、波兰、罗马尼亚、俄罗斯、塞尔维亚和黑山、斯洛伐克共和国、斯洛文尼亚、塔吉克斯坦、乌克兰和乌兹别克斯坦（土库曼斯坦的数据无法获得）。表中最后一列是去年能获得的数据。如果没有 * 号，则为 2004 年的数据。* 表示 2006 年的数据，** 表示 2003 年的数据。“ – ” 表示数据缺失。“CIS” 代表独联体国家，包括前苏维埃社会主义共和国联盟的所有的国家，波罗的海国家除外。美国住房数据指的是中位值而非人均平方英尺数。中等收入国家采取的是 2006 年世界发展指标的定义；中等收入国家的分类标准和列表可参见 http://go.worldbank.org/KECKM78CC0。利用人口加权平均来取代简单的跨国平均并不会改变整体的研究结果。

资料来源：除了住房数据外，其他的资料均来自世界发展指标数据库。住房数据来自 CIS 统计和美国住房调查，美国统计署。

坦人、63% 的保加利亚人和 61% 的摩尔多瓦人都认为国家现在的经济状况不如 1989 年左右好[2]。这种对于转型的强烈不满就转化为最终调查所衡量效用（即自感生活满意度，self-reported life satisfaction）的较低得分。在本文中，我们利用可获得的各种证据以及调查所得的新数据来分析转型国家广泛存在的这种“不幸福感”，来找出一些可能解释这一现象的因素。

2 有意思的是，在欧洲两个改革最少的国家——白俄罗斯和阿尔巴尼亚，人们倒是对这段历史感觉良好：70% 的阿尔巴尼亚人和 68% 的白俄罗斯人认为现在他们各自国家的状况比 1989 年强，而仅有 17% 的阿尔巴尼亚人和 13.5% 的白俄罗斯人不认同这一看法。

## 转型国家的人民有多“不幸福”？

世界上关于生活满意度的最好数据来自世界价值调查（World Values Survey），该机构调查了 84 个国家的代表性样本，询问被调查者他们的生活态度和价值判断。其他问题包括：“总体上看，你对自己最近的生活满意吗？” 选项从 1 到 10 依次为“不满意”到“满意”。从该数据可以发现，自称生活满意度在转型过程中下降了，并且低于同等收入水平的国家。

图 2 中的拟合线反应了世界价值调

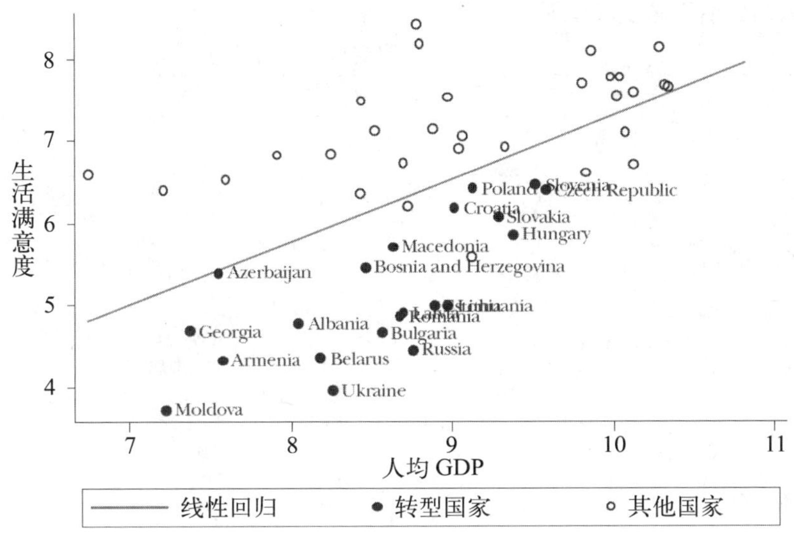


**图 2a 世界价值调查第三次调查**
**(1994~1999，共 51 个国家，其中 21 个转型国家)**

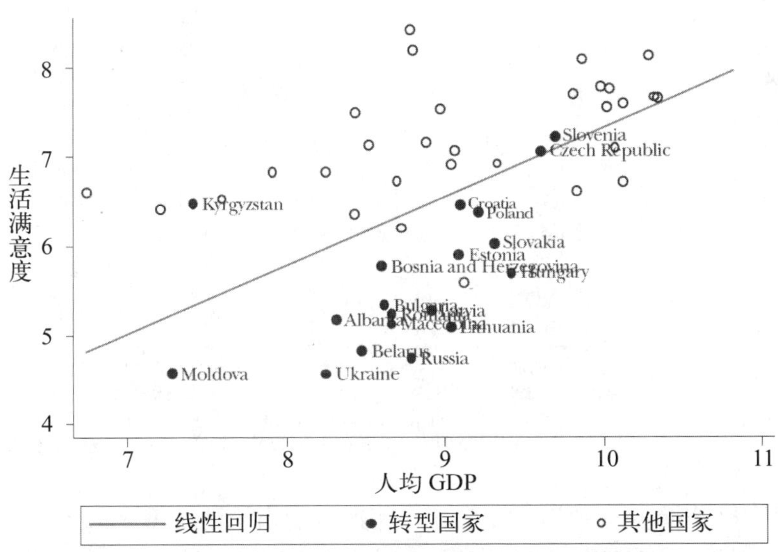


**图 2b 世界价值调查第四次调查**
**(1999~2003，共 66 个国家，其中 19 个转型国家)**

查中生活满意度和人均 GDP 的相关关系，报告了第三次调查和第四次调查的情况，两次调查分别在 1994~1999 年和 1999~2003 年间进行。从中可以看出，转型国家都在拟合线下方。控制了影响生活满意度的其他常规因素后所进行的复杂研究也得到了相同的结论。

表 2 显示了基于个体信息的回归结果，该回归结果表明控制国家水平和个体水平的变量之后，转型国家的居民对于生

表 2 转型国家的生活满意度较低吗？

| | 因变量：生活满意度（1~10） | | | | | |
|---|---|---|---|---|---|---|
| | (1) | (2) | (3) | (4) | (5) 家庭绝对收入 | (6) 人均家庭绝对收入 |
| 转型国家虚拟变量 | − 1.40***<br>[0.33] | − 1.13***<br>[0.33] | | | | |
| 转型国家虚拟变量 × 第二次调查 | | | − 0.72***<br>[0.22] | − 0.67***<br>[0.24] | | |
| 转型国家虚拟变量 × 第三次调查 | | | − 1.44***<br>[0.28] | − 1.56***<br>[0.27] | | |
| 转型国家虚拟变量 × 第四次调查 | | | − 0.87***<br>[0.29] | − 0.90***<br>[0.32] | | |
| Log 人均 GDP（PPP$） | 0.47***<br>[0.17] | 0.35<br>[0.24] | 0.42***<br>[0.12] | 0.44***<br>[0.12] | | |
| 相对家庭收入（1~10） | 0.14***<br>[0.02] | 0.20***<br>[0.02] | 0.14***<br>[0.02] | 0.13***<br>[0.02] | | |
| Log 绝对家庭收入 | | | | | 0.41***<br>[0.06] | 0.23***<br>[0.04] |
| 转型国家虚拟变量 ×（Log 人均 GDP －平均值） | | | 0.38*<br>[0.23] | | | |
| 转型国家虚拟变量 ×（相对家庭收入－平均值） | | | | 0.07**<br>[0.03] | | |
| 转型国家虚拟变量 × Log 绝对家庭收入 | | | | | 0.26***<br>[0.07] | 0.21***<br>[0.06] |
| 调查次数虚拟变量 | | | yes | yes | | |
| 国家水平控制变量 | yes | yes | yes | yes | | |
| 国家虚拟变量 | | | | | yes | yes |
| 样本：第几次调查 | 3 | 4 | all | all | 4 | 4 |
| 观察样本数 | 51 516 | 56 903 | 161 508 | 161 508 | 63 237 | 27 290 |
| $R^2$ | 0.25 | 0.18 | 0.19 | 0.19 | 0.23 | 0.28 |
| 国家数 | 39 | 44 | 55 | 55 | 53 | 26 |
| 转型国家数 | 14 | 16 | 17 | 17 | 16 | 11 |

注：“HH”代表家庭，“pc”表示人均。每项回归中均有个体因素的控制；它们包括年龄及平方项、受教育程度、就业状况和婚姻状况。国家水平控制因素包括失业率、通胀率、基尼系数、媒体自由度和民主程度。“家庭绝对收入”的对数是指第 5 列平均家庭名义收入的对数，和第 6 列家庭成员平均名义收入对数。括号里的是国家水平修正后的标准差。*、** 和 *** 分别指在 10%、5% 和 1% 水平上显著。所有能获得数据的国家均包括在回归分析中。

活满意度的评价显著偏低[3]。在这些回归中，被解释变量是生活满意度，其刻度从 1 到 10 逐渐增加。所有回归都控制了一些变量：国家水平的变量（通货膨胀、收入不平等、失业率、民主化程度以及新闻自由度）和个体水平的变量（年龄、与年龄有关的变量、年龄的平方、性别、就业状况、婚姻状况和教育水平）。由于受数据所限，不同的回归可能包含不同的国家。

表 2 的第 1 列和第 2 列的主要结果是，转型国家的生活满意度比估计水平低 1.40

3 本文中所涉及的各种变量、它们的来源以及各种具体的指标的详细描述可以部分在网站上 http://www.e-kep.org 和 http://www.cefir.ru/ezhuravskaya/reasearch/Appendix_happiness.pdf 上获得。在本文中，我们遵循了研究幸福文献的传统，即没考虑生活满意度对收入、就业、受教育和健康的反向影响。尽管在现实生活中这些影响非常重要，但是限于数据等问题，这些问题常常被忽略了。针对这些问题的讨论，参见 Deaton（2008）。

个点（基于第三次调查数据）或者低 1.13 个点（基于第四次调查数据），这种转型国家与非转型国家生活满意度的差——我们这里称为“幸福感之差”——在 1% 水平上统计显著。考虑到全世界的总的生活满意度指标是从 1 到 10 的点，其标准差只有 2.5 个点，这个“幸福感之差”是非常大的。一个更形象的比较是，在历次世界价值调查的调查中，美国被调查者的 25 分位数和 75 分位数的幸福感之差也只有 2 个点。

表 2 的第三列和第四列报告了将四次调查混在一起回归的结果，控制了每次调查的虚拟变量。转型国家虚拟变量和调查次数虚拟变量的乘积项的系数，估计的是相应的调查所对应的转型国家和非转型国家的生活满意度的差的平均值。这些结果也是负的，并且统计显著。

总之，转型国家和非转型国家的居民的生活满意度之差的平均值很大，而且是稳健的：大概相当于生活满意度指数的标准差的一半。迪顿（Deaton，2008）利用盖洛普 2006 年调查数据也得出了相似的结论。

## “幸福感之差”随年龄增长而增大

转型国家和非转型国家的居民的生活满意度之差随年龄增长而大幅度增加，见图 3，这一现象表明了相同收入水平的转型国家与非转型国家的生活满意度与年龄的非参数关系。在转型国家，幸福感随着年龄单调下降，而在其他国家幸福感与年龄的关系呈 U 型。伊顿（2008）的研究也有相似的结论。如果控制了生活满意度的一些个体变量，例如就业状况和教育水平，转型国家的生活满意度与年龄的关系也变成 U 型，但是到达最低点的年龄会很高，大约为 60 岁，而非转型国家对应的最低点在 40 岁左右。这种年龄和生活满意度的关系可以表示如下：

$$LS = -\underset{(0.007)}{0.056}Age + \underset{(0.00008)}{0.00065}Age^2 - \underset{(0.010)}{0.035}Age \times TC + \underset{(0.00011)}{0.00019}Age^2 \times TC + \beta'X + \varepsilon$$

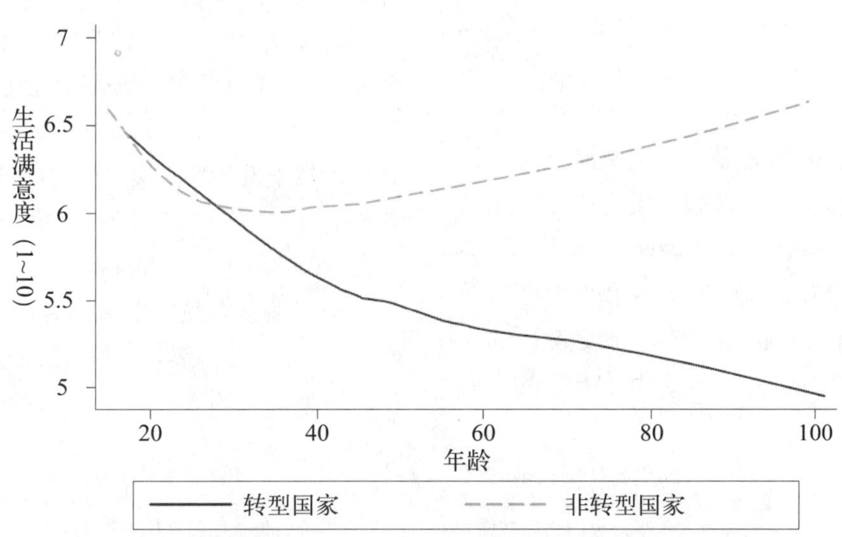


**图 3 人均收入相同的转型国家和非转型国家年龄和生活满意度的关系**

这里LS表示被调查者的生活满意度；Age是年龄（年）；TC是虚拟变量：如果在转型国家取值为1，那非转型国家取值为0；X表示所有其他控制变量（同表2）。年龄和年龄平方与转型国家虚拟变量的交叉项的系数估计的是转型国家与非转型国家的年龄的效果之差。年龄和转型国家虚拟变量的交叉项系数很大，显著为负值，而年龄平方与转型国家虚拟变量的交叉项系数很小（尽管平方项为正，但是年龄在92岁以下者，幸福感之差在转型国家和非转型国家是随着年龄的增长而拉大的）。这一结论表明：转型国家中的幸福感之差随年龄增长而增大。

## 转型国家的经济增长提高了人民的幸福感吗?

表2的回归结果同样显示了转型国家的生活满意度和收入的关系。国家水平的收入用人均GDP的对数来度量，被调查者的家庭收入采用了三种方法来度量：家庭的相对收入（表中1~4列）[4]，家庭的绝对名义收入的对数（表中第5列），以及家庭成员的平均绝对名义收入的对数（表中第6列）。各国人均GDP和家庭相对或绝对收入显著提高了生活满意度，这一结论在转型和非转型国家均成立，正像弗雷等人（Frey和Stutzer，2002）所做的调查，以及迪顿（2008）和斯蒂芬森等人（Stevenson和Wolfer即将发表）的文章中所预测的那样。表2中3~6列的回归结果还报告了转型国家虚拟变量与国家或家庭收入水平的交叉项。这些交叉项的回归系数表明：相对于非转型国家，转型国家的生活满意度对国家和家庭收入水平更加敏感（在这些交叉项中，我们将收入变量中减去平均样本，结果是，转型国家虚拟变量的系数就估计了转型国家和非转型国家各自相应收入变量时生活满意度的全部差额）。

第4列的结果表明，在非转型国家，相对收入水平从10级分类中每上升一级，生活满意度上升0.13个点（如家庭相对收入系数所示），在转型国家多上升0.07个点（如转型国家虚拟变量和家庭相对收入的交叉项的系数所示，该系数在1%水平上统计显著）达到0.20个点。

第5列和第6列显示的是绝对收入水平对生活满意度的影响。由于收入的度量是名义的，为了国家之间的结果更具可比性，我们控制了所有国家虚拟变量，并将样本限制在第四次调查数据。回归结果和相对收入的结果类似。总的家庭绝对收入水平每上升10%，非转型国家的生活满意度上升0.041个点，转型国家上升0.067个点（0.041+0.026=0.067）。家庭人均绝对收入每上升10%，非转型国家的生活满意度上升0.023个点，转型国家上升0.044个点（0.023+0.021=0.044）[5]。

转型国家人民的生活满意度对于收入增长更加敏感将表明，一旦经济开始增长，转型国家的人民的生活满意度将迅速

4 被调查者的家庭相对收入是通过如下问题调查的："这里将您国家的收入水平分为10级，1表示最低收入水平，10表示最高收入水平。我们想知道您的家庭属于哪一类。请估计一个尽量准确的数字，考虑您的所有收入来源。"该数字是从1到10的离散值。

5 表2第6列的观测数据量有所减少，主要是因为世界价值调查中很多国家有关家庭成员数的数据有缺失，而只有这个数据才能计算出家庭成员的平均收入。

上升[6]。我们能从数据中看到这样一个现象吗？是的——如果我们更加仔细地研究数据。

例如，表2中的第3列和第4列，三次调查数据都表明转型国家的人民的生活满意度比基于其个体特征和国家特征的估计值低，但是，每次调查中这种实际值和估计值之间的差别是不一样的：从第二次到第三次的调查数据中，生活满意度的差别变大，到第四次时变小。第二次和第三次调查之间的变化对应的是产出的下降（1994~1999年），第四次调查对应的是经济的恢复和增长（1999~2003年）。虽然许多转型国家的经济已经开始恢复，但是这种增长还不足以提高生活满意度。图2中的两图也能看出这点：第四次调查数据中，转型国家的点更加靠近最优拟合线。

从世界价值调查2003年的第四次调查开始，转型国家的幸福度就改善了吗？在新一轮的世界价值调查数据出来之前，我们需要其他数据来看到底发生了什么。

2006年，欧洲复兴开发银行和世界银行对28个前共产主义国家进行了"转型国家的生活质量调查"（Life in Transition Survey）。其中包括关于生活满意度的问题，不过这个问题和世界价值调查中的问题不一样，所以在比较两者时需要特别注意它们之间的差别[7]。但是，目前没有更好的数据来讨论转型国家的幸福度问题，我们将这个"转型国家的生活质量调查"中的数据进行一定的转换，同样转换为1到10，以便和世界价值调查数据进行比较。

这种比较研究的结果表明，国家之间差别非常大。在23个转型国家中，有11个国家的生活满意度在世界价值调查的第四次调查后保持了增长，这些国家是阿尔巴尼亚、亚美尼亚、白俄罗斯、爱沙尼亚、拉脱维亚、立陶宛、摩尔多瓦、俄罗斯、斯洛伐克、斯洛文尼亚和乌克兰。在这些国家，生活满意度与人均GDP的关系呈U型：在90年代早期下降，从90年代后期开始上升。6个国家（保加利亚、克罗地亚、捷克、吉尔吉斯斯坦、波兰和罗马尼亚）虽然近期经济有增长，但是生活满意度没有明显变化。还有6个国家（阿塞拜疆、波斯尼亚和黑赛哥维纳、格鲁吉亚、匈牙利、马其顿以及塞尔维亚和黑山）虽然人均GDP有增长，实际的生活满意度却一直在下降，当然不同国家还有不同。这6个国家中的5个都经历了国内冲突，只有匈牙利一直维持稳定的高增长，但是生活满意度却持续下降很多。不过，"转型国家生活质量调查"正好是在匈牙利发生动乱之后进行的，这次动乱和匈牙利所谓的"财政重组计划"有关，而这一改革计划旨在降低公共部门雇员的实际工资水

6 随着收入的增长，生活满意度会有多大程度的上升存有争议。Frey和Stytzer（2002）利用世界价值调查的数据研究得出，在人均收入达到很高的水平后，如从人均收入10 000美元开始，收入的边际效用将下降。事实上，富裕国家GDP的增长不一定能带来幸福的增长，尤其是在美国，这就出现了伊斯特林悖论（Easterlin Paradox，可参见Easterlin，1974，1975）。但是，加之在高收入国家（包括美国），收入较高的人的幸福感明显高于穷人，因此伊斯特林悖经常被解释为支持了相对收入对幸福感的重要性，而非绝对收入（参见Clarke、Frijters和Shields对此类文献的总结）。然而，伊顿（2008）利用盖洛普2006年调查数据研究发现，收入对生活满意度有正的影响，并讨论了如何协调他的研究结果与之前的发现。Stevenson和Wolfers（即将发表）的文章利用了盖洛普、皮尤全球态度民意和世界价值调查的数据，得出了类似的结果。他们的结果包括：1）收入对幸福感的边际影响没有出现减小的情况；2）利用最近的数据研究发现，不存在伊斯特林悖，可能美国除外。

7 转型国家的生活质量调查有关生活满意度的问题是："你认同下面的说法：考虑到各种方面，我对我现在的生活更为满意？"被调查者可以在1（非常不同意）到5（非常同意）中选择他们的答案。

平（参见IMF的讨论，2007）。总之，两个不同调查的结果比较也许有些不确定，但是在大多数转型国家，我们可以看到生活满意度从20世纪90年代后期开始提高。迪顿（2008）在比较2006年盖洛普调查与上一次世界价值调查后发现，2006年转型国家的人民比前期调查的年份幸福感更强。

## 不同国家和调查之间的数据质量的差异

某种程度上讲，数据显示的变化趋势——例如转型国家和非转型国家之间的幸福度之差的大小，以及该差值最近开始变小——只能作为一种参考。首先，正如伊顿（2005）指出的，家庭和个人调查的低反馈率会严重影响样本的代表性。我们分析世界价值调查的数据发现转型国家的样本偏差很大，包括了更多低收入的个体样本。世界价值调查中被调查者的平均的人均收入与所在国家的人均国民收入（GNI）的比例，在非转型国家大约为0.85，在转型国家只有约0.40。计算表明，如果转型国家的数据质量和非转型国家的一样，转型国家的生活满意度将提高0.33个点。因此，虽然转型国家和非转型国家的幸福度之差只是下降了1/3，一旦我们考虑了样本质量，这种变化还是很大的：第三次调查大概下降了1个点，第四次调查应该下降了0.5个点以上。

其次，在比较世界价值调查和“转型国家生活质量调查”时，我们已经知道两者关于生活满意度的调查问题及问题选项并不一样。

再次，同样考虑“转型国家生活质量调查”的样本质量，发现该调查中的样本偏向穷人的情况没有世界价值调查那么严重。我们计算了这个效果后发现从1999到2003年间（利用世界价值调查数据）到2006年（利用转型国家的生活质量调查数据）的生活满意度的增长估计实际上可能高估了0.24个百分点。经过这种针对样本质量的调整后，对很多国家而言，2003~2006年间的生活满意度应该依然稳定增长，尽管在阿尔巴尼亚、白俄罗斯、爱沙尼亚、拉脱维亚、立陶宛、摩尔多瓦、俄罗斯和乌拉圭，根据“转型国家生活质量调查”和世界价值调查的数据的估计有很大的出入。

鉴于数据质量，上述研究表明两点：第一，虽然转型国家的生活满意度在增长，转型国家与非转型国家之间的幸福度之差依然很大；第二，该差值从20世纪90年代后期到21世纪初逐渐变小。

## 俄罗斯生活满意度时间序列数据的证据

研究转型国家的经济模式与生活满意度之间联系的另外一种途径，是研究少数转型国家的时间序列数据。例如，俄罗斯长期监测调查（Russian Longitudinal Monitoring Survey，RLMS）同时提供重复的横截面数据以及个体跟踪的面板数据，在1994年到2006年间俄罗斯长期监测调查进行了11轮调查，这些数据相互之间具有较强的可比性。利用面板数据的独特优点，该数据可以控制个体的固定效应，然后度量GDP的增长对幸福度的影响。也就是说，我们可以分析经济条件是如何影响同一个个体样本的生活满意度。

图4表示的是对一个普通俄罗斯人而言，无法用其社会人口学和经济特征解释的生活满意度的趋势（通过对个人固定效应以及生活满意度常规决定变量的面板回归，同样估计了时间虚拟变量）。即使我们控制了家庭收入，生活满意度依然随着

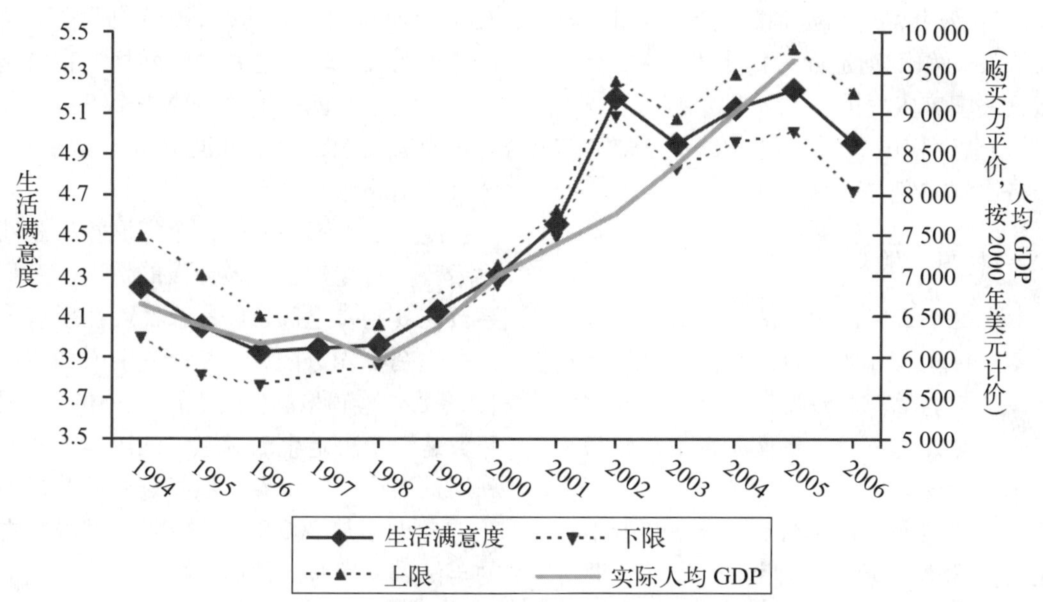


**图4 俄罗斯人均GDP和生活满意度动态**

俄罗斯人均GDP的变化而变化。“伊斯特林悖论”似乎不适合俄罗斯：与美国和其他高收入国家的情况（Easterlin，1974，1995）不同，俄罗斯人均收入的增长提高了平均的幸福度。

运用重复的横截面数据也可以得到同样的结论。这些发现和世界价值调查与“转型国家生活质量调查”的比较中得到的结果是一致的。个体的特征对于生活满意度的影响效果在各种调查中也是一致的。

不过，俄罗斯长期监测调查的样本也偏向穷人，虽然没有转型国家生活质量调查或世界价值调查那么严重（俄罗斯长期监测调查的样本的家庭平均消费占国民账户对应的指标的比例为0.85）。同时，样本偏向于收入增长更为缓慢的人群。因此，俄罗斯过去几年生活满意度的增长速度可能比俄罗斯长期监测调查数据估计得更快。

总之，转型国家的人民似乎比人均收入、失业率、不平等和通货膨胀水平相当的非转型国家的人民的幸福感明显偏低。这种差别在老年人口中更加明显。幸福度之差在20世纪90年代中期达到最大值，之后开始缩小。这种差别可以通过调查样本的不同得到部分解释，但是这种差别依然是非常明显的。在本文接下来的部分，我们将讨论可能解释这种差别的几种理论。

## 转型国家的人民为什么这么不幸福

为什么转型会降低生活满意度？为什么转型对老年人的负面影响更大？我们考虑几种可能的解释，从研究幸福度的文献和转型国家的家庭调查中寻找答案。莫斯科的比较社会研究（CESSI）以及欧洲复兴开发银行在2007年对9个俄罗斯城市进行过一次问卷调查。调查中，被调查者缺乏幸福感的原因可以分为五大类：1）不平等和新的社会经济秩序中的不公平上升；2）公共品的质量和数量下降；3）收入的波动和不确定性大幅上升；4）对于高收入国家人民的生活质量了解得更多；5）转型过程中，原来积累的人力资本随经济体制的变化迅速贬值。

## 不公平和不平等

在这个国家，我们没有办法做到每个人都能得到各自需要的东西。有的人生活奢侈，而其他人需要攒很长时间的钱才能买到一套公寓……不要说公寓了，有的人连吃的都没有[8]。

一些被调查者抱怨不平等在转型中扩大（CESSI，2007）。理论上讲，不平等对于生活满意度的影响并不明确。一方面，人们会对转型中的不平等现象迅速加大感到不满，因为他们觉得这是不公平的[9]。另一方面，不平等可能表明了市场导向的改革带来更多的机会，这一点是好的。例如，赛内克（Senik，2004）利用俄罗斯的面板数据验证了“隧道效应”(tunnel effect)：其他人的收入增长可能带来更多机会，从而提高幸福度。贝纳布等人（Benabou 和 Tirole，2006）建立了一个多元均衡模型说明在不同的均衡下，不平等的效果可能是不同的，他们的理论和实证结果一致。阿列西纳等人（Alesina、Di Tella 和 MacCulloch，2004）证明在欧洲，不平等给幸福度带来了很大的负效果，但是在美国却没有。格罗斯费尔德等人（Grosfeld 和 Senik，2008）揭示了两种均衡在波兰转型过程中的转移：在转型早期，波兰人把不平等看成一个机会增长的正的信号，但是到 20 世纪 90 年代后期，公众开始厌恶不平等。

度量收入不平等的一个标准指标是基尼系数，其度量了收入分布的情况，基尼系数在 0 到 1 之间，0 表示收入在所有人之间完全平均分配，1 表示一个人拥有所有的收入。在研究幸福度的文献中，基尼系数是一个决定生活满意度的因素，我们利用世界银行的世界发展指标中的基尼系数，考虑了从 2000 年开始所有可得数据的年份，在所有的回归中控制变量和前面的一样（如表 2 和表 3 中第一列的回归结果）[10]。如果我们不控制基尼系数，转型和非转型国家之间的幸福度之差将上升 0.2 个点。在整个世界价值调查的样本中，基尼系数对于生活满意度有正的影响（这个结果和“隧道效应”一致，如表 3 第 1 列所示）。但是，对转型国家而言，基尼系数的效果是负的。表 3 的第 2 列显示了基尼系数和转型国家虚拟变量的交叉项的回归系数，这个系数估计的是转型和非转型国家基尼系数效果的差别。在非转型国家，不平等对于幸福度的效果是正的(0.02)，但是在转型国家，这种效果是负的（0.02 － 0.07= － 0.05)，尽管这个结果统计上不是很显著。同时，对于转型和非转型国家的效果之差是统计显著的。米拉诺维奇等人（Milanovic 和 Ersado，2008，该结果仅对转型国家适用）构造的另外一个基于家庭调查数据的基尼系数也

8 因此，本文后面的部分，我们直接使用的是莫斯科的比较社会研究（2007）所调查采访的数据。

9 Fehr 和 Schmidt（2002）提供证据证明，大多数个人（包括转型国家的人们）都非常看重公平性。Denisova、Eller、Feye 和 Zhuravaskaya（2007）利用转型国家生活质量调查的数据得出，在很多转型国家，公众之所以反感私有化的结果，并不是因为他们认为公有有多好，而是因为他们觉得在私有化的过程中出现了极大的不公平。

10 衡量不平等更好的指标随着国家和时间的不同会有很大的不同。不幸的是，在很多国家，并没有数据衡量基尼系数的变化（Barro，2000），因为我们只能使用横断面变量。

**表 3 为什么转型国家的生活满意度较低**

| | 因变量：生活满意度（1~10） | | | | | | |
|---|---|---|---|---|---|---|---|
| | (1) | (2) | (3) | (4) | (5) | (6) | (7) |
| 转型国家虚拟变量第二次调查 | − 0.82*** | − 1.05*** | − 0.48* | − 0.68*** | − 0.26 | − 0.31 | 0.27 |
| | [0.22] | [0.27] | [0.26] | [0.25] | [0.29] | [0.29] | [0.27] |
| 转型国家虚拟变量第三次调查 | − 1.57*** | − 1.51*** | − 1.25*** | − 1.26*** | − 0.80** | − 1.01*** | − 0.23 |
| | [0.27] | [0.21] | [0.31] | [0.34] | [0.38] | [0.23] | [0.35] |
| 转型国家虚拟变量第四次调查 | − 0.89*** | − 0.95*** | − 0.70** | − 0.66*** | − 0.36 | − 0.46 | 0.09 |
| | [0.31] | [0.25] | [0.32] | [0.39] | [0.37] | [0.28] | [0.34] |
| 转型国家虚拟变量第二次调查 ×1971 年之前出生的 | | | | | | − 0.55** | − 0.56** |
| | | | | | | [0.22] | [0.21] |
| 转型国家虚拟变量第三次调查 ×1971 年之前出生的 | | | | | | − 0.68*** | − 0.68*** |
| | | | | | | [0.10] | [0.09] |
| 转型国家虚拟变量第四次调查 ×1971 年之前出生的 | | | | | | − 0.55*** | − 0.57*** |
| | | | | | | [0.12] | [0.10] |
| 婴儿死亡率 | | | − 0.48** | | − 0.58** | | − 0.58** |
| | | | [0.19] | | [0.19] | | [0.19] |
| 免疫力 | | | 4.14* | | 5.14* | | 5.15* |
| | | | [2.39] | | [2.45] | | [2.46] |
| 免疫力的平方次 | | | − 0.59* | | − 0.73** | | − 0.73** |
| | | | [0.33] | | [0.34] | | [0.35] |
| 排放量 | | | − 0.32** | | − 0.31*** | | − 0.30*** |
| | | | [0.11] | | [0.11] | | [0.11] |
| 收入波动性 | | | | − 4.84 | − 7.15*** | | − 7.43*** |
| | | | | [3.31] | [2.60] | | [2.56] |
| 不平等性 | 0.02 | 0.02* | 0.03*** | 0.02* | 0.04*** | 0.02 | 0.04*** |
| | [0.01] | [0.01] | [0.01] | [0.01] | [0.01] | [0.01] | [0.01] |
| 转型国家虚拟变量（不平等性 − 平均值） | | − 0.07** | | | | | |
| | | [0.03] | | | | | |
| $R^2$ | 0.19 | 0.20 | 0.20 | 0.20 | 0.21 | 0.20 | 0.21 |

注：所有的回归都包括来自 54 个国家（其中 16 个是转型国家）155 555 个观测样本。个人和国家层面上的控制因素与表 2 的第 3 列和第 4 列相同。即，所有的回归都包括每次调查的虚拟变量；以下国家层面的控制变量：人均 GDP 的对数、失业率、通胀率、基尼系数、媒体自由度和民主程度；以及如下个人层面的控制变量：年龄及平方项、相对家庭收入、受教育程度、就业状况和婚姻状况。“免疫力”指的是年龄在 12~23 个月大的儿童中对白喉、百日咳和破伤风有免疫力儿童所占百分比的自然对数。“婴儿死亡率”指的是每 1 000 个新生婴儿死亡率的自然对数。“排放量”指的是人均二氧化碳排放量（吨）的自然对数。“收入波动性”指的是 1989~2004 年人均 GDP 增长的偏离。“不平等性”指的是国家的基尼系数。括号中是国家层面修正后的标准差。*、** 和 *** 分别指在 10%、5% 和 1% 水平上显著。

得到了负的而且显著的结果：即不平等对于转型国家的幸福度有负效果。既然考虑了基尼系数之后，转型国家和非转型国家之间的生活满意度之差会减小，我们可以得出结论：不平等确实导致了转型国家的生活满意度偏低。在本文的其他部分，我们将考虑其他影响幸福度的因素。

## 公共品的恶化

如果我打算要一个孩子，我就需要送他（她）去幼儿园，但是现在幼儿园贵得惊人！过去幼儿园可都是免费的，但是现在几乎没有……

在计划经济下，几乎所有的公共品都

是免费提供的。但是在转型过程中，政府控制的资源大量缩减，公共品的供给严重恶化，而且使用者经常得为公共品的使用付费。这个问题在医疗卫生方面最为明显。转型国家的许多医疗卫生指标都出现了显著下降，虽然婴儿死亡率在所有转型国家都有所下降，但是成年人的死亡率和预期寿命的表现却不理想。几个转型国家——最主要的，俄罗斯——预期寿命大幅下滑。根据世界发展指标的数据显示，转型国家的平均预期寿命从1990年的69.6岁下降为1995年的67.7岁，之后到2005年又回升到68.5岁，始终低于1985年的68.9岁（在《经济展望杂志》2005年的一篇文章中，Brainerd和Cutler对预期寿命下降的原因进行了解释）。同时，像结核病这种在高收入国家几乎已经消失的疾病，在转型早期大量出现，2000年达到最高峰。

公共品供给的质量与数量的同时下降应该是降低幸福感的重要原因。在世界价值调查中，询问了被调查者对于自己国家的教育、公共安全、社会保障、医疗卫生以及司法体系的信任程度。其结果表明，转型过程中居民对公共品信任程度大幅下降。这种信任度的下降可能是普遍性不满的结果，因为人们对自身生活的感觉会影响他们对自己周围事物的判断。为了验证公共品是否是解释转型国家与非转型国家之间生活满意度差别的原因，我们利用一些客观的指标来度量公共品的供给情况，主要是世界发展指标的国家公共品相关指数。

表3报告了回归结果。被解释变量是生活满意度，一些常用的决定因素作为解释变量（和表2中的相同），同时加入可能解释转型和非转型国家之间生活满意度差别的变量。第1列显示了没有新增变量的基准回归，其他列的回归加入一些新的变量。在第3列的回归中，我们加入了反映公共品提供的结果：婴儿死亡率，幼儿接种白喉、百日咳和破伤风疫苗的比例，以及反映污染程度的人均二氧化碳排放量。婴儿死亡率和污染都对幸福度有显著的负效应，接种疫苗有显著的正效应，特别是当总的接种水平很低时。我们主要关心的是，比较控制公共品提供前后的回归结果。控制了公共品提供后，转型国家和非转型国家的生活满意度的差别大大降低了，但是远未消失，仍然很显著。考虑了公共品提供因素之后，转型国家和非转型国家之间的生活满意度之差从第三次世界价值调查的1.57下降到1.25，从第四次调查的0.89下降到0.70。总之，公共品的恶化能解释转型和非转型国家之间生活满意度差别的一大部分[11]。

## 收入波动性和不确定性的上升

*不稳定性是与生俱来的。所有事物都在加速发展着——如果你需要一份工作，你就可以找一份工作，这已不再是很大的问题。但问题在于，即使你有一份工作，你仍然对未来抱有不安感或不自信。即使事业发展很快，它也有可能很快终结。不管你现在拥有多好的工作和多好的物质条件，你始终担忧这些好的东西不会持续，任何事情都随时可能发生。*

11　加上肺结核因素后，回归结果仍然很稳健。在回归分析中，我们没有包括预期寿命，这是因为其内生于生活满意度：更幸福的人能活得更久。同样，我们也没有包括衡量公共品提供质量的指标，比如每1 000人拥有的病床和医生人数，因为这些并不能代表公共品质量的变化，而且作为共产主义时期的遗产，转型国家的人们更看重这些指标。此外，事实上，转型国家居民抱怨更多的是教育和医疗的质量以及上学或就医的难度，而非数量（EBRD，2007；CESSI，2007）。

在转型中的人们也会因为经济不确定性的增加而降低生活满意度。在表3的第4列中，我们通过将国家层面的收入波动性指标加入到最初的回归，来验证不确定性是否能解释转型国家与非转型国家的生活满意度的差别。值得一提的是，我们利用了从1988年开始的实际人均GDP增长的对数的标准差来衡量收入的波动性。我们发现，收入波动性系数为负（虽然统计上并不显著），一旦我们将这个变量加入到第1列的基准回归中，转型国家与非转型国家的生活满意度的差距就大大降低了。第三次调查的转型国家虚拟变量系数强度减少到了1.26，同时第四次的系数减少到0.66（统计不显著）。另外，当我们同时考虑公共品与收入波动性的变化时（表3第5列），转型国家的虚拟变量系数减少得更多：在第三次调查数据中，转型与非转型国家的幸福感之差仅为0.8，在第四次数据中，它只有0.36（统计上不显著）。换句话说，公共品与收入波动性共同解释了影响转型国家“非常规的”低生活满意度的因素的一半。

## 期望水平的改变

我相信我们不会过得像个平凡人，我们一生的时间都不足以去见证更好的改变。我一辈子都是个工程师，住着一套不错的单卧室公寓，对自己的生活很满意。然而，当我在以色列的姐夫告诉我他在那里的生活时，我才意识到原来生活会有这么大的差别。我的姐夫有两辆车和一栋房子，在我们国家，只有企业老板才能拥有如此的生活，绝非一个工程师能达到的。此时此刻我才发现自己的生活是多么糟糕。

转型国家的生活满意度下降的一个原因可能源自居民们期望水平的改变。弗雷等人（Frey和Stutzer，2002）讨论了期望水平的理论和它在相对收入对幸福度影响方面的含义。根据这些阐释，转型前的高生活满意度可能部分来自于居民对高收入国家消费水平情况的不知情。随着转型带来的更加开放、媒体自由、出国旅行，转型国家的居民开始意识到他们的生活是多么落后，这为生活满意度带来了负面影响。

验证这个假设很困难，由它可以推断出在与西欧邻近的、在转型前更加开放的转型国家中，对幸福度的负面冲击应该更低。与“铁幕”中的国家比如苏联和捷克斯洛伐克相比，中欧或西东欧一些国家的居民在转型前便可以到邻国旅游，并且可以在家欣赏西方的电视节目——举例来说，匈牙利和奥地利以及南斯拉夫斯洛文尼亚和意大利便有着稳定的信息交流。然而与期望水平变化理论的预期相反的是，转型前更开放的国家与未开放的国家之间的差别并不明显。不仅在图2中没有此种明显的趋势，我们在正规的回归分析中也未发现这种趋势（本文中没有描述）。事实上，期望水平改变有可能一定程度上导致前苏联和匈牙利民众对自己生活的不满意程度，但是作用机制是不一样的。苏联人之所以不满意，是因为在转型中他们了解了自己的生活水平与发达世界之间有多大的差距。而匈牙利人对转型结果感到失望，是由于他们希望一旦转型开始，生活质量就能快速赶上他们之前早已熟知的发达国家的生活水平。

## 公共品、不确定性以及不平等对年轻人和老年人的影响

在图3中，我们比较了转型国家与非转型国家的不同年龄组人群幸福度之差，

对于不同的年龄组人群而言，该差值本身差异巨大。因此，为了解释转型国家的低生活满意度之谜，在讨论公共品、不确定性和不平等的同时，将这种对生活的满意度放到不同的年龄组来研究也是非常重要的。在表 3 的第 6 列和第 7 列中，我们比较了两组被调查者：年轻人（1971 年或之后出生的）和老人（1971 年之前出生的）。第 5 列是在不考虑不确定性与公共品时，估计的两组人的幸福感之差，而在第 6 列中控制了公共品的供给和收入波动。

在第 6 列和第 7 列中，每次调查的转型国家虚拟变量系数估计的是“年轻人”的幸福感之差，而转型国家虚拟变量和是否出生于 1971 年之前的虚拟变量的交叉项的系数，估计的是“年轻人”和“老年人”的幸福度之差。第 6 列的结果证实这种转型国家与非转型国家幸福感的差别，在老年人之间更大。对年轻人而言，该差值在第三次调查时只有 1.01（可以和老年人的 1.01 + 0.68 = 1.69 进行比较）；在第四次调查时只有 0.46 而且不显著（对应的老年人为 0.46 + 0.55 = 1.01）。进一步地，如果我们加入公共品和收入波动的代理变量（见第 6 列），转型和非转型国家年轻人之间的生活满意度的差别就消失了。对于老年人，这种差别也会减小，但统计上仍然显著，第三次调查的差别为 − 0.91（− 0.23 − 0.68），第四轮调查的差别为 − 0.48（0.09 − 0.57）。

转型国家的年轻人受收入波动、不平等和公共品恶化的影响更少，至少有两个原因：首先，与老一辈相比，转型国家的年轻人没有在计划经济下生活过；其次，对所有国家而言，年轻人较少依赖诸如医疗卫生和社会保障等公共品。我们考虑了年龄与转型国家虚拟变量的交叉项，公共品的产出度量、收入波动性以及不平等作为基准回归的新增变量。

表 4 的 1~3 列显示了回归结果（所有的回归都包含了如表 2 和表 3 中的标准控制变量）。前面四行的系数表明年龄是否影响了非转型国家的生活满意度与公共品、不确定性、不平等的关系，接着的四行系数表明对转型国家而言这种关系是否不同。我们发现，在非转型国家，年龄不会影响生活满意度与公共品、不确定性、不平等之间的联系。但是在转型国家，年龄越大，公共品供给不足和收入不确定性对生活满意度的负面影响就越大。因此，我们可以说转型国家的老年人对公共品的恶化以及收入的不确定性特别反感[12]。

这个结果与阿列西纳和福克斯－顺德尔（Fuchs-Schundeln，2007）的发现是一致的，他们发现老一代东德人对于再分配的偏好向西德人的偏好收敛的速度慢于年青一代的东德人。阿列西纳和福克斯－顺德尔利用电影《再见列宁》的名字作为他们的论文题目，意思就是对老一辈而言，接受转型是很困难的。

## 年龄效应和人力资本贬值

*那些给自己找到好位置的人非常知足。但是我们没有，因为我们没有赶上末班车。*

正如我们前面提到的，公共品和收入波动性解释了转型与非转型国家年轻人的生活满意度的所有差别，但是对老一辈而言，并不是这样。在这一部分中，我们考虑另外一个解释生活满意度差别

12　然而，年龄、转型国家虚拟变量和公共品三项的交叉项的系数比较小。比如，婴儿死亡率减少 10% 的影响就非常反常，因为这对转型国家 60 岁的老人不幸福感（与与之相对应的非转型国家相比）的影响比对 20 岁的年轻人还要低 0.06 个点。

表 4　了解年龄的影响

| | 因变量：生活满意度（1~10） | | | | |
|---|---|---|---|---|---|
| | (1) | (2) | (3) | (4) | (5) |
| | | | | 改革持久度 | 改革虚拟变量 |
| 年龄 × 婴儿死亡率 | 0.002<br>[0.002] | | | | |
| 年龄 × 排放量 | 0.005*<br>[0.002] | | | | |
| 年龄 × 收入波动性 | | − 0.054<br>[0.082] | | | |
| 年龄 × 收入不平等性 | | | 0.001<br>[0.001] | | |
| 转型国家虚拟变量 × 年龄 × 婴儿死亡率 | − 0.015**<br>[0.006] | | | | |
| 转型国家虚拟变量 × 年龄 × 排放量 | − 0.011*<br>[0.006] | | | | |
| 转型国家虚拟变量 × 年龄 × 收入波动性 | | − 0.218**<br>[0.114] | | | |
| 转型国家虚拟变量 × 年龄 × 不平等性 | | | 0.001<br>[0.001] | | |
| 完成学业时的改革程度 | | | | 0.30** | 0.20** |
| 年龄 | − 0.064**<br>[0.006] | − 0.062**<br>[0.006] | | − 0.04*<br>[0.02] | − 0.05*<br>[0.02] |
| 年龄 × 年龄 /100 | 0.068***<br>[0.007] | 0.069***<br>[0.007] | | 0.06***<br>[0.01] | 0.07***<br>[0.01] |
| 当年的改革 | | | | 0.42*<br>[0.22] | 0.49*<br>[0.24] |
| 完成学业时的年份 | | | | 0.02<br>[0.02] | 0.02<br>[0.02] |
| 样本包含的国家 | all | all | all | TC | TC |
| 第几次调查 | all | all | all | 4 | 4 |
| 观察样本数 | 155 555 | 155 555 | 155 555 | 26 385 | 26 385 |
| $R^2$ | 0.22 | 0.20 | 0.21 | 0.15 | 0.15 |
| 国家数 | 54 | 54 | 54 | 16 | 16 |
| 转型国家数 | 16 | 16 | 16 | 16 | 16 |

注：个人和国家层面上的控制因素与表 3 和表 2 中的第三列和第四列相同。即，所有的回归都包括每次调查的虚拟变量；以下国家层面的控制变量：人均 GDP 的对数、失业率、通胀率、基尼系数、媒体自由度和民主程度；以及如下个人层面的控制变量：年龄及平方项、相对家庭收入、受教育程度、就业状况和婚姻状况。“免疫力”指的是年龄在 12~23 个月大的儿童中对白喉、百日咳和破伤风有免疫力儿童所占百分比的自然对数。“婴儿死亡率”指的是每 1 000 个新生婴儿死亡率的自然对数。“排放量”指的是人均二氧化碳排放量（吨）的自然对数。“收入波动性”指的是 1989~2004 年人均 GDP 增长的偏离。“不平等性”指的是国家的基尼系数。括号中是国家层面修正后的标注差。*、** 和 *** 分别指在 10%、5% 和 1% 水平上显著。

的潜在原因，主要针对老年人。这一原因和转型对人力资本的影响相关，在转型之前就开始就业的人，他们的期望收入也受到转型的影响。在计划经济下积累的很多人力资本可能因为转型而消失了，因为在市场经济环境下需要新的知识。如果转型对收入流现值有无法预测的负面影响，那么也将对生活满意度产生负面影响。因为无法观察到特定的技术水平，我们无法直接检验这种理论。职业和教育水平都无法准确反应计划经济和市场经济条件下的技能差异。

但是该理论可以找到一个可以检验的推论。如果人力资本假说正确的话，那些在旧体制的后期接受教育的人应该比那些在新体制早期接受教育的人更加觉得不幸福。例如，党史专业的学生，如果知道转型即将到来，应该会转去学习外语或者计算机专业。在表4的第4列和第5列中，我们直接检验了这个推论。利用世界价值调查第四次调查的转型国家样本，我们对个人的生活满意度关于改革开始时被调查者是否完成学业进行回归。控制了被调查者的年龄、改革的当前状态以及所有其他的个人和国家水平的控制变量。为了构造反映年度改革的代理变量，我们利用欧洲复兴开发银行的"转型指数"[13]，该指数基于每年的私有化程度、价格的自由度、贸易自由度、金融开放度以及基础设施改革等信息。我们度量改革进度的连续变量从0到3（在第4列中用到）以及一个虚拟变量反应一个国家的自由化开始的时间（第5列）。不同国家间改革时间的不同以及同年龄的人学习时间的不同，可以让我们在控制年龄和教育水平的前提下，估计出人力资本的效果。表4的第4列和第5列结果表明，人力资本贬值理论和数据相符。控制了年龄和教育水平，被调查者如果在改革开始之后完成教育，对生活满意度有正的效应。我们发现，自由化开始时还在学校学习的人，生活满意度要高0.2个点。利用转型国家生活质量调查数据而非世界价值调查数据也可以得到同样的结论，说明这个效果是稳定的。

这个结果的另外一种解释是：在转型开始前就业的人，他的工作可能在转型之后就没了，或者工资减少了，所以他感到不幸福。而在转型开始之后毕业的人，选择了更好的职业，所以更觉得幸福。这个解释和人力资本贬值的故事相似，但我们没有数据去区分这两者[14]。

## 哪些因素解释转型中的不幸福

我的父母从国家分到了房子。他们的收入是有保障的，而且和商店里的物价同时调整。他们的养老金有保证。他们可以得到免费医疗、免费学习，不用担心找工作。他们简直不用为任何事情担心……而我太惨了，什么都没有。

我们的证据表明，人力资本贬值、公共品恶化和收入的波动都是解释转型国家生活满意度较低的原因。一旦我们同时控制了年龄、公共品和收入波动（表3的第5列），世界价值调查第四次调查数据的转型国家虚拟变量的系数降为0.36，而且统计上不再显著。如果我们可以更好地度量公共品质量变化和人力资本贬值，转型国家的系数可能会降到接近0。同时，考虑到样本选择性偏误（转型国家的样本更加偏向于穷人和收入没有增长的人），这个系数上升了大概0.33。

因此，在控制了收入、年龄、公共品、收入不平等、收入不确定和人力资本价值的变化，同时考虑到样本选择偏差之后，转型国家的低生活满意度问题就不存在了。

13　可以在网站 http://www.ebrd.com/country/sector/econo/stats/timeth.htm 上查询。

14　我们的分析假设毕业年份是外生的。相反，我们可以假设个人可以选择辍学或者在学校待更长的时间。这会从两方面对我们的结果的偏差产生影响。首先，可以预期人们对交易质量的不同有不同的行为反应。假如同一组学生对教育质量有不同的观察。那些认为他们所受的教育在市场经济下一无所用的学生，为了自身的幸福，他们就会及早退学；而那些认为教育有用的学生就会在学校待的时间更长来增加自己的幸福感。这两类人观察到的幸福感之差就会随着这两类人的行为反应的规模而变化。如果绝大多数人认为教育无用，结果的偏差可能就接近为零。其次，主要社会经济转型可能对不幸福的个人待在学校的意愿产生影响。如果不幸福的人在经济发生大转变时待在学校的日子比较难过，我们的结果的偏差就会上升。但是这两种因素的影响并不明显。

### 稳健性检验

为了确保我们的结果不会受到转型国家GDP数据测量误差和转型国家地下经济（unofficial economy）的影响，我们利用了其他来源的数据去验证这些结果的稳健性。前面的讨论中也提到了一些，我们还用了宾夕法尼亚大学世界表（Penn World Tables）的人均GDP，以不变美元度量的人均GDP和消费（没有经过购买力平价调整），能源使用量和人均汽车拥有量等变量来度量经济水平[15]。

以上分析都是基于调查中的“生活满意度”问题，我们也对世界价值调查中的“幸福感”问题重复进行了研究（该问题是：综合而言，你觉得自己：很幸福，有点幸福，不怎么幸福，很不幸福？）。幸福感和生活满意度变量之间是高度相关的。关于幸福感的结果和生活满意度的结果很相似。也就是说，转型国家和非转型国家之间的幸福感存在差别，一旦控制了年龄、公共品、收入波动、人力资本和其他控制变量，同时考虑了样本选择偏差，幸福感的差异就不显著了。

## 结　论

从共产主义国家向市场经济转型的过程让人们感到不幸福。但是深入研究，我们发现转型国家的幸福度和收入相关，这点和其他国家一样。而一旦我们考虑了人力资本的贬值、公共品的恶化、收入不平等的加剧以及其他个人和国家水平的控制因素之后，转型国家和非转型国家之间的生活满意度的差异就消失了。

我们的结果也说明，随着转型国家经济的持续增长，人们的生活满意度也将不断提高。第一个原因是经济增长带来个人收入的增加和公共品供给的改善；第二个原因是从计划经济下过来的人会逐渐减少，他们对转型的不满最为显著。

其实生活满意度已经提高了，虽然我们在世界价值调查的数据中还无法看到。世界价值调查的最新数据是在1999~2003间收集的，许多国家的经济增长才刚起步。在许多最近的数据中——例如转型国家生活质量调查和俄罗斯长期监测调查——幸福感已经开始随人均GDP的增长而上升。由于样本选择的偏差，被调查样本的收入水平和收入增长率比这些国家的总体情况要低，因此基于这些调查的生活满意度的上升比经济的复苏更为缓慢。

（中国投资有限责任公司 陈超 许敏波 译）

15　回归的结果可以参见http://www.e-jep.org和http://www.cefir,ru/ezhuravskaya/research/Appendix_happiness.pdf。

### 参考文献

Alesina, Alberto, Rafael Di Tella, and Robert MacCulloch. 2004. “Inequality and Happiness: Are Europeans and Americans Different?” Journal of Public Economics, 88(9–10): 2009–2042.

Alesina, Alberto, and Nicola Fuchs-Schu¨ndeln.2007. “Good Bye Lenin (or Not?)—The Effect of Communism on People’s Preferences.” American Economic Review, 97(4): 1507–28.

Barro, Robert J. 2000. “Inequality and Growth in a Panel of Countries.” Journal of Economic Growth, 5(1): 5–32.

Bénabou, Roland, and Jean Tirole. 2006. “Belief in a Just World and Redistributive Politics.” Quarterly Journal of Economics, 121(2): 699–746.

Bertrand, Marianne, and Sendhil Mullain

Mullainathan. 2001. “Do People Mean What They Say? Implications for Subjective Survey Data.” American Economic Review, 91(2): 67–72.

Blanchflower, David, and Andrew J. Oswald. 2004. “Well-Being over Time in Britain and the USA.” Journal of Public Economics, 88(7–8): 1359–86.

Brainerd, Elizabeth, and David M. Cutler. 2005. “Autopsy on an Empire: Understanding Mortality in Russia and the Former Soviet Union.” Journal of Economic Perspectives, 19(1): 107–130.

CESSI. 2007. Russian Attitudes and Aspirations:The Results of Focus Groups in Nine Russian Cities.

CESSI Report, April–May. http://www.ebrd.com/pubs/econo/asp.pdf.

Clark, Andrew, Paul Frijters, and MichaelShields. 2008. “Relative Income, Happiness, and Utility: An Explanation for the Easterlin Paradox and Other Puzzles.” Journal of Economic Literature,46(1): 95–144.

Deaton, Angus. 2005. “Measuring Poverty in a Growing World (or Measuring Growth in a Poor World).” Review of Economics and Statistics, 87(1):1–19.

Deaton, Angus. 2008. “Income, Health, and Well-Being around the World: Evidence from the Gallup World Poll.” Journal of Economic Perspectives, 22(2): 53–72.

Denisova, Irina, Markus Eller, Timothy Frye, and Ekaterina Zhuravskaya. 2007. “Who Wants to Revise Privatization and Why: Evidence from 28 Post-Communist Countries.” Available at SSRN: http://papers.ssrn.com/sol3/papers.cfm?abstract_id1008212.

Di Tella, Rafael, and Robert MacCulloch.2006. “Some Uses of Happiness Data in Economics.” Journal of Economic Perspectives, 20(1): 25–46. Di Tella, Rafael, Robert MacCulloch, and Andrew Oswald. 2001. “Preferences over Inflation and Unemployment: Evidence from Surveys of Happiness.” American Economic Review, 91(1): 335–41.

EBRD. 2007. “People in Transition.” Transition Report 2007. London: European Bank of Reconstruction and Development.

Easterlin, Richard A. 1974. “Does Economic Growth Improve the Human Lot? Some Empirical Evidence.” In Nations and Households in Economic Growth: Essays in Honor of Moses Abramovitz,ed. R. David and M. Reder, 89–125. New York: Academic Press.

Easterlin, Richard A. 1995. “Will Raising the Incomes of All Increase the Happiness of All?” Journal of Economic Behavior and Organization,27(1): 35–47.

Fehr, Ernst, and Klaus Schmidt. 2002. “Theories of Fairness and Reciprocity—Evidence and Economic Applications.” In Advances in Economics and Econometrics: Theory and Applications, Eighth World Congress, ed. M. Dewatripont, L.Hansen, and S. Turnovsky, chap. 6. Cambridge: Cambridge University Press.

Frey, Bruno, and Alois Stutzer. 2002. “What Can Economists Learn from Happiness Research?” Journal of Economic Literature, 40(2): 402–35.

Gilbert, Daniel. 2006. Stumbling on Happiness. New York: Knopf.

Graham, Carol, Andrew Eggers, and SandipSukhtankar. 2004. “Does Happiness Pay? An Exploration Based on Panel Data from Russia.” Journal of Economic Behavior and Organization,55(3): 319–42.

Grosfeld, Irena, and Claudia Senik. 2008. “The Emerging Aversion to Inequality—Evidence from Long Subjective Data.” PSE Working Papers no.2008-19, PSE (Ecole normale supérieure).

Hirschman, Albert O., and Michael Rothschild.1973. “The Changing Tolerance for Income Inequality in the Course of Economic Development.” Quarterly Journal of Economics,87(4): 544–66.

IMF. 2007. “Hungary: 2007 Article IV Consultation—Staff Report; and Public Information Notice on the Executive Board Discussion.” IMF Country Report No. 07/250. July. http://www. imf. org/external/pubs/ft/scr/2007/cr07250.pdf.

Kahneman, Daniel, and Alan B. Krueger. 2006. "Developments in the Measurement of Subjective Well-Being." Journal of Economic Perspectives, 20(1): 3–24.

Layard, Richard. 2005. Happiness: Lessons from a New Science. London: Penguin.

Milanovic, Branco. 1998. Inequality and Poverty during the Transition from Market Economy. World Bank: Washington DC.

Milanovic, Branco. 1999. "Explaining the Increase in Inequality during Transition." Economics of Transition, 7(2): 299–341.

Milanovic, Branco, and Lire Ersado. 2008. "Reform and Inequality during the Transition: An Analysis Using Panel Household Survey Data, 1990–2005." Available at: http://papers.ssrn-.com/sol3/papers.cfm?abstract_id1103182.

Pew Research Center. 2008. "Inside the Middle Class: Bad Times Hit the Good Life." A Social and Demographic Trends Report, April 4. http://pewresearch.org.

Sanfey, Peter, and Utku Teksoz. 2007. "Does Transition Make You Happy?" Economics of Transition, 15(4): 707–731.

Senik, Claudia. 2004. "When Information Dominates Comparison. Learning from Russian Subjective Panel Data." Journal of Public Economics, 88(9–10): 2099–2133.

Stevenson, Betsey, and Justin Wolfers. Forthcoming. "Economic Growth and Subjective Well-Being: Reassessing the Easterlin Paradox." Forthcoming in Brookings Papers on Economic Activity, 2008(1): pp. 1–87.168 Journal of Economic Perspectives.